传世励志经典

灵魂的雕刻者

茨威格

【奥】斯蒂芬·茨威格（Stefan Zweig）著　邓俊娥　马春兰　编译

中华工商联合出版社

图书在版编目（CIP）数据

灵魂的雕刻者：茨威格 /（奥）茨威格著；邓俊娥，马春兰编译. --北京：中华工商联合出版社，2015.5

ISBN 978-7-5158-1266-3

Ⅰ．①灵… Ⅱ．①茨… ②邓… ③马… Ⅲ．①茨威格，S.（1881~1942）－自传 Ⅳ．①K835.215.6

中国版本图书馆 CIP 数据核字（2015）第 076395 号

灵魂的雕刻者
——茨威格

作　　者：【奥】斯蒂芬·茨威格（Stefan Zweig）

译　　者：邓俊娥　马春兰

出 品 人：徐　潜

策划编辑：魏鸿鸣

责任编辑：林　立

封面设计：周　源

营销总监：曹　庆

营销推广：王　静　万春生

责任审读：郭敬梅

责任印制：迈致红

出版发行：中华工商联合出版社有限责任公司

印　　刷：天津旭丰源印刷有限公司

版　　次：2015 年 5 月第 1 版

印　　次：2023 年 4 月第 4 次印刷

开　　本：710mm×1020mm　1/16

字　　数：200 千字

印　　张：16.5

书　　号：ISBN 978-7-5158-1266-3

定　　价：59.80 元

服务热线：010－58301130

销售热线：010－58302813

地址邮编：北京市西城区西环广场 A 座

　　　　　19－20 层，100044

http://www.chgslcbs.cn

E-mail：cicap1202@sina.com（营销中心）

E-mail：gslzbs@sina.com（总编室）

序

　　为了给《传世励志经典》写几句话，我翻阅了手边几种常见的古今中外圣贤大师关于人生的书，大致统计了一下，励志类的比例，确为首屈一指。其实古往今来，所有的成功者，他们的人生和他们所激赏的人生，不外是：有志者，事竟成。

　　励志是动宾结构的词，励是磨砺，志是志向，放在一起就是磨砺志向。所以说，励志不是简单的立志，是要像把刀放在石头上磨才能锋利一样，这个磨砺，也不是轻而易举地摩擦一下，而是要下力气的，对刀来说，不仅要把自身的锈磨掉，还要把多余的部分都要毫不留情地磨掉，这简直是一场磨难。所有绚丽的人生都是用艰难磨砺成的，砥砺生命放光华。可见，励志至少有三层意思：

　　一是立志。国人都崇拜的一本书叫《易经》，那里面有一句话说："天行健，君子以自强不息。"这是一种天人合一的理念，它揭示了自然界和人类发展演化的基本规律，所以一切圣贤伟人无不遵循此道。当然，这里还有一个立什么样的志的问题，孔子说：士不可以不弘毅，任重而道远。古往今来，凡志士仁人立的都是天下家国之志。李白说：大丈夫必有四方之志，白居易有诗曰：丈夫贵兼济，岂独善一身，讲的都是这个道理。

二是励志。有了志向不一定就能成事，《礼记》里说：玉不琢，不成器。因为从理想到现实还有很大的距离。志向须在现实的困境中反复历练，不断考验才能变得坚韧弘毅，才能一步一个脚印地逐步实现。所以拿破仑说：真正之才智乃刚毅之志向。孟子则把天将降大任于斯人描述得如此艰难困苦。我们看看历代圣贤，从世界三大宗教的创始人耶稣、穆罕默德、释迦牟尼到孔夫子、司马迁、孙中山，直至各行各业的精英，哪一个不是历经磨难终成大业，哪一个不是砥砺生命放射出人生的光芒。

三是守志。无论立志还是励志都不是一朝一夕、一蹴而就的，它贯穿了人的一生，无论生命之火是绚丽还是暗淡，都将到它熄灭的最后一刻。所以真正的有志者，一方面存矢志不渝之德，另一方面有不为穷变节、不为贱易志之气。像孟子说的那样：富贵不能淫、贫贱不能移、威武不能屈。明代有位首辅大臣叫刘吉，他说过：有志者立长志，无志者常立志，这话是很有道理的。

话说回来，励志并非粘贴在生命上的标签，而是融汇于人生中一点一滴的气蕴，最后成长为人的格调和气质，成就人生的梦想。不管你做哪一行，有志不论年少，无志空活百年。

这套《传世励志经典》共收辑了100部图书，包括传记、文集、选辑。为励志者满足心灵的渴望，有的像心灵鸡汤，营养而鲜美；有的就是萝卜白菜或粗茶淡饭，却是生命之必需。无论直接或间接，先贤们的追求和感悟，一定会给我们带来生命的惊喜。

徐 潜

前　言

　　斯蒂芬·茨威格于 1881 年出生于奥地利的维也纳，父亲是一位成功的犹太商人，母亲则来自一个意大利犹太金融世家。在父母的影响下，茨威格从小就喜爱文学艺术，中学时期就发表过诗歌作品，从此便走向文学创作道路。1900 年，茨威格进入维也纳大学学习哲学和文学史，并曾短期转入柏林大学。茨威格是一名勤奋的学生，在大学期间他广泛地阅读和写作，利用课余时间翻译了波德莱尔、魏尔伦等法国象征主义诗人的作品。

　　茨威格的作品从诗歌开始，他在大学期间就发表了《银弦集》和《早年的花环》这两部诗集，但让他声名远扬的则是他的小说和传记文学。茨威格的小说尤以中短篇为佳，著名的有《心灵的焦灼》、《象棋的故事》、《马来狂人》、《恐惧》、《感觉的混乱》、《人的命运转折点》等。小说《心灵的焦灼》和《象棋的故事》、《一个陌生女子的来信》尤其受到中国读者的喜爱，其中《一个陌生女子的来信》还被包括中国在内的许多国家搬上银幕。茨威格自视为欧洲人，他一生游历驻足不同的国家，结识了许多当时欧洲的名人，因此，他的传记文学非常丰富。除《三大师》

外，还有《罗曼·罗兰》、《同妖魔搏斗》（关于荷尔德林、克莱斯特及尼采）及《三个描绘自己生活的诗人》（关于托尔斯泰、斯丹达尔和卡萨诺瓦）。此外还有《富歇》及写梅斯默尔和"基督科学"的创始人玛丽·贝克—艾迪，以及弗洛伊德的《精神疗法》等。

茨威格的文学创作深受欧洲著名思想家包括尼采和弗洛伊德的影响。尼采的哲学思想开拓了他的视野，激发了他反抗社会主流思潮的信心，而弗洛伊德则决定了茨威格的文学创作道路。茨威格在其小说中塑造了很多美丽多姿、感情奔放但却命运悲惨的女性。这些女性形象较之于那些男性角色具有更强烈的感情，更丰富的献身精神和爱的能力，因此成为吸引很多读者走进茨威格的小说世界的关键因素。茨威格不仅热衷于描写性情异常热烈的人物，而且也是心理刻画的高手，他的小说往往完美地演绎和展现了弗洛伊德的某些精神分析学说上的观点。

1934 年，茨威格受到奥地利法西斯的迫害，被无故抄家。意识到问题的严重性，茨威格当即移居英国，从此便开始了伤心的流亡之旅。1936 年茨威格访问巴西，受到热烈欢迎。欧洲大陆所遭到的厄运使他憎恶"今日的世界"，日愈思念"昨日的世界"，于是在沉痛中他写下了《昨日的世界》。

《昨日的世界》并不是一部严格意义上的回忆录，因为这本书并没有以作者的成长经历及私人生活的描述作为其主要内容。作者把回忆与他交往过的欧洲文化名人作为《昨日的世界》的重要组成部分：从少年成名的天才诗人霍夫曼斯塔尔、满怀才情的抒情诗人里尔克，到"第一次世界大战"中与他一起参加反战运动的罗曼·罗兰；从粗犷朴实的高尔基、庄严谦逊的托尔斯泰，到流亡英国的犹太心理学家弗洛伊德等。这些当时的文化名人在他妙笔生花的笔下，形象鲜明地跃然纸上。他们犹如一颗颗闪耀在黑暗夜空中的明星，抚慰着人们痛苦的心灵。贯穿于这些文化名人及时代故事的是茨威格对整个欧洲命运的思考，对他眼中的传统欧洲文化和价值观的衰落和崩溃的痛惜。《昨日的世界》不仅仅哀悼了"欧洲乐园"的破灭，也叙述了一个撕裂作者心灵的悲剧事实——身为犹太人，他虽然遭到迫害和驱逐，但他的精神和灵魂却深深地植根于"昨日的欧洲"，除此之外，他别无所依、别无记忆。

无法承受时代的重负，无法忍受没有祖国、没有文化身份、流离失所的现实，茨威格和妻子于 1942 年 2 月 22 日在巴西服毒自杀。他的死震惊了世界，巴西政府为这位深受爱戴的奥地利作家举行了国葬。茨威格最后住过的那栋别墅被列为博物馆，供人凭吊参观。

不管时光如何匆匆，世事如何变换，《昨日的世界》对今天的读者仍然有永恒的价值。从作者的艺术成长经历和文化名人的故事里我们得到勤奋治学的激励和从事艺术人生的指导，而作者宽阔的世界视野，广泛的国际交游，对世界重大历史事件的描述与评论，更开阔了我们的眼界，有助于我们形成正确的世界观。

编译者

2014 年 12 月 12 日

目 录

第一章　我的童年

我们在一片安谧中长大成人，忽然被投进这大千世界，无数波涛从四面向我们袭来，我们对一切都感兴趣，有些我们喜欢，有些我们厌烦，而且时时刻刻起伏着微微的不安，我们感受着，而我们感受到的，又被各种尘世的扰攘冲散。

——歌德

昔日的胜景

我出生于奥地利君主国，那是一个十分安逸、富有人性的国度。在我看来，千年君主国会永远地昌盛下去。在我的祖国，国会由人民民主选举产生，它代表人民、赋予人民权利的同时，详细规定公民应尽的义务。闪闪发光的奥地利克朗，自由流通于各个角落。每个人都是务实的，也清楚自己的经济实力和工作能力。资产阶级可以预知年底收入，公务员也知道自己的晋升日期。每家每户都克勤克俭，时常进行财政预算以防止铺张浪费。一切事务都有条不紊地运行着。像现代人一样，那时的奥地利人们也都把房产视为留给子孙后代的宝贵遗产。婴儿熟睡在摇篮的时候，亲人们已经为他们的将来攒钱了。奥地利地大物博、幅员辽阔，这一切都由高贵的老皇帝掌控着，就算他去世了，也会有新继任者，一切会像往常一样平稳走下去，根本不会发生什么暴力革命。

奥地利公民梦寐以求的是一个太平盛世。对我们来说，和平是一切的根基，社会各阶层也能从中获得益处。起初，有产者为遇到这样一个太平盛世而高兴，后来这想法慢慢渗入普通民众的心里。盛世成就了保险业，公民都为自己的财产、晚年保障等买保险。经过一番挣扎，就连工人和佣人也都有了保险，可谓是保险业的黄金时代啊！

人们对安静习以为常，坚信厄运不会降临。殊不知，这种根深蒂固的想法映射着强烈的自负。19 世纪，自由派的理想主义盛行一时，受过灾难的人们对以前时代的战乱横行、饿殍遍野，嗤之以鼻，战争、饥荒背后是人类的无知和愚蠢；然而现在，所有邪恶和暴虐都已被消灭殆尽。人们相信自己能够沿着康庄大道走向最美好的世界。那个时代的人们对"稳定进步"的信仰已经远远超过"圣经"了。繁荣昌盛变得无坚不摧，然而，从一定程度上说，繁荣背后隐匿的是时代的终结。人类翱翔于太空，实现了希腊神话人物伊卡洛斯的梦想；家用电器的普及，不再是贵族府邸的专属；人们喝着爽口的自来水，用燃气灶生火做饭，卫生而又便利；体育锻炼增强了体魄；医疗卫生的条件得到更好地改进。这些验证了科学技术是第一生产力的道理。

与此同时，社会也不断进步，国家赋予公民新的权力，更多的社会阶层获得了选举权，司法变得人性化，贫困——社会的毒瘤——也基本被解决。为了改善无产阶级的生活状况，社会学家和教授们积极出谋划策。20 世纪硕果累累，人们为之自豪，经常错误地认为：十年之后，社会各方面必会提高一大截。有这种想法奇怪，人们不相信世界上有女巫或是幽灵，同样坚信战争不属于欧洲各民族；宽容和谅解是维护和平的两种法宝，先辈们姑且坚信这一点，何况是我们呢？各国、各教派之间必然存在分歧，随着关系的改进，分歧也会渐渐消失，太平盛世将要到来。

文明的堕落

然而，那一代人被理想主义和乐观主义的迷雾环绕着，很难分清现实，老以为技术的进步和道德的提升是同步的。接下来发生的种种暴行见证了道德教化的腐化与堕落。伟大的心理学家弗洛伊德已预言人类文明的软弱性，人类文明不过是一层薄薄的纸张，随时可能被捅破。为了生存下去，我们渐渐摒弃了父辈的信念，生活在一个没有自由、没有权力的世界，更谈不上什么太平盛世了。

刹那间，第一次世界大战让人类文明倒退了一千多年，诚然我们从中吸取了很多教训，但更多的是对以前轻率态度的否定。尽管太平盛世只是先辈们的幻想，他们却为此献出了宝贵的生命。真实的情况真的很让人失望。但是自打童年时，我耳边回响的就是"太平盛世"的口号，它的影响根深蒂固，不难想象"太平盛世"的幻想依旧萦绕在我的心头，让我难以自拔。尽管我经历了无数的灾难和侮辱，我却不能背弃年轻时代的信仰，我相信一切总会好起来的，于是我强咬着牙、硬着头皮在黑暗里摸索前进，用信念抚慰自己受伤的心灵。

战争风暴蹂躏着我的祖国，家乡已不复存在，这对我来说是巨大的心灵创伤，久久难以治愈。我也认识到"太平盛世"就如同海市蜃楼一样，只是缥缈虚幻的，根本不切实际。我父母都是有钱的犹太资产阶级；在奥地利，钱不是万能的，但是没有钱却是万万不行的，金钱足以抵御各种灾祸。这种看法实属天真，而我父母却把它视为铜墙铁壁，一座可以抵御一切风暴和灾难的墙壁。作为资产阶级，我的父母也对维也纳文化产生过不可磨灭的影响，然而最终他们得到了什么？只是自我的彻底毁灭吧。在维也纳，有许许多多像我父母一样的犹太家庭，所以接下来我要讲述的，就不是我一个人的往事了。

我的犹太双亲

我父亲出生于摩拉维亚，一个养育几代犹太人的弹丸之地。父亲不像传统的犹太人那样压抑、急躁。相反，他性情十分温和、不骄不躁，擅长交际。那时候正处于自由主义时期，父亲热心政治，选出了自己最敬重的国会议员以便表达自己的一点政治主张。当他们从家乡迁居到维也纳以后，很快适应了维也纳的都市生活。时代的繁荣为他们后来事业上的成功提供了有利条件。19世纪下半叶，从英国引进的先进技术和生产机械提高了生产率，降低了生产价格，奥地利的工业开始复苏。规模化的工业生产逐渐开始取代旧式落后的手工小作坊。我的祖父和父亲都颇具商业头脑和敏锐的观察力，他们抓住机遇创办了工厂，搞起了工业化生产。借着时代的东风，经过多年的苦心经营，他们的工厂逐渐发展成一家规模很大而且很有影响力的企业。

但是，父亲并没有被经济的景气冲昏头脑，在创业过程中，父亲一直恪守"诚信经营、稳打稳扎、小心谨慎"的原则。父亲把他事业上的成功归因于他对这一原则的严格遵守。他认为，只有通过自己的努力和有效资本才能建立真正的企业。父亲讨厌投机行为，他绝不做冒险的买卖。事实上，在经济腾飞的时代，通过保守、低调的方法致富将获利更多。尽管父亲成了百万富翁，我们家里的开支仍然很少，其余的钱都用于生产和投资。父亲一直保持勤俭节约的生活作风，家中的开支从来都是量入为出，适度消费。如果父亲看到一个商人肆无忌惮地挥霍金钱，父亲必把他视为一个靠不住的纨绔子弟。父亲是个多才多艺的人，他钢琴弹得很出色，书法清秀，能说流利的英语和法语。他务实肯干，一生拒绝接受任何头衔和称号。他自尊自强，从不有求于人，这种自豪感对他来说比任何外表都更为重要。

　　作为子女，我们都会遗传父亲的某些性格特点，我也不例外。父亲低调、宁静，我亦是如此，虽然这与我的职业——作家——是相矛盾的，因为我的职业要求我必须宣扬自己并让自己抛头露面。但像父亲一样，我有着一种内在自豪感，它督促我拒绝任何形式的奖章和头衔。

　　我父亲出身寒微，母亲却出生于一个显贵的国际化大家族——布雷陶厄尔家族。母亲出生在意大利南部的安科纳，从小就会说意大利语和德语。有时为了不让佣人听懂她们的谈话内容，她们就不说德语而改说意大利语。母亲家是一个国际性的大家族。家里的成员都分散在欧洲各个国家的大都市，从事体面的职业，如银行家、经理、教授、律师、医生。每个人都能说好几种语言。在巴黎的姨妈家我亲耳听过他们在餐桌上如何从一种语言自如地切换到另一种语言上。母亲家很注重家族的声誉。每当家族中的较穷的姑娘到了出嫁年龄时，整个布雷陶厄尔家族都会为她凑齐一份丰厚的嫁妆，为了让她可以更好地选择结婚对象，而不用为了钱而屈就成婚。虽然父亲是个成功的大工业家，但母亲从来不允许任何人拿婆家亲戚和娘家亲戚相提并论。这种对出身于"上流"家庭为荣的自豪感，在所有布雷陶厄尔家族的人身上都是根深蒂固的。

崇尚的美德

有些犹太人靠发家致富而成为"贵族"，这群"贵族"的终极梦想不外乎"金钱"二字，他们评判高雅和低俗的标准仅仅局限于金钱、地位这两个方面，现在看来这种想法多么幼稚可笑啊！他们总像查户口似的问东问西，询问各个家庭的财产情况。每次家庭聚会，他们谈论的主题也就是怎样把人分类而论、区别对待。我想说的是，所有的犹太人都来自同一社区，财产、地位等方面的差距也就是近五十年或百年产生的，"贵族"这个火热的词眼不过是部分犹太人故弄玄虚、装模作样的体现。一般人认为，犹太人的终极梦想是发财致富，我为他们感到悲哀，这种想法与犹太人的内在追求完全背道而驰。犹太人崇尚的是精神文明的升华，发财致富是犹太人实现终极理想的过渡性阶段，只是一种手段而已。

犹太人的终极梦想是实现精神文明的升华，追求更高的境界，跻身于文化人行列，各个犹太阶层对知识和文化的崇尚是其他民族所不能比拟的，这些说法绝不是空穴来风。例如，在犹太人眼中，《圣经》研究者的社会地位要远远高于富翁。在内心深处，为了避免成为小气、粗鲁的另类，犹太人竭尽全力学习科学文化知识；经过两三代人的努力，犹太人追逐财富的想法终结了，出现了一些不愿继承家业的子孙，这样的例子不胜枚举。例如，鸟类学家罗思柴尔德勋爵、艺术世家华伯、哲学家卡西雷尔、诗人塞松。他们都被一个无意识的相同欲望所驱使，脱离那种只知道不停地赚钱的犹太人小天地，通过进入知识阶层，从而摆脱纯粹的犹太人气质，获得普遍的人性。一个名望家族的社会地位在犹太社区不是指这个家族的经济实力，而是指这个家族对一切文化的学习和兼容的程度。后来犹太人中从事文化事业的比重过多，这种对知识的膜拜像以前对物质利益的过度狂热一样，又给犹太民族带来了深重的灾难。

文化圣地——维也纳

维也纳，一个现代化的国际大都市，历史传统源远流长，文化艺术灿烂多彩，不愧为欧洲文化的心脏。几个世纪以来，哈布斯堡皇朝的统治者致力于富国安邦，维也纳因此繁荣安定，追求艺术发展的卓越地位。一度统治欧洲的哈布斯堡帝国中，那些最重要和最有价值的地区独立出去的独立，衰落的衰落，唯有维也纳这座千年古都始终安然无恙。罗马人是该城的最早奠基者，他们建城的最初目的是保护拉丁文化、抵御外来侵略。一千多年后，奥斯曼人对西方的袭击，摧毁了罗马人建立的城墙。新建立的维也纳城从此辉煌地屹立在西方世界，为世界的文化艺术发展做出无法比拟的贡献。这里曾经住过尼伯龙根人，培养了音乐界的七颗明星——格鲁克，海顿，莫扎特，贝多芬，舒伯特，勃拉姆斯，施特劳斯。

作为欧洲的音乐之都和千年古都，在对待外来文化方面，维也纳一直坚持"取其精华，去其糟粕"的态度，扮演着"文化大熔炉"的角色。各国家、民族文化不免存在众多的差异，维也纳文化的可贵之处在于：把具有巨大差异的文化，吸收升华为熠熠生辉的奥地利文化、维也纳文化。国际化的文化氛围使得每个维也纳公民成了世界主义者、超民族主义者。

在维也纳城市外围，我们也可以看到这种兼收并蓄的艺术。经历几百年的从内向外的扩大，维也纳城市拥有两百万居民，但也没有大到像伦敦、纽约那样脱离自然环境。可到了市区，人们又会发现城市的平面发展层次分明；一条环城大道位于要塞围成的旧址上。里面是朝廷和贵族的古老宫殿，倾诉着已逝的历史。利希诺夫斯基侯爵府上曾出现过贝多芬的身影；海顿曾在埃斯特哈齐侯爵府上做客，那时，他的《创世纪》正在那所古老大学进行首次公演；胡浮堡宫曾见证过历代皇帝王，拿破仑曾出现在这里的香布伦宫，基督教世界的领袖们曾在斯特凡大教堂做礼拜；维也纳大学校园内曾攒动着无数科学名人；维也纳热情地、无私地接待着所有外宾。

生活在这座城市是非常安逸的，巴黎到处充满欢声笑语，维也纳的气氛是那么的轻松愉悦。普通的维也纳民众读晨报时，首先映入眼帘的不是国事或天下事，而是皇家剧院上演的节目，因为剧院在这座城市所起的作用是其他城市所不能比拟的。皇家剧院绝不是单纯的演出地点，而是反映社会现象的一面镜子。观众从演员身上可以看到榜样：怎样打扮，怎样进房间，怎样说话，有情趣的男生的言谈举止应该是什么样子的。舞台不仅仅是娱乐场所，也是一本有声有色的百科全书。就算是总理或者百万富翁行走于维也纳大街，一般人也不会回望；皇家演员行走于街道上时，情况却截然相反。这种几近宗教式的崇拜甚至会涉及他周围的人：索嫩塔尔的理发师，约瑟夫·凯恩茨的马车夫，都是人们偷偷敬重的体面人物；青年以穿着和演员同款式的服装为骄傲；

一位著名演员的生辰或葬礼能够压倒一切政治大事；每位维也纳作家的终极梦想就是能使自己的作品上演于皇家剧院进而享受一生的荣誉。我今天还记得我自己亲身经历过的这样一种盛重礼遇。皇家剧院发生的事和每个人都有间接关系，包括毫不相干的人。

在维也纳，闻名全国的女演员是属于全城所有的财富，因此她的死对所有人来说都是一种极大的不幸。我清楚地记得，首演过莫扎特《费加罗婚礼》的"老"城堡剧院拆毁之时，维也纳民众都神情严肃地聚集到剧院大厅、涌上舞台，为的是能捡到舞台地板的碎片，以便带回家作为纪念。而当那座被人们称作伯森道尔夫音乐厅的建筑被拆除之时，我们同样激动难过。那座专供室内演奏的小小音乐厅原本是一座不起眼的建筑物，但对于音乐爱好者来说，它是一块名副其实的圣地，因为著名的音乐家肖邦、勃拉姆斯、李斯特、鲁宾斯坦都在那里举行过音乐会。现在为了给一座现代化建筑让路，它却要被拆掉。这对我们来说是难以想象的，我们维也纳人曾在那里度过了多少难忘的时刻。最后一次演出，当贝多芬乐曲的最后旋律渐渐消失时，观众们不肯离去，最后音乐厅的灯熄灭了，我们仍然不愿离开，呆坐在那里好长时间。在维也纳，每拆除一栋具有历史意义的房屋，就像是我们身上灵魂的一部分被夺走了一样。

由于上百年的传统，维也纳是一个阶级分明却又十分和睦的城市。社会舆论自始至终受到皇家的制约。因此，皇家城堡不仅是维也纳空间意义上的中心，更是哈布斯堡帝国的文化中心。从某种程度上说，城堡周围的奥地利、波兰、捷克大贵族府邸是它的第二道围墙。这道围墙外面则是由小贵族、高官、工业家组成的"上流社会"，最外面才是小市民阶级和无产阶级。

每个阶级都有自己固定的社交圈子，生活在自己特定的区域。除非是在城堡剧院和盛大的节日里，不同阶级平时几乎毫无往来。比如说，在普拉特绿化区举行鲜花彩车游行时，十万人会热情地向坐在华丽马车里的"一万名上流人物"喝彩三次。

维也纳人都有"戏剧癖"，就算是穷光蛋也不例外的，这在其他人看来这类人十分荒唐可笑。同刚毅的邻邦德意志帝国相比，奥地利国民对政治缺乏兴趣，淡漠经济发展，究其原因，是奥地利人过分讲究享受了。

维也纳人民对文化艺术怀有崇敬之情，格外重视文化艺术的发展，鼓励支持艺术家的创作，这使得维也纳成为文化艺术事业的沃土。艺术并不是少数精英的专属，当它破除一切障碍渗透到普通民众时，艺术顶峰的时代即将来临。在维也纳，不管你是著名演员、歌唱家还是艺术名人，为了保持你自己的社会地位和文化名声，你不仅要全力以赴地提升自己各方面的水平，更要接受全民监督以便熟知社会需要，不然你面临的必将是社会无情的淘汰和抛弃。维也纳人对艺术的严格要求，对艺术美的追求几乎成为维也纳人的本能。在上流社会里，一个没有艺术追求和欣赏力的人是很容易遭到鄙视的。这种对艺术鉴赏力水准的要求之高在当时是其他地区无法比拟的。

维也纳的犹太人

作为维也纳城市的后来者，犹太人努力地适应维也纳的环境，这不仅是一种自我保护措施，也是他们内心深处迫切的归属感需求。犹太人渴望拥有自己的祖国，渴望消除陌生感，因此，他们会尽力地适应他们所到的任何地方。在民族融合方面，除了

15世纪的西班牙，几乎没有哪个国家能和奥地利相比。犹太人定居维也纳二百多年了，他们看到的市民虽然厌恶繁文缛节，但内心却追求精神美。在维也纳犹太人找到了自己的使命。过去皇室和贵族一直是艺术的传统保护人和赞助者。18世纪，奥地利女王玛丽亚·特蕾西亚曾让格鲁党来教育女儿，约瑟夫二世曾作为一个行家和莫扎特讨论过歌剧，利奥波德二世自己本来就是一个作曲家；但后来的皇帝弗朗茨二世和费迪南一世对艺术方面的事漠不关心，更可笑的是弗朗茨·约瑟夫一世在他80年的执政生涯中只是阅览军队花名册，从未读过一本书。他甚至对音乐流露出强烈的厌恶。同时，大贵族们也放弃了对音乐的赞助。以前，埃斯特哈齐侯爵府曾把海顿留在家里奉为上宾；洛布科维茨侯爵府、金斯基家族、瓦尔德施泰因家族曾竞相争取在自己的府邸首演贝多芬的作品，伯爵夫人图恩曾祈求贝多芬不要把歌剧《菲岱里奥》从歌剧院保留节目中删除。然而这样的黄金时代一去不复返了。即使像瓦格纳、约翰·施特劳斯、胡戈·沃尔夫这样的人，也得不到到贵族们的任何资助。于是，保持交响音乐的原有水平的任务落到了市民阶层的身上。为了让画家和雕塑家能够勉强维持生计，他们不得不站出来支持艺术家。在保护维也纳传统文化中，犹太市民站在了最前列。他们钟爱这座城市，觉得只有接纳了维也纳艺术才能算得上真正的维也纳人。起初，犹太人在公众生活中影响甚微。尽管犹太人善于经商，富翁不胜枚举，但在皇室面前，私人财产显得微不足道。奥地利王权实行世袭制，贵族手握外交大权。犹太人尊重世袭制传统，从未妄想过进入特权阶层。就拿我父亲生前的一件事做例子吧，经过多年的商业打拼，父亲可以算得上富翁了，但是他一生都不去扎赫尔大饭店就餐。在那个时代，这可是当地最好的饭店，皇室亲王或贵族时常出入于该饭店,父亲之所以不去并不是为了节约,而是出于对传统的敬畏,父亲认为:和一位施瓦岑贝格亲王或者洛布科维茨侯爵邻桌用餐是相当尴尬和不合时宜的。

在维也纳,我们承认人们在地位、财产、民族等方面存在差别,但是,人们都一致地相信在艺术方面的平等权。无论你是什么阶层的人、什么民族,你都平等地有享受艺术的权利。犹太人思维敏捷、热爱艺术,是新事物的先锋战士。他们通过自己的努力,对当地文化的创新做出了不可磨灭的贡献。他们是真正的观众、听众和读者,如果你想在维也纳找到艺术创新方面的知音,你就得求助于犹太资产阶级了。

19世纪末,在艺术创新方面,西班牙犹太人面临着不可避免的没落。与之相反,维也纳犹太人在艺术创作方面异常活跃,这种艺术并不是以犹太人特有的方式出现的,而是融合了奥地利和维也纳所有的艺术元素。在音乐创作方面,戈德马克、古斯塔夫·马勒尔和勋柏格成了国际性的人物,奥斯卡·施特劳斯、莱奥·法尔、卡尔曼使圆舞曲和轻歌剧的传统获得新的繁荣。霍夫曼斯塔尔、阿图尔·施尼茨勒、贝尔一霍夫曼、彼得·阿尔滕贝格等人使维也纳文学达到欧洲先进水平,这是格里尔帕策和施蒂弗特所代表的维也纳文学从未达到过的高度。索嫩塔尔、马克斯·赖因哈德使这座戏剧城市再度傲居全球。弗洛伊德和科学界的泰斗使维也纳大学举世闻名。犹太人在维也纳的精神生活中毋庸置疑地享有崇高的地位。犹太人热爱维也纳,并且觉得能为奥地利效劳不胜荣幸;他们视为奥地利做贡献是自己的使命。我们可以大胆地举出这样一个事实:奥地利文化中获得新生的很大一部分是由犹太人创新的。近几十年,部分人在维也纳实行民族化和地方化,这种企图大大地亵渎了维也纳。维也纳的音乐从来都是把各个民族和语言因素和谐地融合到自身之中，维也纳文化也是西方文化的一种综合。在维也纳工作和生活的人们都感觉到自己摆脱了偏见和无知，他们更像是欧洲公民而非奥地利这一个国家的公民。我知道，我之所以能把欧洲共同理想作为我的最高理想来对待，很大程度上归功于这座早在马可·奥勒留时代就维护着的精神——兼容一切的精神。

祥云背后的阴霾

在古老的奥地利帝国，人们无忧无虑地生活着，而北边的德国人却用藐视的眼光观望着居住在维也纳的人们。德国人所谓的"能干"是欺压其他民族、蹂躏其他民族。"自己生活和让别人生活"曾是维也纳人的基本原则。在我个人看来，它至今仍是一个富有人性的原则，而这一原则曾经自然地被各个阶级遵循着。穷人和富人、捷克人和德意志人、犹太人和基督教徒都可以和平共处，尽管他们也有互相嘲笑的时候。第一次世界大战的余毒——仇恨——被无情地注入了时代的血液循环之中。之前的奥地利人在互相攻击时也会讲究豪气，那些国会议员虽然在报纸上、国会上指责彼此，但经过西塞罗式的长篇演说之后，依旧会地坐在一起喝啤酒或咖啡，并且彼此以亲昵的"你"相称。就是反犹太主义政党党魁卢埃格尔当上了维也纳市长的那会儿，他在私人交往方面也没有丝毫变化，当时身为一个犹太大学生的我，没有遇到一点儿麻烦和歧视。当年的报纸还没有充斥着国家之间、人民之间和派系之间的仇视，它还没有把人与人之间、民族与民族之间彻底隔离。那时候，人身自由被视为是理所当然的，这在今天看起来是难以想象的。当时的人们把宽容视为一种道德力量，今天宽容却被看成软弱无能的表现。

我出生、长大成人的世纪十分平淡，那是一个风平浪静的时代，国家没有翻天覆地的变化，货币不会骤然贬值。它阶级分明、有条不紊。机器、汽车、电话、飞机等的新发明并未影响到人们的生活节奏，人们的生活十分安逸。当我尽量回忆起童年时代成年人的形象时，我脑海中最清晰的是，他们中间有许多人过早地发胖：我的父亲、我的叔叔伯伯、我的老师们，在他们四十岁的时候就已经大腹便便。他们庄严从容，举止谈吐十分得体，言谈之间不禁触摸着保养得很好的灰白胡子。白胡子只是庄严的一种外在象征，而一个稳重的男士还是要尽量避免不得体的举止和傲气。我从未见过不到四十岁的爸爸急匆匆地上下于楼梯间。在那个年代，匆忙和慌张是粗俗的表现。

在各种保险的庇护下，奥地利民众的生活相当稳定，稳定安详的世界不会发生什么剧变。就算是发生灾难，这堵由保险构成的墙足以抵挡。英布战争、日俄战争甚至是巴尔干战争，对我父母的生活没有丝毫影响。

那时，如果股票一下下跌了4%或者5%，就被说成是"破产"了，人们刹那间皱起眉头，满怀不安地谈起这场"灾难"。那时候，也有人习惯性地埋怨"高额"税收。事实上当时的税收和第一次世界大战以后的税收相比，只不过是民众给国家的一点施舍而已。那时，人们立下详尽的遗嘱以保护子孙后代的遗产，幼稚地认为这样一张看不见的债券就可以永远地保证子孙们的安逸生活。所以，每当我偶然得到一张从前的旧报纸，看到那些关于区议会选举的文章时、每当我回想起为了城堡剧院演出中的小问题而眉飞色舞的议论时，每当我回想起我们青年时代对一些小事进行激烈讨论时，不禁大笑。当时的一切忧虑就是这么一丁点儿！那是一个多么太平的时代呵！我的双亲和爷爷奶奶两代人幸运地遇到了这样的时代，他们平静、顺利地度过了一生。不过话又说回来，我不知道自己是否要为此而羡慕他们。

他们的生活就像是在天堂里一样，对人间的一切痛苦、对命途多舛懵懵懂懂，然而那些危机和灾难却越来越严重！由于沉浸于宁静、富裕和安逸的生活，他们不知道，生活本身还可能成为一种负担，生活中会不断出现天翻地覆的事。沉湎在自由主义和乐观主义之中的他们也很难料到，在晨曦微照之际，明天会把我们的生活彻底蹂躏殆尽。

黑夜里的人们变得冷酷无情，不过他们也不晓得，人类有多少战胜苦难和逆境的力量。现在的我们正经历着生活的动荡不安，我们与自己的亲人失去了联系，我们既是神秘力量的牺牲品，却又心甘情愿为之效劳。

我切身感受到的是：安逸已成传说，太平盛世不过是童年的梦想罢了。

阶级关系的对立孕育着新恐惧。就如硬币的正反面一样，我们的命运和世界命运紧紧联系在一起，不得不分享着时代的酸甜苦辣。之前，我们的生活圈子是相当有限的，而现在我们的生活圈子亦是超乎自己的想象。与最睿智的祖先相比，我们这一代中的任何人都要更了解现实。不过，了解现实又有什么用呢！我们从中并没有获得益处，却为此付出了沉重的代价，这真是十分让人悲伤的事情！

第二章　十九世纪的学校

　　那个时代，有钱人家都会精心培养自己的儿子。为了让孩子受良好的教育，有光明的前途，他们请来家庭教师专门教授孩子礼仪、各类语言及音乐知识。所以我在国民小学毕业后，顺理成章地被送进了中学。在那个信奉自由主义的时代，进大学才能实现个人价值。所以那些上流社会家庭希望自己的儿子取得博士学位的想法再正常不过了。但每个进入大学的学子心里都明白，这条路是漫长而又枯燥的。

　　直到今天，我还模糊地记得在我七岁时学会的一首简单的小歌，它的乐曲还能在我的耳边萦绕，但歌词却记不清楚了。这便是我对童年生活的全部记忆。我的小学和中学生活很无趣，学校里充斥着毫无意义的事情，它的每个角落都隐藏着对毫无价值的科学知识的批判。我们所学的东西同现实及我们的个人兴趣毫无关系。摒弃了为了生活而学习的理念，学习因此变成了强加在我们身上的无形枷锁。这一现象并不意味着奥地利学校本质上的错误，错在根据近一百年的经验定制出来的教学计划上。因为教学方法的死板，我们的课堂只剩下枯燥乏味和死气沉沉。

这种缺乏个性、枯燥乏味、让人没有生活目标的生活让我们苦不堪言。更可气的是学完规定的课程以后我们必须接受考试，而所谓的考试就是让我们知道我们要学什么，而不是我们想学什么。在心里，我们极度渴望那些想学的东西。至于我们当年的梦想，则全部被掩埋在了那栋造价低廉、死气沉沉的建筑里。

囚笼似的学校

我们学校建于五十年前，由于造价低廉，修建时间仓促，整个建筑看起来不像一个教书育人的学校，更像是一个随意拼凑的质量低劣的监狱。这里的走廊阴冷的出奇，墙面也粉刷的糟糕透顶，低矮的教室没有一处让人赏心悦目，厕所里冲天的臭气整幢楼都能闻得到。为了节省开支，学校使用一些旅店里淘汰了的旧家具，这些被无数人使用过的家具以后还会被无数人凑凑合合地使用下去。房子里的那种奥地利所有官署办公室所特有的令人作呕的霉味让我难以忘怀，这种味道被称为"国库"味。它先充斥着我们的衣服，再侵染我们的心灵。教室里，学生们像犯人似的两人一排地坐在低矮的足以使人变成佝偻的板凳上，直到把骨头都坐疼。到了冬天，蓝幽幽的煤气灯微弱地照在我们的课本上；到了夏天，为了不让学生对着窗外遐想开小差，所有的窗户都被"精心"准备的窗帘遮得严严实实。那时学校还没有意识到空气和活动对于正在发育的青少年是多么重要，他们以为学生在硬板凳上坐四五个小时后只要在阴冷狭窄的走廊待十分钟就能休息过来。

一星期中我们会有两次被带去体操房，毫无目的地在那里的木板上来回踏步。体操房的窗户紧闭着，我们每踏一步尘土都会扬起一米多高。许多年以后，当我路过那幢暗淡、凋敝的建筑时，心里没有回忆往事的温情，有的只是如释重负的感觉——总算逃出了那幢昏暗难挨的牢房了。后来那所显赫的学校五十周年校庆时邀我作为代表在部长和市长面前致辞，我婉言谢绝了。因为我一点儿都不感激那所学校，说出任何一句感激的话，也无非是谎言而已。

不过，学校那种令人极度沮丧的生活不能完全归咎于我们的老师。他们既不好也不坏；他们既不是暴君，也不是伙伴；他们只是一帮可怜虫而已。在条条框框的约束下，官署规定的教学计划的束缚下，他们跟我们一样必须完成自己的"课程"。和我们一样，当听到中午学校的钟声一响，他们也就获得了自由。对我们他们既没有恨也没有爱，这是他们与我们的隔阂所造成的。过了好几年，我们中间只有极少数的人的名字才能被他们记住。在教学方法上面，他们只是会批改出我们在作业上犯了多少错，别无所长。他们高高地端坐在讲坛上，我们坐在台底下；他们问问题，我们回答，除此之外，我们没有任何交集。在师生之间，在讲台和桌椅之间，隔着那堵看不见的"权威"的堡垒，它阻碍着我们的交流。按道理说，一个教员理应对学生的特殊个性有所了解，有责任把他观察到的学生的情况写出来。但在那个时候，这些事都是他们力所不能及的。另一方面，他们认为私人谈话会使他们的权威受到威胁。

压抑个性的追求

对学校的这种反感并不是少部分人的成见，在我的记忆中，似乎没有人对这种一成不变的生活不反感。这样的学校生活压抑了我们的志趣。但是，很久以后我才意识到这种对青少年态度冷淡的教育方法是经过深思熟虑的。奥地利是一个由白发苍苍的皇帝统治、年迈的大臣管理着的古老的国家，它缺乏雄心壮志，只想保住自己在欧洲的地位，因此它追求的是一个太平盛世，它不喜欢激烈的社会变革。而年轻人的天性就是要不断地进行激烈迅速的变革，他们也就成了令人忧虑的因素，这种因素必须被尽可能地长时间排除在外或者压制下去，国家因此根本就没打算让学生过得愉快。那时，一个十八岁的中学生仍像孩子一样地被对待，如果他当场被抓住吸烟，就要受到惩罚；如果他上课时想要上厕所，就必须毕恭毕敬地先举手。那时，纵然是一个三十岁的男子汉，也会被当成是一只雏鸟，即使到了四十岁还是被认为无法胜任一个负责的职位。所以当三十八岁的古斯塔夫·马勒尔被任命为皇家歌剧院院长时，全城的人都被震惊了：如此年轻的人能负责这样一个首屈一指的艺术机构？当时对年轻人的不信任感遍及所有阶层，于是年轻人的升迁处处受到阻碍。而在我们这个时代，上了年龄的人更愿意别人把自己往年轻看，越年轻越好。那个时代，想要有成就就得想尽办法把自己往老里打扮。刚从医学院毕业的二十五六岁的医生都蓄起大胡须带上金边眼镜，这样做是为了给第一批病人留下"有经验"的印象。我们在中学六、七年级的时候就不愿意背书包，而喜欢背公文包上课，为的是不让别人一眼就看出来我们是中学生。在那个一味追求"持重"的时代，青年人的那种朝气、自信、大胆、好奇、欢乐这些令人羡慕的素质，都被看作是靠不住的表现。

国家为了维护自己的权威充分利用学校。学校首先就要教育我们对现在所拥有的一切都满足，100%地接受老师的所有看法，完全顺从家长的意愿。这种教育的第二个基本原则，就是不要让青年人太舒服。青年人在享受某些权力之前，先要知道自已应尽的义务。我们要时刻铭记于心：我们一生中尚未做出丝毫的贡献，我们对我们所拥有和被给予的一切应该永存感激之情，我们没有提问题或要求什么的权利。

那个时代，从一个人的孩提时候起他就开始领教吓唬人的蠢办法了。女仆和母亲们在孩子三四岁时就吓唬孩子如果他们不听话就要去叫"警察"。上了中学以后，如果某一门考了一个不好的分数，我们就会受到恫吓，如果我们不好好学习，就要送我们去学手艺。这是资产阶级世界里最可怕的恫吓了，因为学手艺意味着回到无产阶级的行列中。但是当求知欲旺盛的我们向成年人询问重大的时代问题时，一般都会被无理地训斥。家长、学校和国家机关，都如出一辙地使用这种吓人的伎俩，一遍又一遍地提醒年轻人：你还没有"成熟"呢，还什么也不懂，应该毕恭毕敬地听别人说话，没有插嘴和反驳的资格。正因为这样，学校的教员便高高地坐在教坛上，像一尊一动不动的泥菩萨。根据那个时代的想法，学校绝非是要把我们培育成为有丰富内心的人；学校真正的使命是阻止我们向前，要我们百依百顺地去适应这个社会的结构与法则。

面对这种心理上的压力，会产生两种不同的效果，青年们要么从此变得麻木不仁，要么激勇奋进。殊不知，这种极度荒唐的教育方法会让很多人产生自卑情绪，关于这一负面影响，我们查阅那些精神分析学家的文献就清楚了。而我个人是这种教育影响下的另外一种典型。高压之下，我没有变得自卑，反而很早就显露出了对自由的酷爱；另一方面，我对一切权威，一切"教训口吻"深恶痛绝。多少年来，对权威的反感几乎成了我的一种本能，我早已忘记这种反感是如何产生的了。

十四五岁前，我们还认为学校的生活相当不错。我们私下拿教员打趣，怀着一颗好奇的心学习每一门课。慢慢地，我们开始越来越恐惧和厌恶学校。不知不觉地我发现了一个值得注意的现象：我们在进入中学前四年所学习的知识已经超过了中学所学的内容。我觉得我们在中学没有什么新内容可学，甚至我们在自己感兴趣的方面比教员们懂得还多。我们从课堂已经听不到什么新内容或者有价值的东西，课外探索让人无限憧憬。起初，我们中间只有两三个人发现自己对艺术、文学、音乐的浓厚兴趣，接着有十几个人，到最后，几乎是全体同学。

"教条"之外的热情

青年人对某一件事情的热情可以相互感染，就像荨麻疹会从一个人身上传染到另一个人身上一样。如果班上有一个集邮爱好者，那么立刻就会有十几个人加入其中；如果有几个人对舞蹈痴迷，马上就会有其他人跟风。我偶然进了一个对艺术产生狂热兴趣的班级，这种氛围决定了我以后的人生方向。在维也纳对艺术产生热情是很自然的事情，因为维也纳是名副其实的艺术之都。在这儿你随处可以听到成年人讨论歌剧艺术；著名演员的画像被陈列在证券交易等人口集聚的场所……与打牌和交女友相反，艺术戏剧和文学是一种高雅的"嗜好"，这种热情不会遭到家长的反对。对于我们中学生来说，能挤着去看每一场首演，是很大的荣耀。如果有人没去，那么他在同学们面前便抬不起头。每一场大型首演前的那个下午，2/3的学生就会神秘地病倒，因为下午三点是我们能买到站票的唯一机会。正因为老师对我们漠不关心，他们从没发现藏在我们的拉丁文语法书封皮里的里尔克的诗。我们每天都会想出好点子来打发无聊的上课时间。当我们的老师在讲台上念老掉牙的理论时，我们在课桌下看尼采和斯特林堡的作品。下午，我们混着去听大学生的课，参观艺术展览会，去解剖室看尸体解剖，偷偷溜进交响乐队的排练场，去旧书店翻阅古书，浏览店里的陈列品。我们花时间最多的还是看书，我们看所有能到手的书，看完后再交换阅读。

在维也纳，了解一切新鲜事物的最好场所一直都是咖啡馆。维也纳的咖啡馆与其他地方的咖啡馆不同，维也纳的咖啡馆像是一个民主俱乐部，每位顾客只需买一杯咖啡便可以在这里消磨一天的时间。你可以在这里讨论、写作、玩耍、阅读邮件，你也可以在里面免费阅读各种报刊。一家较好的维也纳咖啡馆不仅提供维也纳的所有报纸，它还提供法国、英国、美国和意大利的报纸，以及一些非常著名的文学艺术杂志，如《法国信使报》、《新观察》、《创作室》、《柏林顿杂志》。在咖啡馆我们总能及时了解第一手信息，从每一册新出版的书、每一场演出到世界上发生的一切大事我们都了如指掌。我们每天都要在咖啡馆里泡上几个小时，一起讨论时局，一起了解世界动态。幼稚的我们总爱炫耀自己，竭尽全力地通过获取"最新动态"来把别人比下去。在我们看来，不能掌握最新动态就是一种自我贬低。因此，我们把所有的精力都投入到发掘那些尚未被人所知的事情上。

有好几年，我们这些半成年的男孩子们在各种场合，除了讨论书籍、绘画、音乐、哲学以外，不再讨论其他话题。无论是男演员还是指挥家，谁登台谁写了什么书，谁发表了什么文章，我们都了如指掌。当盖尔哈特·霍普特曼的戏准备在城堡剧院首演时，我们全班的同学都要激动好长时间。我们趁着演员排练的时候溜到他们身边了解剧情和演员阵容。我们到城堡剧院理发师那里去理发，为的是探听一些关于沃尔特或者索嫩塔尔的秘闻。如果碰巧某个低年级的学生是歌剧院某灯光师的外甥，我们这些高年级的学生便会通过他到舞台上去看排练。对我们来说，演员的声望及所具有的威力是无穷的，无论什么时候，我们都会对他们肃然起敬。

直到今天，我依然惊讶，凭借对文学的一腔热情我们了解了多少事啊！一次次的讨论和分析早就磨砺了我们的批判性思维和文艺鉴赏能力！十七岁时我就读过波德莱尔和惠特曼的诗集，其中的名篇我倒背如流。那些十年以后才受到人们重视的作品我们在中学时代就已经熟读过。以后的岁月，我再有没有像在中学时代和大学时代那样勤奋地读过书。

年轻人总能满怀热忱地发现自己想要读的诗，并从中发现自己。新风尚风靡奥地利以前，我们就洞察到了风向，因为青年人对身边的变化就如同动物一样敏感，所以我们比老师们更早地预见旧世纪结束后某些艺术见解也会随之告终。一场革命，或者说一场价值观念的改变正在悄无声息地行进。我们父辈那一代的大师，诸如文学界的泰斗戈特弗里德·凯勒、戏剧界的精英易卜生、音乐界的约翰内斯·勃拉姆斯、绘画界哲学界等诸多了不起的代表性人物，已经被那个太平世界同化了。尽管他们在艺术性和思想性上有很高的造诣，却不能引起我们的兴趣，他们那种冷静、缓慢的节奏和我的时代不合拍。德意志年青一代的天才赫尔曼·巴尔就住在维也纳，他努力地为即将到来的一切披荆斩棘。他在维也纳开创了"直线派"，展览了来自巴黎的印象派和点画派等画家的作品，向世人介绍了这些震惊世人的新学派。音乐方面，穆索尔斯基、德彪西、施特劳斯、勋伯格带来了新的节奏和音色。文学方面，左拉、斯特林堡、霍普特曼开创了现实主义。

哲学方面，尼采带来革命性的变化。建筑方面，大胆、自由的实用建筑取代了装饰繁缛的古典主义建筑。曾经让人舒服的旧秩序一夜之间遭到破坏和质疑。资产阶级正统报纸批评这种变化为大胆的冒失实验，试图用颓废堕落或者无法无天这样的罪名来遏制这种势不可挡的潮流。我们这些年轻人则义无反顾地投身到这股激流当中，为新艺术改革做出我们的努力。

我们对新艺术如此痴迷还有另外一个原因，那就是它是年轻人创造的艺术。我们父辈生活的那个时代，艺术家只有等了了丰富的社会阅历、适应了资产阶级社会平淡无味的兴趣之后，才能收获荣誉。很小的时候，我们就被灌输了值得尊敬的男士形象，他们举止文雅，风度翩翩，表情严肃；他们穿着丝绒上衣，留着灰白胡须；他们永远保持着一种沉思状，摆出着一副"尊贵的"的姿态，俨然一副红衣主教和枢密顾问的架势。像维尔布兰特、埃贝斯、达恩、保尔·海泽、伦巴赫这些人都是受人追捧的宠儿，如今他们都已销声匿迹。新兴的诗人、音乐家、画家都那么年轻。盖哈尔特·霍普特曼三十岁就统治了德语戏剧舞台；斯蒂芬·格奥尔格、莱纳·马利亚·里尔克在二十三岁的时候就已经有了文学声誉和一些狂热的追随者。在我们这个城市，突然出现了由阿图尔·施尼茨勒、赫尔曼·巴尔、里夏德·贝尔·霍夫曼、彼得·阿尔滕贝格等人组成的"青年维也纳派"。他们对艺术精心加工，使奥地利文化第一次在欧洲范围内产生重要影响。不过，让我们如痴如狂的是胡戈·冯·霍夫曼斯塔尔，他是完美诗人的化身，在他的身上体现了我们青年人的崇高志向。

霍夫曼斯塔尔

年轻的霍夫曼斯塔尔是早熟的艺术家，直到今天他的天才本领都为人们所称颂。在文学界，除济慈和兰波以外，没有人能与他匹敌。他年纪轻轻就将语言驾驭得得心应手，十六七岁时就写下了不朽的诗篇。就算是他即兴创作的诗篇，也都妙不可言。他的辉煌成就被载入了德语发展的史册。因此，他的出现，是一种惊喜、一种意外！

赫尔曼·巴尔经常向我讲述他第一次读霍夫曼斯塔尔的文章时惊讶的情形。一天他收到一篇署名为"洛里斯"的投稿，这篇文章言辞典雅，意蕴丰富，富有想象。他很好奇"洛里斯"是谁，在他看来，这位"洛里斯"一定是一位隐居多年的神秘老人，只有这样的老人才能把语言炼化成一种至高无上的享受。巴尔立刻给这位未谋面的天才写了一封信，约他在著名的格林斯坦特尔咖啡馆见面。让他意想不到的是来赴约的竟然是一个着童装、颀长身材、还没有留胡须的中学生。他走到巴尔的桌旁，鞠了个躬："我是霍夫曼斯塔尔，'洛里斯'是我的笔名！"每次想起这件事的时候，巴尔都感慨一个乳臭未干的中学生会有这样深刻的思想和远见。

阿图尔·施尼茨勒也向我讲过类似的故事。那时他是"青年维也纳"的领袖，经常有一群比他更年轻的青年人来向他请教。有一次，一位高个子的年轻高中生引起了他的注意。后来这位中学生想朗诵一出诗剧给他听，施尼茨勒高兴地邀请他到自己的住处。一开始他并没有对这个学生抱很大的希望，他猜这个中学生的诗剧要么以伤感主义为主线、要么以浪漫主义为主线、要么就是不成熟的古典主义。这个中学生就是霍夫曼斯塔尔，那天他穿着简单的童装来了。刚开始，他显得有点儿紧张局促，很快施尼茨勒和他的朋友们被这个孩子的诗作吸引住了。他的诗内涵丰富，语言完美、形象，音律如同音乐般美妙动听，这对一个整天待在象牙塔的初中生来说太难能可贵了。当霍夫曼斯塔尔朗诵完他的诗后，大家还若有所思，意犹未尽。他们认为他是一个天生的奇才。

后来他的作品越来越完美。继第一部诗体剧《昨天》，他又发表了气势壮观的《提香之死》的片段，接着便是诗歌创作。直到今天，我还能一行一行地背诵他的那些诗。后来他又写短剧和散文，数十页的稿纸记录着他渊博的知识、独到的艺术见解和对世界的展望。总而言之，这个学生所有的作品都如同宝石般地焕发出炽热的光彩。他的每一篇作品都恰到好处，仿佛有一种神秘的力量一直在指引着他。

我清楚地记得我第一次见到霍夫曼斯塔尔时的情景。当时我十六岁，我和同学从报纸上一则不起眼的讯息了解到他将在"学术俱乐部"作一次关于歌德的报告。那个狭小的讲堂只能容纳一百三四十个人，为了能有一个座位，我们提前半个小时出发了。在我们等待的时候，突然一个瘦高个儿快步走上讲台，开始演讲。霍夫曼斯塔尔轮廓分明，皮肤黝黑，看上去比我想象的要年轻许多。刚开始演讲时，他那漆黑、柔和的双眸透露出了焦虑不安的神情，但没过多久他就放松了，他越讲越自然，思路也越来越开阔。起初，我还为他的声音不悦耳而烦恼，很快我就被他的演讲内容所吸引，忘了他的嗓音问题了。他演讲时没有稿子也没有提纲，但他所讲的每一句都那样的完美准确。他常提出一系列大胆的反命题，紧接着用出人意料的措辞来加以解答，这样观众就会觉得他所讲的只是从他渊博知识中随手拈来的一部分而已。

除了凯泽林和瓦莱里，没有人的谈话能力可以达到霍夫曼斯塔尔的水平。在他灵感勃发的时候，他以前所接触过的一切都会瞬间出现在他的脑海。他用的比喻自然贴切，他的观点鲜明突出，带着一种振奋人心、捉摸不透的气息。

霍夫曼斯塔尔的创作在十六岁到二十四岁之间达到了巅峰，以后再也没有超越这一段时期。尽管我很欣赏他后期的作品，但是他那个时期的作品日益束缚于现实剧和时代的需要，太过功利，失去了他早年诗歌的灵性和稚嫩，也失去了对我们这群好挑剔的年轻人的吸引。

巴尔扎克曾经描述过拿破仑是怎样让整整一代法国人激动不已的：一个人不一定非得生在王公贵族家，就算他出生于贫困的家庭，也有可能在二十岁的时候成为叱咤风云的将军，三十岁的时候成为统治整个法国的元首。拿破仑的个人成就鼓舞了整整一代年轻。他们以拿破仑为偶像，头脑发热、野心勃勃地离开了自己卑微的职业来到巴黎准备成就一番伟业。

霍夫曼斯塔尔和里尔克是我们奥地利年轻人的前进动力。我不指望我们中间还能出现第二个霍夫曼斯塔尔，但是只要他在我们身边，我们就会多一份精神力量。和我们大多数人一样，霍夫曼斯塔尔也出生于犹太市民阶层，接受了同样令人窒息的教育。不同的是霍夫曼斯塔尔在我们还坐在学校那该死的板凳上受煎熬的时候，就已经努力地跳开这个狭隘的小圈子，进入开阔的大境界。他在中学时期就已经出版了自己的诗集，并且开始享有盛誉。通过霍夫曼斯塔尔，我们明白了即使身处牢笼般的学校氛围，我们还是能够创作出富有诗意的作品。

霍夫曼斯塔尔的天才表现让我们惊叹，而里克尔的例子却让我们感到安慰。因为在我们看来，霍夫曼斯塔尔是绝世仅有的奇才，没有人能和他相比！里尔克则不同，他天资并不聪颖，但这位诗人靠着自己的努力和坚持直到二十几岁才得到我们的认可。里尔克的例子教导我们，普通人只要脚踏实地，坚持不懈，同样也能成功。

文学上的"早熟"

那时，几乎所有的青年人很早便开始尝试写作或者玩自己喜欢的乐器。青年人对业余爱好的热情是狂热的，倘若他们爱好戏剧，他们就希望有一天自己能做主角儿登台演出。在我们班，每个人都试图从自己身上找到某种天赋，并且学着去施展它。想成为演员的同学模仿城堡剧院演员的腔调，一遍又一遍、不厌其烦地练习台词。有时候他们偷偷地跑去听表演课，有时候他们利用课间休息时间做一些即兴表演。一些素养良好的音乐爱好者常常带着其他同学了解新音乐。我们班上的小画家——一个著名画家的儿子，常常在上课的时候帮我们画各种图画。班上人数最多的还数文学爱好者，我们聚在一起仔细斟酌每一个句子，讨论评价每一本新看的书。很快我们的作品开始被主要杂志刊载。回首往事，我们所取得的成就与霍夫曼斯塔尔对我们的激励是分不开的。他引导我们向我们所喜欢的方向努力。由于我们对文学的满腔热情，中学快毕业的时候，我们大多数人在文学评论和表达能力方面已经超过了当时的专业评论家。

对于我们在文学上的早熟，有人会误以为我们是一帮特殊的神童。事实并非如此，在维也纳好多其他中学，学生也表现出对文学极度的狂热和早熟。在我看来，这种现象是由维也纳特别有利的环境造成的。维也纳是艺术的沃土，而我们所处时代的非政治性有利于新思想和新文学形式在世纪之交出现。作为这个城市的一分子，我们当然也会紧跟时代的步伐，汲取一切新知识和新营养。

年轻人在青春期的时候总会萌发一些情愫或经历心灵的震颤，这是青春的表现。我的几个同学在《潘神》和《艺术之页》上初露锋芒后便做了平淡无奇的律师和官员。我是他们当中唯一保持了创作热情的人，这种热情一直伴随着我的一生。今天我仍然感谢我的那些志同道合的同学们，当年我们热烈的讨论、毫不吝啬的表扬或是尖刻的批评，都使我受益匪浅，使我的文学素养在不知不觉中提高了。

然而，对艺术的疯狂消耗了我们的精力，牺牲了我们作为年轻人应有的兴趣和爱好。当年，我们把看书的时间安排得满满当当，留给睡眠的时间却很少。我每天早晨七点起床，到深夜一两点还在看我钟爱的书。从那以后，我养成了一个坏习惯，即便夜已深，我还是会习惯性地再看一两个小时的书才去睡觉。由于缺乏睡眠我们个个看上去面黄肌瘦，像蔫了的茄子一样没有生气。我们把所有的零用钱和时间都花在看戏或看书上面。对于体育活动，我们一直持轻视态度，唯一例外的就是下棋，因为下棋能让我们开动脑筋。从我十三岁开始对文学着迷后，我就不再从事我以前热衷的一切体育项目，我把所有的精力都花在看书上。所以我到了十八岁还不会游泳，不会跳舞，也不会打网球。直到现在，我仍不会骑自行车、开汽车。

荒谬的是虽然我们觉得我们有诗人的潜质，但我们平时很少关心周围大自然的变化。在我前二十年的生涯中，我几乎都没有为那些美好的事物驻足过。当最美的夏季来临的时候，我们整天待在咖啡馆里读报刊和杂志。后来我花了大约十年的时间来改进我身体的笨拙，调整长期以来形成的紧张的生活模式。但是，我从不后悔自己的选择，因为肌体上的缺乏锻炼是可以弥补的，而智力上的飞跃却不可耽误，它只能在特定的阶段加以开发。

新时代的到来

因为太年轻，我们没有意识到美学领域的变化预示着更深层、更广范围的社会变革，将在这个古老的城市进行。在奥地利，自由资产阶级占据着统治地位几十年。现在，广大群众对他们已经丧失了耐心，他们组织起来为自己应有的权利而斗争。

之前，选举权赋予了人口占少数的有产者。这些资产阶级挑选出来的律师和农场主们天真地以为自己是国会里面的发言人。出于对自由主义的信仰和追求，这些资产阶级相信只要有了宽容和理性，世界必定会进步不少。他们主张用小小的妥协和逐步的改革来促进全民的福利。他们忘了他们代表的仅仅是大城市里的小部分富裕人。这期间，机器生产将分散的无产阶级工人集中到了工业中来。在维也纳，一位名叫维克托·阿德勒的博士领导成立了一个社会主义政党，以实现无产阶级的各种要求为宗旨。无产阶级要求真正普遍和人人平等的选举权，可是当这种平等选举权获准实行，人们立刻发现他们所推崇的自由主义是多么脆弱。随着自由主义的消失，阶级矛盾进一步激化，斗争开始了。

我清晰地记得对奥地利社会主义政党具有重要意义的那一天。工人们为了显示自己的势力，要求宣布五月一日是所有劳动人民的日子并准备到普拉特绿化区游行。听到工人们的这一要求，自由派市民惊呆了，因为游行的队伍要经过那条主要的林荫大道，而那条美丽的林荫大道平时只有贵族和富裕市民的马车才有资格走。社会党人这个词在当时的德国和奥地利是同血腥和暴力相联系的。刚开始大家以为这群从郊区来的赤色分子肯定会干出一些惨无人道、奸淫掳掠之类的坏事。全城人心惶惶，所有的警力都调集到大街上。我记得，那天父母严厉禁止我们上街，但实际上什么也没发生。工人们带着自己的全家老小列成四人一排的整齐的队伍，安静地进入了普拉特地区。他们在衣服扣眼里插一朵红色的丁香花——党的标记，一边走一边响亮地唱着国际歌。没有任何暴行，警察和士兵最后都友好地笑了。无产阶级和平友好的态度无可指摘，最终，资产阶级和无产阶级互相让步并妥协了。

这种红色丁香花作为党徽出现不久，基督社会党以白色的丁香花作为他们的党徽。基督社会党是小资产阶级政党，因为机器生产威胁着他们的生存，他们才同无产阶级走到一起。这个忧心忡忡的社会阶层后来成为希特勒的第一批广大群众。某种意义上说希特勒是从奥地利维也纳的卡尔·卢埃格尔那儿学会了如何利用反犹主义的口号。卡尔受过优良的教育，文采和口才极佳。他生活俭朴，秉公处事，政绩无可指责，但是这么个完美的人却是一个坚定的反犹主义者。反犹主义为不满的小资产阶级树立了一个可见的敌人，同时转移了他们对大地主和贵族的仇恨。

这个时候出现了第三种花，蓝色的矢车菊花，它是德意志民主党的标志。这是一个具有激烈变革意识的政党，它的目标就是用暴力瓦解奥地利君主国，建立一个在普鲁士和新教的领导下的德意志国家。舍纳雷尔利用奥地利的大学生为他效力。这些大学生利用自己的豁免权，到处搞殴打恐怖活动。由于奥地利的大学仍然享有古老的特权，警察不能进入校园。所以警察们只能眼睁睁地看着这些人无法无天地闹腾，他们唯一能做的，就是把那些被打得头破血流的人从楼梯口抬到街上，然后再找人把他们抬走。当时的奥地利德意志民主党虽然人数极少，但很有手段，每次他们想要实施什么意图，他们会先让那些流氓大学生们替他们打头阵。那个时候人们既憎恶骚动又害怕恐怖的流血事件，所以没人敢伸张正义。

奥地利政府在德意志民族党的各种暴行前退缩了，总理下台，语言法被撤销。德意志民族党用野蛮暴力抗衡政治的阴谋第一次得逞，奥地利的内战悄然拉开序幕。

具有讽刺意味的是我们这些年轻人还沉醉在自己的文学美梦中，对于祖国面临的困境浑然不觉。我们活在自己的世界里，"两耳不闻窗外事，一心只读圣贤书"。直到几十年后，我们的太平世界轰然倒塌，我们才意识到，原来这个世界，早已不是之前的那个世界了。

第三章　情窦初开

被扭曲的性观念

对我们所有男生来说，八年中学生活使我们从一个淘气十足的孩子成长为一个具有明显男性特征的年轻小伙子。我们不再是那群天真无邪的小孩子了，青春期的成熟让我们渐渐发觉"性"这个似乎不文雅的概念，然而我们又不得不以自己特有的方式跟性成熟做斗争。因为在那个时候，性概念是不被允许在公开场合谈论的，否则你将被视为低俗、下流、无耻的人。在一定程度上，性成熟促进了我们思想的成熟，使我们看问题的方式、方法有了天翻地覆的变化。如果社会中诚实、正义的人愿意去遵守某些习俗，我们这群年轻人亦是如此；如果园丁或父母身上有任何虚伪行为，我们都会以与以往不同的观点去审视、质疑。青春期的我们变得尖锐了。

在性这件事儿上，我们曾经极度信任的家庭或社会让我们失望至极。家长们对待"性"一直采取回避态度，我们做儿女或学生的也不得不遵循他们鬼鬼祟祟的规矩。三四十年前的人们羞于谈及性爱这类话题，因为在光天化日下谈论性会被认为是极其低俗的。性爱还被认为是引起骚乱的重要因素，性爱只能发生于夫妻之间，其他的性爱都有悖于资产阶级的"正派作风"。然而性又是不可能被消除的，所以他们又默许年轻人以低调的方式满足性欲，言外之意就是年轻人可以偷偷摸摸泄欲。久而久之形成了一种社会风气，公共场合，人们绝对不能谈论性。

按照弗洛伊德的心理学观点，你越是有意识地压抑性欲，性欲反而更强烈。19 世纪的人们幼稚地以为只要他们不在年轻人面前提及性爱，年轻的性意识就不会强烈。整个社会铸成了一道坚固的防线，学校、牧师、书籍等都对性闭口不提。以探索和发现为己任的科学也有意不参与这种"不光彩的学说"的探讨研究。如果我们翻阅一下当时各个方面的书籍，我们会发现这些书对性都采取了绕道而行的办法。当时的美学观念比较狭隘，性根本不能列入美学范畴。神经科的医生们清楚地知道某些病症的根源在于性，但是因为害羞的缘故，他们从不会说出真相。性爱也成了文学描写中的禁地，因此，想要看到真实反映 19 世纪城市青年性爱困惑的故事是不可能的。就算有些作家想追逐写实主义风格，他也会把性修饰一番，把卖淫女装扮成"茶花女"。从狄更斯、萨克雷、戈特弗里德·凯勒等大作家的作品中我们看到的也尽是一些加工、掩饰过的故事，这也不能怪他们，迫于当时的社会道德规范，他们不可能毫不顾忌地真实地展现性！这个时代的气氛这样压抑，现实主义巨著《包法利夫人》，被当成淫书而公开禁止，左拉的小说已经比较保守了，但仍逃脱不了被视为色情文学的命运。

社会风气跟心理学背道而驰，它无视人性、无视人的本能需求。我们正是在这令人窒息而又香水味十足的畸形氛围中长大成人。这个时代人们的服饰和着装也可以让我们对他的社会风尚有所了解。看到电影院银幕上出现 1900 年的人们的穿着时，现代观众一定会情不自禁地开怀大笑，嘲笑他们着装的古怪和烦琐。我自己也曾见过母亲和姑姑穿着古怪的长及脚踝的晚礼服，觉得那一代人都顺从了那样的穿着真不可思议！当时男子流行的穿戴也很滑稽，坚硬、笔直的高领，燕尾很长的黑礼服及烟筒似的大礼帽。三十年前，几乎每一个欧洲妇女都长发及腰，她们一层一层地像洋葱皮似的穿上衬裙、紧身内衣、上衣和短上衣，直到女人气息全被掩盖。我记得一位女士的打扮让我忍俊不禁！她的头发每日都被梳成无数小曲鬈、螺鬈，上面挂满了五彩缤纷的坠饰，走起路来叮当作响。她脖子上的衣领扣得又紧又高，腰间紧系着一件用鲸鱼须骨制成的紧胸衣，下身又穿着一件像水桶似的长裙，双脚也被裹得严严实实。这样的打扮既烦琐又费劲，没别人的帮忙是不行的。其实，这种着装风尚是为那个时代的道德倾向效劳的——一种过分隐藏人们性欲和性爱的道德倾向。

但是这种自以为是的社会风尚产生了消极影响。你把魔鬼拒之门外，它不会就此罢休，它往往会从烟筒里爬进来，性爱亦是如此。今天的我们对待性爱的态度宽松多了，如果一个人非要把真实身材隐藏起来，我们会感到非常不自在，这也并不是什么美德，恰恰相反，这种隐匿突出了异性的存在。如果一个男子体格健壮、脸上没蓄胡子，女子体态丰满、身材修长，我们可以说他们是郎才女貌，很是般配。可是在之前的那个时代，为了体现"男性美"和"成熟稳重"，男士们都蓄着长胡须。而女性不得不用紧胸衣紧紧束住胸前的那两座山峰，男性和女性之间时刻得注意保持适当的距离，要不然就有悖于当时的社会传统。此外，在举止礼仪方面，当时的社会强调男性的坚强、豪爽的骑士风度，而女性得保持柔弱和腼腆。

饱尝性压抑的女性

仪表和举止方面的差异非但没有减轻男女之间的吸引力，当时的社会对性的压抑反而使男女的性意识更强烈。为了避免在社会生活、文学艺术及穿着方面出现伤风败俗之事，人们始终与不道德的勾当做斗争，如此一来，饱受压抑的他们一直处于窥探色情的状态。在那个时代来看，"正派作风"始终处于岌岌可危之中。每一句话、每一个姿态都可能伤风败俗。如果当时女子运动时只穿一条短裤，在当时的人看来这就是犯罪行为。女性是不能直接提及"裤子"这个词的，如果非要说的话，她必须找一个暗语"下装"或者"难以启齿之物"来代替。

现在看来，几个地位相当的异性朋友一块儿郊游是很自然的事儿，在当时却是不被许可的。长辈们就担心性爱这种事儿会在男女们一块儿郊游的时候发生。如果非要郊游的话，男女们必须在家长或家庭女教师等监督人寸步不离地监督的情况下进行。就算是自然要素，比如空气、水、阳光，也不能直接触及女性的肌肤。夏天再热，女性也不能露出臂膀或双脚，否则将被视为骇人听闻的大事儿。面对波澜壮阔的大海，妇女绝不能随心所欲地玩耍，只能拖着沉重的服饰步履蹒跚地沿着海滩走走。为了忘却自己的肉体，避免性欲的产生，寄宿学校和修道院要求女性全身裹得严严实实。老太太去世时，她可以自豪地说："除了接生婆、丈夫以外，再没有人碰过我的躯体。"从社会最高层到底层，人们都默默遵守着这些不成文的规定，没有人敢逾越雷池。在四十年后的今天，这一切都显得那么滑稽可笑！19、20世纪之交是社会风尚的变革期：当第一批妇女勇敢地骑上自行车或马时，路边的农民们义愤填膺地向她们丢石头；当我还在上小学的时候，维也纳报纸曾连篇累牍地讨论那个"伤风败俗"的革新，皇家剧院的芭蕾舞女演员们不用穿针织长袜跳舞。当伊莎多拉·邓肯身穿古希腊式短袖齐膝白色长衣，赤着双脚跳芭蕾舞时，维也纳人震惊了。我们就是在这样的环境里长大成人的。当我们发现那些所谓的"正人君子"也做见不得人的勾当时，我们觉得这些人不过是一群可笑的伪君子！当不少中学生目睹了自己曾经敬仰的老师在背地里干些有伤风化的勾当，听到家长们谈论周围的某些人干了不光彩的事，我们的好奇心被激发了，难以忍受本能的驱使，于是我们在大城市的某些角落里寻找发泄渠道。

几乎所有的厕所都被涂满了下流字画，游泳的地方用于隔开男女洗澡的木板上被挖了好多洞。一些今天看来已经过时的行当在那会儿还是很盛行，比如裸体照片和淫秽书籍。那时所有的饭馆都给青年兜售裸照。色情出版社也偷偷地出版纸张质量很差的色情书籍，尽管粗制滥造，销路却异常火爆。当时的社会不给青少年任何性启蒙，社会风尚也不允许异性单独相处，而现在的青年们却享受高度的恋爱自由，只要你们的举止不过头，没人会插手你的情事。一定程度上说那一代人很好色。你越是不给人们某种东西，他们越是好奇心十足，越是想探个究竟。耳闻目睹得越少，梦中梦见得越多，一个人的肉体接触自然因素越少，例如阳光、空气，性欲积累得就越多。这是基本常识，可是前人对此却不闻不问。总而言之，强加在青年身上的那种道德压力并没有改善社会风气，提高社会道德。从性欲萌发的那一天开始，我们已经意识到社会对它的白眼，所谓的社会风尚夺走了该属于我们的东西。

那时的社会道德就是一个道貌岸然的伪君子，一方面，它在公开场合谴责人们谈论性，竭尽全力地压抑人们的性欲；另一方面，它允许人们以偷鸡摸狗的方式发泄性欲，并且为青年提供发泄性欲的阴暗角落。社会道德在性方面对男女要求不同。在它眼里有活力的男性可以有性欲和性冲动；而对于女性，它却苛刻地要求女性贞洁，丝毫不管女性也有性欲和性冲动的事实。在前弗洛伊德时代，女人在结婚之前不能有任何肉体要求，这是一条亘古不变的道理。从出生到走上婚礼殿堂之前，一个出身高贵家庭的姑娘必须是"纯洁的"。为了保持她们的贞洁，家庭绝不允许她们在户外独处片刻，就算是上学或是舞蹈课，这些姑娘也都是有专人接送的。她们读的每一本书都经过严格检查，淫秽色情书籍不会出现在她们的视野当中。为了让她们打消产生性欲的念头，出身高贵的姑娘不能对男性身体结构有任何了解。当她们问及自己是怎样来到这个世界时，必然会被批评一番。她们最后确实被教育成一群有教养、有文化的姑娘，可是她们对性知识却一无所知，"受过良好教育"成了对生活一无所知的同义词。这对于现代人来说无法想象，而这样的例子却不胜枚举。这种可笑至极的事曾经发生在我的姨妈身上，她在新婚之夜跑回父母的公寓，哭喊着自己的丈夫就是一个十足的流氓败类，因为她丈夫想要名正言顺地脱下她的裤子。正因为姨妈对性一无所知所以也就发生了这样的事，后来姨妈费了好大的劲儿才摆脱自己的无知，适应了婚姻生活。

当时的社会风尚似乎要把一个姑娘的端庄、贞洁作为它的理想标准，想方设法地把她们往这个方向培养。这种教育模式下的女孩子们确实富有教养、文气十足，可对于性却一无所知。这种脱离生活的教育使一部分女性成了牺牲品，她们婚后得顺从自己的丈夫。可是有些姑娘到了三十岁仍孑然一身，这是多么可悲啊！为了维护家庭尊严、遵守社会风尚，她却要始终保持与年龄不相符的性盲状态，更可悲的是她们虽然做出了巨大牺牲，日后却要受到社会、报纸等的冷嘲热讽。当时的幽默刊物经常对老处女冷嘲热讽，说她们由于精神失常，不知道掩饰自己的性爱需求，这样一来她们就嫁不出去，变成了老处女。

当时的资产阶级风尚不允许未婚女子有任何同性欲相关的举动，否则她将被视为"伤风败俗"而被逐出家族，但它却承认男性性冲动的存在，允许男性在社会道德的大墙之外偷偷完成这些事。20世纪的最后几年，有些比较开明的家长给已经性成熟的男性比较及时的性引导，家长把家庭医生请米，由这些医生负责他们的性启蒙教育。医生给男性成员讲述一些基本理论知识，劝诫他们采取必要的安全措施以防止染上性病或躲避不必要的麻烦。事实上他们的这些讲述有些多余，因为青年们已经无师自通、自学成才了；有些家长采取了更激进的方法，他们直接聘请漂亮姑娘上门，为男性成员提供现场性教育。这样的做法一举两得：一方面，男性成员切身参与到性行为当中，掌握了一些很实用的理论常识；另一方面，在家里做这些事，表面上可以保持礼仪，保护青年不落入"骗子"之手。然而社会却一直唾弃这样的启蒙方法。

黑暗中的性事

对资产阶级的青年来说，泄欲途径还是比较少，下层社会的青年泄欲途径相对多一些。在较为贫困的农村，一个十几岁的男性长工能和侍女发生关系，当女性怀孕以后，所有事儿都名正言顺了；在阿尔卑斯山村里，未婚同居所生孩子的比例要远远高于结婚所生孩子的比例；加利犹太小伙在十七岁时就可以娶妻成亲，四十岁左右当爷爷。资产阶级社会对早婚不屑一顾，认为这是不成熟、不负责的表现，他们绝不会把女儿交给一个二十来岁的毛头小伙子。对他们来说年轻男子只有获得一定的社会地位以后才算成年，生理上的成熟根本不能和资产阶级经济地位的成熟相提并论。而在二十五岁前，一个正常男性不太可能获取什么社会地位，在这段时间里，生理成熟的年轻男性为了满足自己的生理需求不得不寻求他法的。

少数极其富有的年轻人会选择养一个"姘头"。这意味着他们得给姘头准备一套住宅，提供生活费用。很少有人会选择和一个已婚妇女发生性关系，这种"好事"只能发生在极少数人身上。其他人基本上通过和女售货员或者饭店服务员厮混得到些许满足。当时妇女解放运动尚未兴起，那些出身无产阶级的女性从小生活在窘困之中，衣着寒酸，工资很低，所以她们愿意选择一个比她各方面条件稍微好一点的男性做性伴侣。由于性伴侣各方面的条件比她们更好一些，她们害怕自己相形见绌，于是避免跟男性伴侣在公开场合见面。社会风尚似乎考虑到这一点，给一对对所谓的情侣们提供了单间餐室，在那里性伴侣们可以尽情地用餐，不用担心被别人发现。要是发生关系的话，他们可以选择去偏僻的小旅馆，这些旅馆专门服务于这样的"情侣"。所有这些幽会都必须速战速决，这种偷鸡摸狗的勾当也就毫无美感可言，仅仅只是为了满足生理需求。总的说来，构成当时婚外性生活的基础是娼妓，资产阶级社会黑暗面的拱顶之石就是卖淫。

第二次世界大战前，卖淫业在欧洲如火如荼地蔓延，街道，酒店、酒吧、舞厅，到处都有娼妓出入，妓女们像出售烟酒等商品一样出卖自己的肉体。一个男性不用花多少钱就能搞到一个妓女。现在的社会提倡爱情自由，生活方式的改变使得妓女变得多余。随着人们对娼妓需求量的减少，娼妓业自己也慢慢地衰退，在这个自然的转变过程，其间警察和法律并没有插手其中。

从社会道德的立场来讲，卖淫是件极不光彩的事儿，谁也没有胆量公开承认一个女性有出卖肉体的权力；然而从生理学角度来讲，卖淫不能被取缔，它至少可以缓解人们的生理需求。为了缓解这种矛盾状况，某些权威们试图把卖淫划分为两类：一类是没有取得营业执照的非法娼妓，另一类是取得国家营业执照的合法娼妓。如果一个娼妓征得警察的同意拥有营业执照，你可以在警方监督之下营业，条件是你得遵循每周去医院检查两次的规定，如此一来你就可以按照自己的价格出售身体。合法娼妓成了一种正式职业，国家把娼妓视为正式职员，而社会道德却不承认。这样一来娼妓的合法权益得不到任何保障，如果一个男性享用了娼妓的身体之后却拒绝付钱，娼妓根本不能控告对方，她们被视为法律上的弃民。这样的限制只适用于出身贫寒的妓女。一个芭蕾女演员卖身时不需要任何营业执照，她的身价比一般妓女要高出若干倍，那些跻身于社交界的女士身价更高，而一个流落街头的少女的卖身价为几克朗一小时。国家为宫廷、贵族和资产阶级的富豪们介绍这些"奢侈品"的女经纪人，并受法律庇护但是对"拉皮条"判以重刑。不公正的事只会发生在成千上万的娼妓大军中，而妓女们却用自己的肉体和被玷辱的心灵维护着那种反对自由爱情、腐朽不堪的道德观念。

这支卖淫大军分为不同的种类：最早的妓女就像是要塞炮兵，她们"盘踞"在城市里的几条固定的街道，例如资产阶级避免居住的刑场，作为自己的大本营。这里居住的尽是一些无业游民、刽子手和其他一些受社会歧视的人。当局在那里开辟若干条小巷作为色情市场。到了 20 世纪，那里还剩下几百名卖淫妇女招徕客人，她们分昼夜两班营生。在维也纳，流动性的娼妓被形象地称呼为"徘徊女郎"，她们就像骑兵或步兵似的走来走去找来客人，不过她们的活动范围受到严格限制，必须在警方划定的无形界线内活动。这群女性十分可怜，她们穿着廉价的冒牌时装，不分昼夜地徘徊在大街上，就算再疲惫她们也得向过往的客人卖弄风情。她们给男性无尽的快乐，自己却每天累得精疲力竭，像老鼠似的从一个角落跑到另一个角落，最后过早地衰亡。自从这群忍饥挨饿、愁眉苦脸的妓女从大街上销声匿迹以后，我觉得城市比以前可爱多了。

妓女大军并不能满足所有人的需求，生活富足的男性享受一种更为隐秘舒适的"爱情"生活：温馨的灯光，美妙的音乐，舒适豪华的摆设。为了迎合这些人的需求，妓院应运而生。妓院被形象地称为"沙龙"，里面摆着"豪华阔气"的冒牌货，成双成对的男女在钢琴曲的伴奏下吃喝玩乐。走进一些高级妓院，你仿佛觉得自己被邀请参加了一个贵妇人集会。高级妓院的娼妓们要比街头女郎漂亮，生活条件也比一般娼妓好很多。为了提高她们的身价、获得更多利益，老鸨们尽力装扮她们。尽管衣食无忧，高级娼妓并没有自由和好的前途，就算是最勤快、最有毅力的姑娘也都一生欠老鸨们的债，无法离开这个所谓的"家"。

如果我们把几家高级妓院的秘史写出来，一定会成为一本畅销书！因为这类妓院隐藏着一个惊天的秘密：不只是普通有钱人出来偷腥，平时一本正经的人，例如社会上的上层人物、宫廷人物，都会偷偷地出入妓院。妓院的后门是专门为他们准备的，这扇门少有人知，也不容易被人发现。为了挑逗异性，妓院里大大小小的箱子里装满了各种各样的服饰，从修女长袍到芭蕾舞演员的服装，应有尽有。除此，她们还专门为性变态者准备了一些奇特的服饰。恰恰是这样一个允许妓院存在的城市，对骑自行车的年轻姑娘指手画脚，斥责她们的行为有损社会风尚；恰恰是这个要拼命维护女性贞洁的城市，却公开允许卖淫的存在，并且从中获取暴利。

对所有青年人来说，那是一个糟糕透顶的时代，它强加给年轻人巨大的压力。年轻姑娘受到严格管教，与世隔绝的生活状况扭曲了她们的身心发展；年轻小伙子不能真正地享受爱情，为了满足本能欲望，他们只能求助于妓女或是行偷偷摸摸之事。毫无疑问的是，自由爱情是在青春期所应当享有的幸福与快乐。可是在那一代人中，年轻人很少自由恋爱，更不用说有什么可留恋之类的情事了！社会风尚给他们无形的压力，让他们不得不墨守成规、小心谨慎，然而最可怕的莫过于染上性病！当时的医疗卫生条件跟今天的无法比，对于性病，当时的医疗条件基本束手无策。而四十年前的性病流行程度要比今天严重一百倍。当时的军方和大城市统计数字表明：至少有二成的青年死于性病。今天我们可以用保尔·埃里希的科学疗法短时间内治愈性病。那时，人们不光害怕性病，更让人望而生畏的是那种愚蠢的治疗方法，你要是得了梅毒，你就要往身上涂水印，而且这是一个接连几个星期的工作，其副作用可想而知！这种疗法并不能祛除病根，随时都有复发的危险和可能性！我们常常听说某个年轻人得了梅毒之后就用枪自杀了。患者不能忍受自己得了绝症这个事实，为了不给家族带来伤害，除了自杀他们别无其他的办法。那种暗地里的性生活还会带来其他的烦恼。我记得，我的一个朋友被怀孕的女友敲诈勒索；还有一个朋友得了性病却无钱治疗；第三个朋友不知道该不该为一个女招待推给他的孩子支付赡养费；第四个朋友的钱包在妓院里被盗而束手无策……这样的例子不胜枚举。在那个伪道德时代，年青年们的生活比虚假的文学作品更具有戏剧性。就性爱而言，年轻人根本没有什么自由和幸福可言。

爱情新风尚

当我和第一次世界大战后的年轻人聊天谈及这些问题时，我经常让他们相信他们真的很幸运！尽管今天的青年得服兵役，但这是愚蠢的世界政治所致。从公民权利上来讲，我不否认我们这代人享有很多自由：我们可以不受约束地投身于自己爱好的艺术，我们不需要任何护照就可以自由地穿梭于整个欧洲大陆。但是正如弗里德里希·黑贝尔所说的："我们一会儿缺酒，一会儿缺酒杯。"对一代人来说，两全其美的事是很少的。社会风尚给人自由，国家却要去束缚它，反之亦然。我们的生活的确很好，也见过很多世面，但是今天的青年过得一点不差，他们的生活更丰富，他们可以尽情地享受色彩斑斓的青春和甜蜜的爱情。今天的青年男女可以一起学习、一起玩耍，没有一点儿害羞的意味。看到这样场景我感叹社会风尚的变化，也有点儿忌妒他们。当年我们要表达对女孩子的爱意时，我们得找个隐秘的地方，磨磨叽叽好半天才敢说出自己的想法，而他们却直抒胸臆，不用顾虑什么！

对这一代年轻人来说，自由恋爱是再自然不过的事了，他们不受任何人的监督，更不需要向任何人汇报，他们只需向自己的良心和责任负责。当年我们为了享受违禁之事必须偷偷摸摸的，如今这些事已成为他们公开的行为，成了他们权利的一部分。他们尽情地享受着属于他们的青春年华。不过我觉得他们最大的幸福在于他们可以自由自在、无忧无虑地生活，不用面对当年让我们困惑的精神压力，不用向任何人撒谎，坦然交流自己的爱情和性事。对于情事，这一代年轻人少了腼腆，多了开朗，少了含情脉脉，多了奔放自然。对待爱情和性爱，今天的青年不用战战兢兢、偷偷摸摸，他们充分享受让我们羡慕的自由和自信！

第四章　大学生活

大学的"特权"

中学生活平淡而让人厌烦，我每天都盼望着它早点结束。中学毕业典礼在校长慷慨激昂的演讲和勉励中结束，校长的勉励无非是好好学习、好好做人，为国家做贡献及祝贺我们长大成人等。我们班上除了少数几个同学走向社会外，大多数同学高中毕业后还是选择了上大学。

在那个时代的奥地利，大学教育是一种荣耀、一种特权。这种古怪的现象在德语国家之外的地方是没有的。奥地利的大学多创建于中世纪，从事学术生涯被认为是了不起的事情，大学生们因此也被赋予了很多特权，如他们穿特制的服装，不受法庭制裁，有权与人决斗而不受惩罚等。这些特权看似古怪离奇，却被世俗认可。如今，民主驱散了欧洲中世纪的愚昧，欧洲的大学生们已经失去了这种特权。但是，在德意志和奥地利，一些大学生们仍然死守传统，不肯放弃特权。在他们眼中，除了应当享受公民的权利，他们还应当拥有大学生的特殊"荣誉"——决斗的权利。而只有那些受过大学教育、拥有学位的人或者军官才有资格和大学生用武器进行决斗。一个身上没有决斗痕迹的人不能算是一名"真正"的日耳曼大学生。为了证明自己的名副其实，操着德语的大学生尽可能多地参加决斗。这些大学生们加入不同的社团，穿着带有本社团标记的衣帽，为了找到决斗对象，他们常常滋事闹事。一年级的新生们由联谊会的某个师兄带去证明自己不是懦夫。他们被带去大杯畅饮啤酒，狼嚎般吼校歌，打架斗殴……这些愚蠢的行为均被认为是"男子汉气概"、"大学生风度"和"德意志气派"的表现。他们每周都要定时举行这样的聚会，盲目地燃烧自己的青春。他们这么做也许是出于青春期的躁动或者是对荣誉的渴望使然吧。

看到那些上了年纪的医生和公证人们炫耀自己脸上"受到高等教育"的标志时，我感到恶心。这就是所谓的教育吗？每当我遇到这样的人，我往往尽量避开他们，不敢和他们有什么瓜葛。我知道，他们尚武好斗，看似浪漫自由，其实充满算计。这种流行于大学生之间的打架斗殴不仅是证明他们强健体魄的好机会，也是给大学生们带来实际利益的好机会。他们借此可以博得所属组织的"元老们"的好感而获得仕途上的便利。举个例子来说，波恩的普鲁士人可以因此进入德国外交界，加入天主教性质的大学联谊会的奥地利大学生可以借此在政府谋职。对于那些大学生来说打架斗殴虽耽误功课，但它所带来的利益更重要。我对那些为增加自己的"筹码"而没事找事的人深恶痛绝。我相信，真正有求知欲、爱好学术的青年人们一定会远远地躲着这些人。在我心中只有学者才是真正的大学生。

专业的选择

父母赞同我上大学，并且在我专业的选择上决意不插手，只要我能拿到博士学位，我选什么专业都可以。而我不相信任何大学，我相信一个人只要努力，即使他没有高学历，他仍然可以成为一名诗人、学者、作家或者哲学家。我只对文学感兴趣，只要我努力，我一定可以在文学的路上有所成就。

实际生活中我们常常发现这样的事实：一个书店的普通店员对书的了解胜过有关教授；经营艺术品的商人比研究艺术的人更懂艺术；各个领域的重大发现均由外行人提出。因此，我得出结论：大学教育有助于智育的普遍提高，但对具有创造性的个人可能是多余的，甚至还可能妨碍他们的发展。

维也纳大学有六七千学生，在这样的大学因材施教显然行不通的，人力和财力也不允许。集体授课使学生和老师之间缺乏交流互动，很多学生因此也失去了学习的兴趣。我最终选择了哲学专业。我选择哲学，并非因为兴趣或是这个专业有前途，而是因为哲学不像数学、物理课程那样要求严格。就算我上课不好好听也没有关系，我只需在第八学期末交上一篇论文并参加一次考试，我就可以拿到毕业证。我想好了，四年的学习中，前三年不必太认真，第四年熟读讲义、写好毕业论文、拿到学位，这样就可以给家里人一个交代。其余的时间我可以花在我最喜欢的文学上，那是我在大学期间唯一想有所发展的方面。

初涉文学

蓦然回首，大学时光是最美好的。我每天都上学，却从不上课。我自由地安排每天花在读书、写作和睡觉上的时间。漫长而又充裕的三年时光，我收获了不少快乐。其中文学创作带给我最大的乐趣。大学里我做的第一件事就是出一本自己的诗文集。我把诗稿寄给了舒斯特尔·勒夫勒——有名望的德语诗歌出版社编辑。这家出版社曾出版过李林克隆、戴默尔、比尔鲍姆蒙贝尔特等德国诗人的作品。

不久，我就收到了出版社的回信。刚拿到信时，我没有勇气打开它。当我鼓起勇气打开信，我高兴地跳了起来。这是我一生中最幸福的时刻，尽管以后我取得了更大的成就，但我再也没有经历过这样的兴奋。拿到第一校印样我还担心自己是在梦中，我掐了自己一下以确定是现实。几周后第一批样书到了，我把它们捧在怀里，爱不释手。像孩子一样按捺不住兴奋和好奇，我跑到书店去了解我的书卖得怎么样。我如此在意，毕竟那是我的第一本诗文集啊！尽管当初我如此沉醉于这本书的成就，但我再也没有重印这本名为《银弦集》的处女作，我后来的诗集也没有选过它其中的诗，因为以后的经历使我明白自己年少时候的不足。

《银弦集》中的诗只是一些不确定的感觉和无意识的模仿，所以我慢慢地忘却和舍弃了它们。《银弦集》出版后，著名的抒情诗人李林克隆和戴默尔慷慨地赞誉我这个只有十九岁的年轻人。里尔克还寄给我他的新诗集作为对我那本书的回赠和鼓励。尽管我把里尔克的诗集作为青年时期最珍贵的纪念品从奥地利带到英国，但我后来还是很不幸地将它弄丢了。最让我感到意外的是伟大的作曲家马克斯·雷格尔，选了其中的六首诗谱成了歌曲，我也曾多次在音乐会上听到这些歌曲。

第一本诗集得到了赞许，我对自己的文学梦充满信心。上中学时，我不敢向大报社投稿。维也纳唯一一家大报《新自由报》在文化、政治上格调高，质量上乘，是德语世界中的地位类似英语世界中的《泰晤士报》和法语世界中《时代报》。它的发行人莫里茨·贝内狄克特组织才能绝佳，为了使自己的报纸成为德文报纸中的中流砥柱而拜访过不少著名作家，并向他们约稿。《新自由报》的圣诞节版和每年的节日版会增加副刊，刊登一些著名作家的文学作品。阿纳多尔·法朗士、盖尔哈特·霍普特曼、易卜生、左拉、斯特林堡和萧伯纳等名家的作品曾在上面登载过。《新自由报》代表了古老的奥地利的文化水准，它既是维也纳的大报，也是奥地利报刊界的翘楚。

《新自由报》的副刊和政治消息和生活新闻不同，它只刊登一些如，诗歌、戏剧、音乐等文学艺术类的文章。能在副刊上有发言权的人也往往是分量十足的大家。只有具备多年的经验、准确的判断力、优美的文笔，以及几年的试用的资深文人才有资格应聘副刊的主编。就像圣伯夫凭借其文学评论《月曜日》成为巴黎的绝对权威一样，杂技大师德维希·斯派达尔和爱德华·汉斯立克是副刊上戏剧和音乐方面的权威。他俩的意见能决定一部作品、一出戏剧、一本书能否在维也纳成功。世俗对于权威人士也赋予了特权，只有他们才有资格在副刊上发表言论。我记得，年轻一代的作家中只有霍夫曼斯在《新自由报》发表过几篇精彩的文章，其他的年轻作家都有自知之明似地把文章投到其他文学刊物。在父辈的眼里，《新自由报》简直就是一片圣地，而我却因自己投稿的一首小诗有幸地闯进了这片圣地。

根据惯例，该报的编辑每周要抽出一天的时间来接待撰稿人。一天，我很荣幸地接到通知要被副刊的编辑接见。特奥多尔·赫尔茨尔是《新自由报》的副刊编辑，他曾以写诗开始他的文学生涯，后来他在报业展露才华，先出任了驻巴黎的记者，然后成为《新自由报》的副刊编辑。他文化素养高，笔调优雅，巴黎的记者生涯锤炼了他敏锐明智的观察力，因此，他深受维也纳读者的喜欢。他的一出戏剧在城堡剧院演出时大获成功。然而这位深受崇拜和尊敬的人却陷入了社会矛盾的漩涡。

大学时期的特奥多尔·赫尔茨尔就体察到犹太人的悲惨命运，他渴望有朝一日成为领袖似的人物，通过自己的知识和才能彻底解决犹太人的问题。现实是残酷的，1894 年，法兰西第三共和国为摆脱内政危机开始排斥犹太人，制造了一起"排犹阴谋"，史称"德雷福斯事件"。特奥多尔·赫尔茨尔作为记者列席了对阿尔弗雷德的公开贬黜。这件事使他很震撼，他明白德雷福斯事件表明了自己的民族将永远受歧视。如果种族隔离是不可避免的话，那么他们犹太人就应该要求彻底地隔离，去建立一个属于自己的国家。于是他出版了《犹太国》，书中他提到忍让、同化只能使自己受到凌辱，犹太人正确的出路是在巴勒斯坦建立起一个自己的民族国家。

《犹太国》的发表并没有受到普遍的欢迎。维也纳的犹太资产阶级对这本书既震惊又恼怒。这些人热爱奥地利，以维也纳的公民自居，他们拥护约瑟夫皇帝的领导，讲德语而非希伯来语。更重要的是这些人在奥地利生活体面，有地位，他们才不乐意到巴勒斯坦去。一方面，犹太教的传教士激动地离开了布道坛，为复国奔走努力；另一方面，《新自由报》的领导人明确禁止他们的报纸登载任何关于犹太复国的文章。卡尔·克劳斯，维也纳文学界的毒舌，写了篇名为《锡安山的国王》的小册子挖苦讽刺特奥多尔的犹太复国主义思想。一次，特奥多尔看剧时，剧院的观众讥讽地叫道："陛下驾到！"愤怒而又激昂的叫声，吓坏了特奥多尔，他不解，人们为什么如此嘲笑他、反对他。

他几十页的小册子在世界上引起了巨大的反响，这些反响不是来自于在西方国家过着富足生活的犹太资产阶级，而是来自东方及加利西亚、波兰和俄国的无产阶级。这本小册子团结了散沙般地分散在世界各地的被奴役的千百万犹太人，激起他们实现弥赛亚复国的雄心壮志。但是分散在各地的犹太人在思想上和宗教信仰上并不统一，他们最终也没有达成一致的意见、形成一股能够复国的力量。赫尔茨尔也因为家庭需要赡养而不能为了犹太人复国的事业的成功放弃自己的职业。这就是当时接待我的特奥多尔·赫尔茨尔。

特奥多尔·赫尔茨尔有宽大的前额，忧郁的眼神，传教士式的胡须，看上去还真有点儿"锡安山上的国王"的样子。他动作夸张但不做作，浑身散发出威严的神气，让人敬畏。他身上穿的那件贝督因人的白色无袖外套让他看起来像是一位贝督因人的酋长。在拥挤的编辑部小房间里，他的办公地点是一张堆满了纸张的写字台。见我来了，他友好地伸出手跟我握手。"您给我带来什么作品呢？"他和蔼地问我。我递给他我的一篇小散文。他大概看了一下篇幅，接着开始仔细阅读。读完，他用蓝色的铅笔在上面做了个标记，然后细心地把手稿叠好，放入一个文件袋。我紧张地观察着他的一系列动作。最后，他告诉我，《新自由报》副刊将会刊登这篇散文。我当时激动的就像是我被授予了勋章一样。

我没有料到这篇散文的发表会给我以后的文学路带来如此大

的影响，我原以为这只是我文学生涯中的一个闪耀的小片段而已。但是赫尔茨尔的赏识和提携却让我一夜之间平步青云，跻身到名流大家中间。他也因此写了一篇文章，告诉人们，在维也纳，除了霍夫曼斯塔尔之外，还有像我这样的文学新贵。但是后来我没有参加他的犹太复国运动，因为这个小圈子的喋喋不休的争吵、好斗的精神，以及松散的组织关系使我厌倦。

一次在和他的讨论中，我表达了自己的想法。他摆摆手，露出一丝苦笑，告诉我说在犹太人所谓的两千年历史中，他们最缺乏的是献身精神。他借助《新自由报》，通过写文章这样一种方式，去宣扬自己的思想。只有成为一种榜样，其他人才会学习；只有勇于献身，才会激起更多的犹太人献身复国运动。一直以来，我以为他不肯放弃他在《新自由报》的职位是因为要赡养家庭，后来我们才知道他为了犹太复国运动拿出了自己的财产。从他的日记中我们了解到他内心多么痛苦：他想要完全献身，却不懂得如何去做。

有一次，我从国外回来，在市公园撞见了他。跟他打过招呼后我就准备离开，他拦住我，告诉我不必躲着他。他对我说能经常能出国是好事情，在国外我们才能学会如何自由思考问题。他就是在国外才有了犹太国复国的想法，维也纳的平静的生活不会让人产生这样的想法。让他懊恼的是他动手太晚了，逝去的年华正是动手的好时机，可是逝去了终究逝去了。现在他的身体已经大不如以前，他也开始厌倦自己所从事的事业了。我陪着他，一直送他到他家门前。临别前他问我为什么从不去他家拜访他。我答应以后一定去看望他，但我暗暗决心不去打扰他，因为我知道他的时间很宝贵。

几个月后我还是去看望了他。当时他已经病入膏肓，奄奄一息，不久就离开了人世。出殡那天，到维也纳的每一趟火车上都挤满了来自世界各地为他送行的犹太人，他们风尘仆仆，悲痛万分。维也纳突然明白他们失去的不仅仅是一个诗人、编辑，而是一个伟大的思想家。下葬的时候，人们哭喊着、哀号着，像天塌下来一般悲怆。这种情形是我在其他葬礼上从未遇到过的。

柏林之旅

成为《新自由报》的副刊约稿作者后，我的文学创作从此意想不到地得到了父母的支持。父母本来不关心文学，但像维也纳的其他资产阶级一样他们视《新自由报》为思想意识的权威，看到自己的儿子能在《新自由报》上发表文章，他们当然很自豪，于是他们也乐意满足我的各种需求。由于定期在《新自由报》发表文章，我成了让人指指点点的"本亚明"式的人物。为了摆脱这一困境，我向父母提出去柏林上大学的要求，父母欣然答应了。

同在维也纳上大学的情形一样，我在柏林也没有去上课，我把时间都花在干自己喜欢的事情上。一个学期，我只去了两次学校，第一次是注册报名，第二次是签名盖章，得到"上大学"的证明。在柏林我彻底自由了。在维也纳，人们相互很了解，在他们眼里，我只不过是一个"富裕"家庭的阔少爷；而在柏林没人认识我，我可以毫无负担地投身于充满活力的"新文学"创作。只有在柏林，我才有机会接触到来自不同阶级家庭的优秀作家，我也才能遇见像戴默尔那样的年轻人。

很高兴我做了正确的选择。柏林自从 1870 年成为德意志帝国的首都后，常常会有新鲜事发生。随着政治中心确定到柏林，德国的经济、文化中心也随后转移到柏林。规模巨大的垄断集团、腰缠万贯的富家大族斥巨资建设新柏林，皇室也颁旨新建博物馆。柏林的文化事业开始蒸蒸日上。由于柏林是"新"的，它没有传统的束缚，也没有强大的世俗阻力。富有创新精神的年轻人从各地赶到柏林谋求发展。在传统的奥地利，你也许要花很长时间才能谋得一份职业，而在柏林，你很快就可以找到一份令自己满意的工作。

我到柏林的时候，柏林正处于转变时期，对于来自维也纳的我来说，柏林的市容差强人意。新型建筑在柏林才刚刚起步，豪华的德里希大街和莱比锡大街同周围破败的环境很不协调，有轨电车虽然兴起了，但车速不够快。如果你要去郊外欣赏，如维尔默村、尼克拉湖及施特格利茨这样的风景，你只能乘着有轨电车慢悠悠地去，再慢悠悠地回来，整个过程就像一次探险。普鲁士人崇尚节俭，在柏林你处处都能感受到这个国家的人民勤俭节约、一丝不苟的精神。就拿我在维也纳的女房东和柏林的女房东来说，她们截然不同。维也纳的房东热情开朗，粗心大意，乐于助人；而柏林的房东却精明能干，月底结账时，她会掏出一份详细的账目，上面清清楚楚地记载了每件要花钱的事情：缝裤子要三芬妮，擦桌子要二十芬妮等，总共花了六十七芬妮。这让我惊叹普鲁士人的这种令人不快的一丝不苟的精神。

到柏林这年，我刚满二十岁，很想尝试一下浪漫文人的生活，结交一些和我情趣相投的文人，因此，维也纳的朋友们给我写的介绍信我一份都没有用过。

不久，我便找到了我想要的结识的这些人——"后来者"社团。"后来者"社团因为放浪不羁，很受年轻人欢迎。每周，各色各样的人济济一堂。其中不乏作家、建筑家、记者、大学生、艺术家，甚至还有附庸风雅的俗人。大家高谈阔论不受任何限制。在这群年轻人中有一个须发全白的老人，常常被人年轻人围住，请他朗读他的诗。他总是兴致很高地从衣服口袋里掏出一张被揉得皱皱巴巴的纸，上面歪歪扭扭地记录着他一时突发的诗情。他的诗别具一格，宛若天作。这个老人名叫彼得·西勒，他淡泊名利，不为金钱所困，是一个真正的浪漫诗人。他常常穿着一件灰色风衣，风衣里面是被虫蛀的西服和脏旧不堪的衬衣。彼得希勒很和蔼，从不与人争论，常常沉浸在自己的世界里觅寻佳句。他的淳朴感染了我，他的思想与语言感染了无数寻找人生真谛的人。

在"后来者"社团，我还遇到了鲁道夫·施泰纳——继特奥多尔·赫尔茨尔之后第二个想充当指路人的人。鲁道夫·施泰纳虽然不具备奥多尔·赫尔茨尔的领袖的气质，但是人格魅力却令人折服。他是人智学的先驱，他的追随者们为了弘扬他的思想和学说，创建了规模宏大的学校和研究所。作为一位探索者，有时他会讲解歌德的颜色学。学识渊博的施泰纳讲解时娓娓道来，引人入胜，歌德形象也越来越清晰。讲完课后，我们常和他讨论一番，然后才怀着激动的心情回家，结束一天的探索。我并不认为他能在哲学和伦理学方面有所成就，而是认为这种精神会在自然科学上有所成就。

多年之后我在多纳赫见到他的学生赠给他的"人智学研究院"——一幢宏伟的歌德式建筑，竟然有些失望。"人智学"究竟是什么？它研究些什么？有什么意义？我不知道，我只知道，"人智学"是因为鲁道夫·施泰纳的人格魅力而广为流传。鲁道夫·施特纳的富有想象力的深奥的知识让我认识到渊博的知识绝非仅靠广泛阅读和讨论就能获得，冰冻三尺非一日之寒，它需要日积月累的钻研。

那时候，政治和社会隔阂尚不深，友谊很容易获得。在柏林，我遇到来自不同阶级的年轻人，他们有的出身高贵，有的出身卑微，有的曾经甚至是赌徒、骗子或是劳改犯。与他们为伍，是一种全新的体验而不是自甘堕落。也许正是因为出身正统家庭，成长于正派的环境，我才对那些所谓的歹人心有好奇。他们是游侠、剑客，豪爽、不拘小节。这些神秘的异国人物，对我的友好报以丰厚的馈赠，比如，画家埃·莫·利林让我见识了来自罗霍毕茨的犹太精神力量和信仰；来自瑞典的一位年轻女子让我第一次见到了蒙克的画；一位教徒带领让我见识了圣灵降临的小屋；在不入流的画家的画室里，我也见识了他们与众不同的画技。

来到柏林，和现实充分接触后，我慢慢地意识到以前发表的诗作辞藻华丽、矫揉造作，没什么价值，而那些小说浪漫的近乎童话。我的文学自信心因此受到了沉重的打击，我把从维也纳带到柏林出版的那本长篇小说付之一炬，开始痛苦地重新思索我的文学创作。距出版第一部诗集六年后，我才出版了第二部诗集，又隔了三四年我才出版了第一部散文集。在这期间，我遵照戴默尔的忠告做了大量的翻译工作。

在戴默尔的建议下，我从事了一些翻译工作。我翻译过波德莱尔、济慈、魏尔伦、威廉·莫里斯的诗，夏尔·范·莱尔贝尔赫的一个剧本和卡米耶·勒蒙尼耶的小说《熟能生巧》。翻译工作丰富了我的语言表达，加深了我对外语成语的理解。丰富的语言是诗歌翻译的基础，在写作中我们也许不会深刻地领悟到这一点，但诗歌翻译却需要人在这方面有足够的才能。成语翻译是外文翻译中的难题，颇费工夫，但是，通过思索，反复推敲把这些成语翻译成贴切的对应母语，其乐无穷。翻译工作还是一种道德修行过程，因为介绍其他国家文学瑰宝的工作普通平凡，无人感激，需要坚韧的毅力和奉献精神。因此，通过做翻译，我不仅提高了自己的语言能力，锤炼了毅力，还得到一种不同于写作的乐趣。

挚友维尔哈伦

文学创作需要接地气，如果没有相关的现实生活体验，你写不出真实动人的作品。暑假来临，我决定出去走走。去哪儿好呢？查阅了地图，我最后敲定比利时。19、20世纪交替时期的比利时在艺术上有很大的飞跃，艺术大家辈出：绘画界有克诺普夫、罗普斯；雕塑界大师有康斯坦丁·默尼埃、米纳；工艺美术界的大师是范·德·韦尔德；文学界的巨匠是梅特林克、埃克豪特和勒蒙尼娜。这些名家使比利时在某种意义上超越了法国。但是最让我感兴趣的并不是这些人，而是一位名叫爱弥尔·维尔哈伦的抒情诗人。爱弥尔·维尔哈伦就是比利时的沃尔特·惠特曼。他积极地认识他所处的时代，每一项新发明、新技术成就都成为他诗歌的主题、赞美的对象。他的一些著名诗篇记录了当年我们对欧洲和人类将来的憧憬。《相互尊重友好》这首诗是他对全欧洲人民的号召。在精神倒退的年代，人们恐怕没法理解他在诗中所流露出的那种乐观主义精神了。

比利时之行我的主要目的就是要结交爱弥尔·维尔哈伦。来到比利时后，写过《男人》等作品的作家卡米娜·勒蒙尼遗憾地告诉我维尔哈伦很少到布鲁塞尔来，他只待在他的小村庄，如果我前去他的小村庄，也未必能见到他。为了弥补遗憾，卡米娜·

勒蒙尼把我引荐给比利时的其他艺术家。于是我见到了具有英雄气概的画家、雕塑师康斯坦丁·默尼埃，后来又见了和蔼可亲的工艺美术大师范·德·施塔彭。范·德·施塔彭是佛来米人，他的夫人则是荷兰人，他俩热情地招待了我。随后，我们开心地聊艺术和文学，聊了很长时间。聊得太投机，我忘记了一切顾虑，坦率地告诉他们我来比利时是为了要拜访维尔哈伦，可惜我却碰不到他。我不知道自己当时为什么要说这个，也没有考虑到礼貌问题。从范·德·施塔彭夫妇会意的默契中，我意识到了自己的无礼。当我准备离开、避免这无心的尴尬时，范·德·施塔彭夫妇却恢复了笑容，执意留我吃午饭。盛情难却，我只好答应留下吃饭，取消了去滑铁卢的计划。

很快就到了吃午餐的时间，这时，有人敲玻璃门，门铃也一并响了。范·德·施塔彭太太迅速站起来说："他来了！""谁？"我心中疑惑。是维尔哈伦，我一眼就认出这位来客！我多次看到过他的照片，绝对不会认错，就是维尔哈伦——我要拜访的人。"难道维尔哈伦是范·德·施塔彭夫妇特意请过来以弥补我的遗憾的？"我纳闷。后来，餐桌上的一番交谈才让我明白，原来维尔哈伦是范·德·施塔彭夫妇家里的常客，恰巧他今天就要来。当他们夫妇听到我想拜见维尔哈伦未果时，会意的眼神是为了不提前告诉我维尔哈伦要来。我喜极而泣，握住维尔哈伦的手，细细打量着他。他目光那样的清澈、和善。饭桌上，他侃侃而谈，同我们分享了不少愉快的事情。他告诉我们他刚会过朋友，去了美术馆……每一件平凡的事情在他的叙述下都变得很有趣。

吃完午饭，范·德·施塔彭宣布了另外一个好消息：这几天他们一直准备为维尔哈伦雕塑一具正在交谈模样的半身像，今天乘我和他聊天的机会，他们正好可以完成塑像前的最后一次临摹。于是我盯着维尔哈伦的脸同他聊了两个多小时。他脸面部表情严肃、饱受沧桑但不失坚定。他的皮肤是褐色的，栗色头发自然卷曲，长长的维钦杰托列克斯式的八字须衬托的面部轮廓非常明显。他双肩宽阔、瘦骨嶙峋但体格健朗。他的半身像是如此的逼真，见到这尊半身像，就如同当初在范·德·施塔彭家见到他本人一样。

三个小时的交谈让我越来越喜欢他。维尔哈伦淡泊名利，安贫乐道，视金钱为粪土；他为人淳朴，光明磊落；他知足常乐，人与人之间的友情就可以让他满足。如此伟大的一个人在我眼前，我决心为他做一点事：我要翻译他的诗集和剧本，让他的作品广为流传。虽然翻译他的作品会占用我创作的时间，但是这是值得的。如果有一位年轻作家问我在创作道路上该做些什么，我不会勉励他继续创作，我会建议他去翻译一些外文作品，在翻译中锤炼自己的语言。翻译工作虽然很费时间，但对于文学初学者来说，没有比这个更好的锻炼方法了。

后来两年我几乎围着维尔哈伦转，我翻译他的诗集，写他的传记。这些看似是吃力不讨好的事情，但是我却从中得到不少收获。维尔哈伦的朋友开始注意我，慢慢地他们也变成了我的朋友。我先结交了凯伊——一位女权运动者，通过凯伊，我又结识了维尔哈伦的其他朋友。在意大利，凯伊先把我引荐给乔瓦尼·切纳，然后又让我同挪威人约翰·伯那尔等人结识。由于我的宣传，维尔哈伦在德国成为家喻户晓的文学名人，著名演员凯恩茨和莫伊西朗诵了维尔哈伦的诗歌，马克斯·赖还把维尔哈伦的《修道院》搬上了舞台。看到自己的心血有所回报，我觉得很欣慰。

时光如梭，大学生活就要结束，为了拿到哲学专业的博士学位，完成结业考试显得十分重要。以前听课好混，但是顺利通过考试并不容易。我找了一个伙伴——以后的希特勒德国的官方作家和普鲁士艺术研究院的院士——埃尔温·吉多·科尔本海伊尔，我们一起没日没夜地狂背哲学经典。所有的科目中，逻辑学最让人头疼。很幸运，考试时我们的逻辑学教授并没有难为我，他的好心肠让我很感激。他只问了我一些很简单的、能答上来的问题，就让我以高分通过了逻辑学考试。通过突击复习，我通过了其他所有课程考试。从此我便可以为我的文学梦想和自由而奋斗了。即使到如今，我仍在为自由而奋斗。

第五章　焕发青春活力的巴黎

　　早年的时候，我曾去过巴黎两次。可惜我每次来去匆匆，并没有仔细游览巴黎。在我重获自由的第一年，我毫不犹豫地选择了巴黎。印象中的巴黎是一座永远散发着青春气息的城市，她为每一个爱慕她的人创造平台，营造浓厚的文化氛围，使每一个有追求的人能享受美的机会和权力。可是现在魔鬼希特勒的铁蹄无情地踏遍了巴黎的每个角落，德军的装甲兵此刻正像蚂蚁一样地爬向巴黎的每个角落。巴黎还能为我们的后代奉献她曾经的美丽吗？我清楚地知道，希特勒的铁蹄侵染了欧洲国家以后，欧洲战前的繁荣景象在近几十年内很难再现。曾经的欧洲"充斥"着启蒙主义、自由主义、理性主义和乐观主义，自第一次世界大战以来，战争的阴霾始终弥漫着欧洲大地，国与国、人与人之间充满了强烈的怨恨和怀疑，这种怨恨和怀疑就像肿瘤一样寄生在体内，无法治愈。尽管第一次世界大战、第二次世界大战之间的二十五年给社会和科学技术带来巨大进步，但是功小于过，战争留给人们更多的是伤痛和绝望。在西方世界，两次世界大战让所有国家都失去了生活情趣和悠然自得的心态。早先，即使面对极度贫困，意大利人也能苦中作乐，现在他们却不得不抑郁寡言地迈着行军步伐，时刻准备应战。昔日的奥地利，一片祥和、愉悦，人们信任皇帝，因为他能赐予人们安逸、繁荣。今天我还能设想奥地利有这样的场景吗？想到这些，心里有一种莫名的失落与悲痛。

梦中的巴黎

我们曾经生活在充满个性自由的世界，人们自由自在、无拘无束，享受着上帝赐予的美好生活。令人痛惜的是昔日的光景已成往事，人们抛弃以往的宽容、忍让，取而代之的是征服、囚禁及惨绝人寰的杀戮。尽管如此，我还是能感受到巴黎带给我的精神抚慰。巴黎气候宜人，风景美不胜收，伫立在塞纳河畔，感觉就像是躺在家里的躺椅上一样舒服自在。巴黎是座自由的城市，各个社会阶层人都能在这里快乐地生活。市里既有为达官贵人提供美味佳肴的奢华酒店，也有为普通市民提供特色美食的小餐馆。平日里，大学生们戴着四角帽在圣米歇尔路上溜达，工人们穿着蓝色上衣或者衬衫悠闲自得地在林荫道上漫步，酒吧招待穿着蓝色围裙忙前忙后。午夜过后，年轻人在大街上跳舞或做其他事，警察一般不会过问。启蒙运动源于法国，大革命时期的自由主义、浪漫主义、平等主义的遗风犹存。在巴黎，若看到高雅、漂亮的巴黎姑娘挽着中国人或黑人的胳膊大步跨进旅馆时，没人会感到尴尬，因为巴黎市民一直秉承"走自己的路，让别人说去！"的原则。巴黎的无产阶级工人觉得自己和雇主拥有同样的权力，咖啡馆服务员可以和将军热情握手，住同一所公寓的市民不会对妓女嗤之以鼻，他们的孩子闲聊之时还会给妓女送花呢。

当穿着、打扮土气的农民大步走进高级餐馆，坐在身穿燕尾服的绅士旁边时，农民和绅士彼此都不会感到尴尬或不便，服务员也一视同仁地把他们都奉为上宾。相比之下邻邦德国的首都柏林是一个等级观念森严、僵硬的城市。在柏林，军官太太绝不会跟教师之妻"来往"，商人太太更不会"无聊地"走进工人之妻的生活。

巴黎初次印象

我初到巴黎的时候，这座城市的交通还没有实现现代化，主要的交通工具是马车。不过，坐在马车上观览巴黎别有一番风味。巴黎的区域构成十分明显，每个区域由不同的色彩构成，色彩斑斓的巴黎区域景色让游客眼花缭乱，不知下榻何处。二十岁那年去巴黎短居，刚下车我就朝拉丁区狂奔。第一天晚上我去了瓦歇特咖啡馆，见到了诗人魏尔伦曾经坐过的座位。尽管我不爱喝酒，为了显示我的敬意，我还是遵照法国抒情诗人们的习俗喝了一杯苦艾酒。

考虑到工作需要，我选择了在拉丁区居住。拉丁区的教堂周围很清静，里尔克和絮阿雷斯都曾在这里居住过。当我在罗亚尔宫的画廊里溜达时，我发现这座由"平等"公爵于18世纪建造的高雅府第现已"沦为"一家颇为简陋的小旅馆。这所住房远离了城市的喧嚣，从房间的窗户远远望去，可以看到罗亚尔宫的花园，暮色之中此景别有一番风采。罗亚尔宫历史意义非凡，那里的一砖一瓦都是法国历史的见证：它是卡米耶·德穆兰号召人民群众攻占巴士底狱进攻的地方；同时它也是孕育18世纪和19世纪的诗人和政治家的文化圣地。国家图书馆就在我住的另一条街上，我每天都在那里度过整个上午。安德烈·纪德一次来访时告诉我他对巴黎市中心竟有这样一处静谧的地方感惊诧："只有外国人才能发现哪儿是我们这座城市最美的地方。"

我想重温 1904 年的巴黎，用自己的感官、心灵体验亨利四世、路易十四、拿破仑和革命时期的巴黎，了解雷蒂夫·德·拉布列塔尼、巴尔扎克、左拉和夏尔—路易·菲利浦的巴黎，熟知巴黎的每条街道、人物和事件。来巴黎之前，通过诗人、小说家、历史学家的作品，我对巴黎已有了朦胧的印象，现在来到法国就是把这些似曾相识的东西"重新挖掘出来"。这种乐趣正如亚里士多德所赞誉的，是一切艺术享受中最富于魅力和最扣人心弦的。

巴黎的艺术家

如果你想真正地了解一个民族或者一个城市，仅仅依靠书本知识是不够的，就算是整天无所事事地四处闲逛，城市的真谛永远不会属于你。要想了解巴黎，你只能通过这个民族或城市的优秀人物。若要了解民族和乡土之间的关联，和健在的巴黎名流的友谊是一个重要途径。

幸运的是我拥有这样的友谊。在这种友谊中，数莱昂·巴扎尔热特和维尔哈伦跟我最亲密。我不必跟那帮华而不实的画家和文人墨客聚会于像咖啡馆这样的小圈子里，我可以和维尔哈伦一起去看望一些画家和诗人。这些人虽身居闹市，可城市的喧闹并没有影响到他们的静谧生活，他们专注于自己的艺术创作，心无旁念。由于很多艺术家只专心艺术创作从不考虑自身利益，为了保护艺术家的利益，国家给他们安排一些薪俸不多但工作极少的差使帮助他们维持生计，例如，任命他们当海军部或者参议院的图书馆员。参议员们平时很忙，几乎没有闲暇借书，所以在参议院的图书任闲职的人可以在参议院安静、舒适的大楼里从事自己的诗歌创作，同时不必为生计发愁。还有一些诗人，有的身兼医生，有的开图画店，有的当中学老师，有的在通讯社混点儿事做……这些诗人不像他们的后辈那样自命不凡、爱慕虚荣。他们艺术觉悟极高，他们选择那些卑微的职业是为了保障基本生活以便进行艺术创作、确保精神的自我独立性。之前我从一些书籍上看到一些关于法国妇女的负面信息：法国女人爱好化妆，满脑子艳遇，吃喝玩乐。而我所见到的法国诗人的妻子却勤俭持家、谦虚朴素，对孩子无微不至地关怀，在文学艺术方面和丈夫心心相印。她们是我所见过的最贤惠、最娴熟的家庭主妇，她们也纠正了我对法国妇女的错误偏见。

挚友莱昂·巴扎尔热特

莱昂·巴扎尔热特，原本是我朋友的朋友，因为共同的追求和爱好，我们成为挚友。他看上去有一股浓厚的军人气质，但是他却是一个反军国主义者。他乐于助人、办事准时给力，从不计较个人利益。尽管他当时在诗坛的地位非凡，为了提高法国人的文学修养，他把全部精力投入到文学翻译中。为了让法国人了解美国诗人惠特曼，他花了十年时间翻译了惠特曼的全部诗歌，写了一本详尽的惠特曼传记。然而，这位优秀的文学家、翻译家的名字却常常被大多数人忽略，他本人并没有为此伤心、难过。在他心里，他的任务是让那个时代最优秀的文学作品熠熠生辉，让法国人民尽享世界文学的财富。

因为志趣相投，没过多久我俩就成为挚友。我们价值观一致：把思想自由看得比生命还重要。因为钟爱外国作品，我们愿意无偿地介绍外国优秀作品。朋友之间难免会有摩擦，我和巴扎尔热特亦是如此。巴扎尔热特坚决不接受我当时的文学态度，他曾直言不讳地批评我的作品是脱离社会现实的"玄奥文学"。当他负责一家杂志时，他曾让我从德国为他物色一些能干的撰稿人，对于我这个朋友，却从未要求写过一行字。一方面，他为人耿直，讲原则；另一方面，他又是一个内心热忱、敢为朋友两肋插刀的人。他无偿地帮我校对书籍；我每次来巴黎，他都热情地到火车站接我。凡是他能帮我的地方，他都尽力。尽管我们的文学观念有分歧，但是这并不妨碍我们的友谊。后来第一次世界大战期间，得到我宣布作废我早年作品的消息，巴扎尔热特对我赞许万分，坦言他很期待我以后的作品。

世外高人里尔克

回忆巴黎生活，莱纳·马利亚·里尔克这个尊贵的名字必须得提。里尔克虽然是德语诗人，但在巴黎的生活中我跟他的见面次数最多，关系最好。然而当我今天回忆起他及跟他一样志趣相投、对语言颇有造诣的大师时，我的内心不免产生这样的疑问：在今天这个充满动荡的时代，还会有像他们那样纯真的诗人吗？他们不贪图物质享受，更不羡慕什么名誉头衔，他们所追求是静谧的环境和优美的诗章。为了享受诗歌的魅力，他们远离喧嚣的城市生活，躲进与世隔绝的森林小屋、农村茅屋或教堂广场，把全部的爱都献给了诗歌创作。在他们看来，诗歌是一种跳动的音符，最能触及人的心灵深处，这是其他艺术形式很难企及的。我时常诧异，居然有这样纯洁高尚的一群诗人。在今天这样的时代，还会产生那样一群兢兢业业、全神贯注的诗人吗？诗歌创作需要静谧的环境、凝神的思考，以及不断地成熟，战前欧洲能够提供这样的环境，而在现今动荡不安的欧洲，我们耳边回荡的是宣传机的聒噪、两次世界大战的隆隆炮火声。我不知道瓦莱里、维尔哈伦、里尔克、弗朗西斯·雅姆在今天还有多少价值，但是我知道以里尔克为代表的那一代诗坛巨匠给我们带来的教育和启迪，是在越来越机械化的时代里我们莫大的安慰。

里尔克生活隐秘、低调，找到他十分困难。他"整日游荡"、没有固定的住所，没有人事先知道他会走到哪里去，就连他自己也不知道。他本人厌恶喧嚣纷杂、规避别人的赞扬，他一直说赞扬是"围绕着一个人的名字积聚起来的全部误会的总和"。在他眼里名号和赞誉都是华而不实的，只能打湿他的名字却不能打动他本人的心。我和他的相遇纯属偶然。那天，当我伫立在一家意大利绘画陈列馆欣赏绘画作品时，我觉得好像有人在向我微笑，当我抬头看到那双蓝眼睛和那撮下垂的金黄色的小胡子时，我才知道他就是传说中的里尔克。里克尔长相平凡，可是他的言谈举止却斯文高雅。当他走进一个聚会场所时，他步履轻盈，几乎不会被人察觉。他说话话自然、流利，如同母亲给孩子讲故事一般动听。在公共场合，一旦他发现自己成了公众焦点时，他就会停止说话，重新坐下来。

里克尔的每一个动作、表情都相当斯文。轻声细语是他本性，喧闹嘈杂或情感激动会让他心烦意乱。他曾对我说："那些把自己的感受全盘托出的人，使我非常疲劳。所以，我很少接近俄罗斯人，就像我只是浅尝几口白酒一样。"静谧也是他内心的需要。每当他乘一辆拥挤的电车或者坐在一家嘈杂的饭馆里时，他就会思绪杂乱。尽管他生活不富裕，他对衣着还是蛮讲究。他衣着干净、时髦，常常带一些不起眼的小饰品。他的那种爱美的秉性和严谨的态度还体现在他日常生活中的很多细节上。例如，他把自己的手稿写在最漂亮的纸张上，行与行之间相隔的空白，就像用尺量过似的。

他慢条斯理、全神贯注的秉性具有极大的魅力，在他的熏陶下，他周围的人不会大声喧哗。每次和他谈话，我总会有几个小时甚至几天觉得自己也超凡脱俗。遗憾的是每次他都会严格限制时间、很少交心，这样一来想和他成为知心朋友就很难。我姑且认为我曾是里尔克的"朋友"，我也为此感到荣幸。在他发表的六卷书信集中，很少和别人交心。自从他中学毕业，几乎没有对任何人使用过"你"这个字。他是一个多愁善感的人，走得过近或过于亲密容易引起他的不悦，尤其是那些过于刚强的男性，如此说来，跟他保持适当的距离是比较明智的。不过他还是很乐意跟女性朋友交流，究其原因，首先喜欢女人是男人的本性；其次女人说话轻声细语、娓娓动听，让他感到舒服。

他在巴黎的生活相当低调，他心里总想着隐姓埋名的人会更自由、更安逸。按他的个人习惯来说，他是一个喜欢静谧、干净而又十分细心的人，他租赁的小房子周围不会有喧嚣的居民楼。尽管他住在设施简单、基本没有什么装饰品的房子里，他仍会精心布置，让整个屋子充满个性感。例如，他屋子里的东西总是很少，但是一直有鲜花。每次走到他的屋里，一种神秘、静谧感油然而生。不过屋子里的俄罗斯圣像图和耶稣被钉十字架图是必不可少的，无论他到哪里，这两张图一直陪伴着他。里尔克十分钟爱书籍，这种喜爱超乎寻常，他的屋里总是整齐地摆放着装订漂亮的书籍。如果他借了你的书，还书时，他会给书包上精美的封面并在上面系上彩色丝带。我最喜欢跟他在巴黎城散步。他是一个观察力敏锐而又十分细心的人，任何的细枝末节，就算是商店的招牌都会引起他的注意。只要他觉得那些字号韵律和谐，就会高兴地念出声来。

他应该是第一个要把巴黎每个角落都游览到的人吧！记得有一次在朋友家里偶遇，我告诉他我前一天去了皮克普斯公墓的旧"栅栏"，那里埋葬着断头台上最后一批牺牲者的骨骸，其中有安德烈·谢尼耶。接着我又描述了我回来时路过修道院的场景：站在路边，通过打开的门，我看到一群半俗尼手中拿着一串十字架念珠，默默地绕着圆圈徜徉、默不作声。听到这些，他有点儿按捺不住了，急切地要求我陪同他一起去参观安德烈·谢尼耶和修道院。于是我们一块儿去了安德烈·谢尼耶的坟墓。他在冷寂的墓地前默默地凝神，称那块墓地是"巴黎最有诗意的地方"。遗憾的是修道院却大门紧闭。这时，他耐心地说："那就让我们在这里碰碰运气吧！"我们等了二十多分钟，才有一个修女来拉门铃。他激动地喊道："运气来了。"他坦率地对修女说他想看一下修道院的通道，修女拒绝了他的要求，不过却给他出了个主意："你可以到旁边的园丁小屋，从那里你可以俯瞰修道院的内部构造。"这么一点儿小主意，好像给了他许多恩惠似的让他感激不已。后来我跟里尔克多次相遇，每当想起他，我总能记起他在巴黎时的情形。对于初出茅庐的我来说，遇见这样的人让我获益匪浅。

获益匪浅的友谊

那一次，我在维尔哈伦家和一位艺术史家讨论艺术的形式和走向，那位艺术史家抱怨说伟大的雕塑和绘画时代已经销声匿迹了。听到这话我心里很不高兴，我反驳道我们中间不是还有罗丹吗？他的雕塑作品并不逊色于前人。接着我开始详细列举罗丹的优秀作品。当维尔哈伦看到我面红耳赤地赞誉罗丹时，他微笑着说："既然你那么喜欢罗丹，就应该和他认识一下啊，我明天就要到罗丹的创作室去，你有没有兴趣一起去啊？"我毫不犹豫地答应和他一块去拜访罗丹。可是面对我的偶像，我反而不知道说什么。站在罗丹的雕塑间，我像是一尊犹太雕塑一样。我的窘态博得了罗丹的欢心，他邀请我跟他一起就餐。

吃完晚饭以后，我们一起去了他的大厅工作室，里面集中了他最重要作品的复制品和数百件珍贵的单个习作。罗丹大师把我带到他的最新的作品——一具头上蒙着湿布的女人像旁边。他用满是皱纹的手拿下湿布，退后几步观望着这幅作品。"好极了，"我情不自禁地蹦出这样一句陈词滥调。他全神贯注地打量着自己的作品，一发现有瑕疵，他就脱去上衣，穿上工作服，拿起刮铲，熟练地一刮。细节处小小的改动，然而效果却非常明显，瞬间那个女人的皮肤变得更平滑了。他又从一面镜子里端详那具雕塑，嘴里嘀嘀咕咕发出一些古怪的声音。他把全部的热情都投入到雕塑作品中，完全忘了外面的世界，即便是雷鸣恐怕也不会把他惊醒。我根本记不清我在那里待了多久，对我来说，每一刻每一秒钟都是珍贵的，让我见证了罗丹的伟大。只见罗丹的动作变得越来越粗犷，好像发狠似的，完全沉浸于一种痴迷状态。过了一会儿，他的双手渐渐地变得犹豫不决。他后退了几步，嘴里轻轻地嘟囔了几句，然后细心地把湿布蒙到塑像上。他深深地吸了一口气，激昂的情绪渐渐消失了，随后出现了让我不可思议的一幕：他脱下工作服，重新穿上上衣，转身准备走了。这段时间里他全神贯注，竟然把我全忘了。当他准备关房门的时候才发现了我，他尴尬地对我说："真的很对不起，先生。"我心怀感激地握住了他的手，当时真想亲吻这只满是皱纹的大手。在那短短的一小时内我明白了一切伟大艺术的秘密：艺术家只有把自己置之度外，忘却整个世界的嘈杂与纷乱，全神贯注地创作，才能达到这种艺术上的高度。这一点让我终生有益。

行李箱失窃记

我本打算五月底赴英国伦敦，住所却发生了让我意想不到的麻烦，因此，出发时间不得不延迟。事情的经过是这样的：圣灵降临节的时候我和朋友们一起去参观沙特尔大教堂，暂时离开巴黎两天多时间。当我周二返回旅馆换衣服时，却发现几个月来一直放在角落里的行李箱不翼而飞了。我立马跑到楼下去询问旅馆老板。老板是一个和善的红脸蛋的矮胖马赛人，他经常和我一起玩耍。听完事情的原委，他大发雷霆，喊道："好啊，还有这种事发生！"接着，他迅速地穿上外套、换掉拖鞋，大步跑了出去。为了理解后面发生的事儿，在这里请允许我先介绍一下巴黎旅馆的显著特点。

巴黎大多数的旅馆没有大门钥匙，大门主要由"门房"（看门人）利用遥控开关。如果某个旅客要外出，就对"门房"喊一声："请开门。"同时，每一个晚归的旅客进门得报一下自己的名字才准入。"门房"基本熟记旅客的信息，以防止陌生人混入行窃。后来老板告诉我，正巧我不在巴黎的一天深夜两点多，旅馆的门铃被外面的人拉响了，进来的人按例报了一下自己的名字，听上去很像是旅馆里的某一位旅客。本来门房有责任证实一下这位晚归旅客的身份，但是由于"门房"太瞌睡而舍掉了这关键的一步。一小时过后，晚归旅客又喊着外出。开了大门后"门房"忽然警觉起来，怎么深夜两点还有人要外出呢。他从床上跳了起来、披上睡衣、穿上拖鞋，紧跟着那个提行李箱外出的可疑人。当门房看到那个人拐弯走进小田园街一家旅馆时，他确定那个人一定是小偷。现在他意识到自己所犯的错后很后悔，我们一起去了附近的警察署。随后，警察去小田园街的那家旅馆查问。我的箱子虽然还静静地"躺在"那里，可那个小偷却不在。两名便衣警察留在那家旅馆门房蹲点"等候"，半小时后窃贼回来了，冷不防被便衣警察逮住了。

我跟老板去警察署履行公事。进警察署之后看到了留着一小撮胡子、胖的要命却很和蔼的警长。他穿着一件纽扣解开的外套，稳坐于乱七八糟地堆放着各种文件的写字台后面。遵照他的命令，我的箱子被送进屋来。警长问我财产丢失情况。我查看了一下行李箱，没有丢失任何物件。录完口供后，警察把小偷带了进来。小偷的衣着、模样让我大吃一惊。他衣衫褴褛、骨瘦如柴，夹在两个粗壮的警察中间，活像一个可怜鬼。他并不是什么职业盗贼，而且他似乎还有点儿傻，没有在作案当晚就溜之大吉。站在警长面前，他耷拉脑袋着，眼睛盯着地板，全身微微战栗着。看到他那个样子，我顿生怜悯之心。当警察把他所有的随身物品放到木板上时，我真替他难过。那是一些稀奇古怪的东西：一块破旧不堪的手帕，一大串万能钥匙和撬锁钩，一只破烂不堪的皮夹，里面并没有武器。从这一点我们可以得出：这个小偷是用比较和平的方式进行盗窃的。

当着我的面，警察查看了那只破烂不堪的皮夹。令人惊讶的是里面除了二十七张袒胸露肩的女演员的照片以及三四张裸体照，钱包里竟然没有一文钱。警长开始严声厉色地盘问小偷。显然，这个瘦削、忧伤的小伙子是个美的"爱好者、追求者"。尽管他追求的美有些低俗，但至少证明他敢于追求美。对他来说，那些明星们高不可攀，但他至少可以把她们的照片藏在自己的心窝上。我对他更同情了。当警长郑重其事地拿起笔问我是否要起诉小偷时，毫不犹豫地说了一个"不"字，因为我不想这样一个可怜人接受任何处罚。

为了弄清这里边的究竟，有必要在这里再作一些补充性说明。遇到犯罪案件时，法国的控诉制度跟其他国家有所不同。在法国，受害人可以自由选择是否起诉罪犯，官方基本不做干涉。如果受害人大度地宽恕罪犯，罪犯可以得到赦免。我觉得这种法律制度要比其他国家的法律制度更人性化。在其他国家，譬如说在德国，情况就截然不同。比如，一个女人心怀妒忌、伤害了自己的情人，不管她怎么苦苦哀求，她都必须接受法律的严惩，尽管受伤害的男人可能已经原谅了她。在法国，这对情人会在道歉和解后照样恩爱地挽着胳膊一起回家。

当我刚刚坚决地说出一个"不"字之时，令我意想不到的三种反应出现了。夹在两个警察中间的瘦削家伙刹那间站了起来，用一种难以言表的感激之情注视着我，这个眼神让我终生难忘。警长会心地笑了，我不控诉小偷使他省去了很多口舌和文牍工作。可是我的房东却像发疯的公牛似的大喊大叫："你不能这么做，像这样的无赖、混蛋绝对不能这样放纵，你得斩草除根啊，你根本不知道这样的混球会给别人带来多少麻烦和危害！一个正派高尚的人必须日夜提防这类混球，如果你现在饶了他，也就等于纵容了另外一百个。"刹那间，一个巴黎小市民的狭小心胸完全暴露出来。房东之所以这样是出于对他的旅店生意着想，他认为这小偷破坏了旅店的秩序、影响了正常生意，为了避免和他有牵连的麻烦，他希望我不要宽恕小偷。我坚决地告诉他我不想控告小偷，对我来说找到箱子，没有任何损失，事情就算结束了。房东一直坚持己见，情绪几近失控。最后警长申明这件事由我做主，其他人不需多言。房东猛地转身，砰的一声甩上房门，怒气冲冲地离开了警局。

结案了，我也就可以拎箱子回旅社了。当我伸手取箱子时，发生了令人意想不到的事，那个小偷一个箭步跑到我身边，坚持要帮我把箱子送回旅馆。于是我甩着手大步走在前面，那个心怀着感激的小偷拎着箱子跟在我后面。

我原以为事情就这样完结了，但是余波未平，后来发生了两件让我哭笑不得的事儿。第二天我到维尔哈伦家拜访时，他不怀好意地笑着迎接我："你在巴黎的奇遇可真是不少啊。原来你是一个非常有钱的家伙啊。你怎么不告诉我啊！"一听这话，我是丈二的和尚摸不着头脑。他递给我一张报纸，指着一篇题为"行李箱失窃而又复得"长篇报道。这篇报道做了这样的描述：一位高贵的外国人在城内的一家旅馆里丢了一只箱子，箱子里有很多价值不菲的物品，其中之一是一本两万法郎的信用存折及其他各种无法补偿的物品（实际上只是一些衬衫和领带）。起初警察们几乎找不到任何线索，因为窃贼非常老练而且熟知本地的情况。分局警长以他敏锐的观察力和干练的作风立刻采取了多种措施，在一个小时内，他彻查了巴黎的所有旅馆。由于他一贯准确周密的措施，在极短时间里分局就逮住了那个混蛋。警察局长授予这位优秀警长特别嘉奖，以表彰他的破案能力和远见卓识。当然，这篇报道完全是虚构杜撰的，没有任何价值。事实上，那位好警长一分钟都没有离开过自己的写字台，不过，他却准确地抓住了这事件，为自己捞取了宣传资本。

对于小偷和警察局长来说，这段小插曲给他们带来的都算是好运，但给却我来霉运。大度、慷慨的我还为此付出了应有的"代价"。我原本态度和蔼、服务周到的房东，自从我原谅那个小偷便处处开始难为我，逼我走。他的妻子碰到我视若无睹；那个小学徒也开始不再打扫我的房间，我的信件也开始莫名其妙地丢失。接着，附近几家商店和烟草专卖店店员见到我也都摆出一张张冰冷的面孔。这全因为我帮助过那个小偷，巴黎小市民的道德观念受到了伤害，所以他们团结一致地来挤对我。看来原谅那个小偷是"大错特错"了。最后我只好带着那只失而复得的箱子灰溜溜地离开了那家我原本十分钟爱的旅馆。

伦敦的伤心之旅

相比而言，伦敦比较凉爽，从巴黎走进伦敦，感觉自己仿佛从夏天进入了秋天。只身一人来到伦敦，心里不免有些孤寂，但我还是较快地融入了伦敦的生活。工业革命始源于英国，几个世纪以来，全世界都沿着英国的轨道前进。如果不了解这个国家，我们怎么能真正地理解这个世界和别人对这个世界所做的评论呢？我准备在伦敦多待一段时间借机好好练习一下我的英语口语。我最终没有实现自己的目标。和其他东欧大陆去的人一样，我和英国的文学界很少有机会接触。英国人早餐时谈论的话题基本上是本国的宫廷、比赛、娱乐等内容，这些跟我有什么关系呢？当他们讨论本国政治时，作为一个外国人，我知之甚少，无从插嘴。那些马车夫中的伦敦人讲的英语让我无所适从，我干脆向他们表示我的耳朵已经"聋了"。我找不到一个和我志同道合的人一起探讨我认为重要的事情，而对英国人所关心的体育、娱乐、政治等话题我却一点儿都不感兴趣，在普通英国人眼里，我应该是一个相当没有修养的乡村老粗吧。所以，我在伦敦的大部分时间都在自己的房间里写作或是在大英博物馆里查阅资料。

我打算通过闲逛来好好了解伦敦。于是，在刚到的前八天里，我每天都快步穿梭于伦敦的大街小巷，直到脚底板疼痛难忍为止。我游遍了导游手册介绍的所有景点，从伦敦的蜡像陈列馆到英国国会。我开始学习喝英国的淡啤酒，尝试最流行的英国烟斗。尽管我努力地适应英国的新环境，但无论是英国的社交界还是文学界我都没有什么接触。如果谁只是从外表上走马观花式的游览一下英国，他看到的仅仅只是一些表象，他肯定不能了解真实意义上的英国。在伦敦，倘若一个外来游客不善于把各种休闲活动提高到一种高尚的交游艺术，他还是会被这座城市当作异己而排斥在外。早知道这样，我就该在伦敦随便做点事儿，比如，到一家店铺去当见习生或到一家报馆去当秘书来度过在伦敦的两个月，这样我至少可以深入了解一下英国人的生活。但我没有这样做，当我认识到这一错误时，我的伦敦之行已近尾声。这次我在伦敦经历得并不多，我对英国的真正了解还是在后来的世界大战期间。

尽管英国诗人云集、名声显赫，可惜我只见过阿瑟·西蒙斯。阿瑟跟叶芝的关系很好，在他的帮助下，我出席了叶芝的朗诵会。叶芝诗歌造诣很好，我十分喜爱他的诗歌，出于爱好我翻译了他的诗剧《水影》的一部分。

我们聚集在叶芝那间并不宽敞的房子里，因为人比较多，房子显得很拥挤。朗诵诗歌需要一定的氛围，很明显叶芝做了充分的准备。只见身穿黑色长袍的叶芝在一张黑桌子上点燃了两只碗口粗的圣坛蜡烛，然后熄灭了屋里的其他的灯烛，接着便开始朗诵了。在微弱烛光下，叶芝用抑扬顿挫的声音缓慢朗诵着，每行诗都铮铮有声，十分清亮。伴随着朗读的韵律，叶芝的头做出强有力的动作。他朗诵得很美、很庄重，慷慨激昂的情态恰到好处。我感到美中不足的是叶芝那副矫揉造作的打扮，活像是一个神父。房间里弥漫着一股淡淡的蜡烛燃烧后散发的香味。这一切让我觉得，这并不是什么诗歌朗诵，更像是一次祭祀仪式。尽管我喜欢叶芝的作品，但我却不喜欢这种祭礼式的崇拜行为。相比之下，我想起了其他两个文学友人朗诵自己诗作的情景：维尔哈伦朗诵诗歌时并不讲排场和穿着，为了能用强健的双臂打出更好的节奏，他只穿一件衬衫；里尔克朗诵诗歌时没有任何矫揉造作的成分，他的诵读简朴、清楚。

不过，我在伦敦发现的真正诗人是被人们遗忘的已经离世的威廉·布莱克。威廉·布莱克是一位孤独、寂寞，富有争议的人，他的诗作古拙精细，一直让我神往。有一次，一位朋友建议我到大英博物馆印刷品陈列室去看看那些有彩色插图的书籍。《欧洲》、《美洲》、《约伯记》，这些书让我如痴如醉，它们今天无疑已成为古书店里的稀世珍品了。在那里，我第一次看到了像威廉·布莱克这样的一群富有魅力的人的作品。这些有魅力的人像是长着翅膀的天使，自由地翱翔于想象的荒野。我想花几周的时间深入探究这位质朴人物，并打算把他的几首诗译成德文，于是我急切地想得到一张他肖像画。有一天，我的朋友阿奇博尔德·G. B. 拉塞尔—布莱克的最出色的鉴赏家，告诉我，在他举办的展览会上将出售一幅布莱克大师的肖像画，这幅名为《约翰国王》的铅笔画是布莱克大师最漂亮的肖像画。

事实证明这张画果然名不虚传。在我堆积如山的书籍和绘画中，只有这一张画陪伴我三十几年。每每抬头，我都能看到《约翰国王》正高傲地站在城墙上用神奇的眼神打量着我。在我丢失和被迫放弃的物品中，这幅画是我最思念的物件。我曾在伦敦城到处寻找真正的天才，然而天才最终以威廉·布莱克的形象出现在我的面前。于是，这个世界给我众多的爱好增添了一种新的爱好——对威廉·布莱克的痴迷。

第六章　曲折的漂泊之路

　　我在巴黎、英国、意大利、西班牙、比利时、荷兰等地方的漫游十分愉快而且很有收获。为了出去漫游时有一个出发点和归宿，一个人终究需要有一个固定的住处。今天，当我被迫流亡时，我对这一点认识更加深刻。离开中学后，我积攒了不少书、画和纪念品，可是我没法把这些东西都装在箱子里，拖着它们周游世界，所以，我在维也纳租了一小套公寓放置这些东西。

　　世界大战前无论我做什么，我都有一种临时感，什么都想做，什么都漫不经心。譬如写作，我只把它当作我开始创作前的试笔；我的那套房间也只不过是一个临时的住址罢了。多年来，我曾觉得这种临时观念是一个错误。但是后来，当我总是被迫离开自己的家园并且看到周围的一切遭到破坏时，我觉得，我早年的那种临时感倒是对我有帮助，使我的心情不至于太沉重。

对艺术品的狂热

　　那时，我的公寓很简陋，唯一的亮点是墙上贴的布莱克的素描和歌德亲笔书写的一首诗。那首诗是歌德最优美的诗作之一，字体潇洒，对我这样一个从中学起就开始收藏名人手迹的人来说可算一件珍品。上中学时我们文学小组热衷写诗，我们到处索要诗人、演员和歌唱家的签名。随着中学生活的结束，我放弃了那种写歪诗和征集签名的业余爱好，开始对收集天才人物的遗墨感兴趣。我认为如果你想完全理解一部伟大的作品，你不仅需要看过它们的成品，还必须了解它们形成的过程。我曾看到过一张贝多芬作曲的初稿，尽管上面被涂改得乱七八糟，但却流露出他高昂的创作热情。

收藏手稿，搜集手稿，成了我的业余爱好中最有诱惑力的一件事。在漫长的搜集过程中我曾度过了紧张的时刻，也曾遇到过令人激动的好运气！比如，有一次，我错过了一次手稿拍卖会，后来那次拍卖的手稿被证明是假的。接着我又碰到另外一件好事。我手上的莫扎特的手稿残缺了一段，后来我得到消息这被剪去的一段将在斯德哥尔摩拍卖，我当机立断地抓住了这次机会。虽然我当时的稿费收入还不足以让我大批购买别人的手稿，但是我尽我所能地买一些我认为是值得的手稿，因为对一个收藏家来说他从那些手迹中所获得的乐趣是任何其他兴趣爱好都无法比拟的。此外，我的那些作家朋友们在我的请求下免费地馈赠我他们的手稿。罗曼·罗兰送曾给我一卷《约翰·克利斯朵夫》的手稿；里尔克把他的最畅销的作品《旗手克里斯多夫·里尔克的爱和死亡之歌》的手稿给了我；克劳代尔给我《给圣母的受胎告知》的手稿；高尔基给了我不少他的草稿；弗洛伊德也给过我他的一篇论文的手稿。

出人意料的收获

我楼上住着一位头发灰白的老小姐，她是一位钢琴教师。一天在楼梯上碰到我，她非常客气地向我道歉说她教学生时的琴声一定打扰了我。接着她谈起了她的母亲。她母亲现在跟她一块住，老太太现在眼睛已经半瞎，几乎不能离开自己的房间。这位八十岁老太太是歌德的保健医生福格尔博士的女儿，于 1830 年由歌德的儿媳当着歌德的面受洗。

听到这个消息我很震撼，到了 1910 年，世间居然还有一个跟歌德有联系的人！由于我对这位天才人物特别崇敬，我除了收集他的手稿，还收集他的其他遗物。现在居然有一个曾被歌德爱抚过的人活在这世上，这是所有那些没有生命的遗物都无法比拟的。我迫切地请求这位老师允许我见见这位德梅丽乌斯太太，她同意了我的请求。后来，我受到了德梅丽乌斯老太太的亲切接待。在她的房间里我见到了一些歌德曾用过的家具和物器，那是歌德的孙女赠送给她的。

老太太的存在，真是一个奇迹。这位老太太满脸皱纹，戴着一顶朴素的小帽，非常健谈。她向我详细地讲述了她在弗劳普兰的寓宅里度过的难忘的青年时期的十五年。自从诗人歌德永远地离开后，那幢寓宅里的一切物件再也没有动过。就像所有的老人一样，那位老太太对自己的那段生活十分缅怀。她还告诉我她对歌德总是泄露他人隐私的轻率之举感到非常气愤，这使我深受感动。后来，我还遇到过好些其他白发苍苍的老太太，她们一直对自己红极一时的时代念念不忘。这其中有李斯特的女儿科西玛·瓦格纳，她的姿态总是那么端庄大方；尼采的妹妹伊丽莎白·弗尔斯特，她身材娇小，爱卖弄风情；亚历山大·赫尔岑的女儿奥尔加·莫诺；晚年的盖奥尔格·勃兰兑斯曾给我讲过他遇见惠特曼、福楼拜、狄更斯等人的情景；夏德·斯特劳斯也曾向我描述他第一次见到里查德·瓦格纳时的样子。但是这些人都没法跟德梅丽乌斯太太相比，她可是唯一被歌德注视过却尚在世间的人啊！

我与岛屿出版社

我总算在旅行的间隔期找到了一个临时的住处，最重要的是我还找到了另一个家，那个三十年来一直维护和促进着我的事业的出版社。选择哪家出版社，对一个作家来说很关键。幸运的是，我无须选择就遇上了使我一辈子受益无穷的出版社。这家出版社创办人是阿尔弗雷德·瓦尔特·海梅尔。作为诗人他的成绩并不可观，可是他却有远见、有思想。当德国其他的出版业都无一例外地以商业利润作为衡量标准时，他却规定他的出版社的出版标准是一部作品的内在价值而不是作品的销量。

消遣性的读物的确很赚钱，而海梅尔却不打算出版这类读物。相反，他常常为那些玄奥和艰深的作品提供出版机会。他的出版社的口号是收集一切纯粹追求艺术形式完美的作品。最初没有多少作家认可这家出版社，但海梅尔却为他的孤立感到自豪，故意给出版社取名"岛屿"。"岛屿"对自己的出版业务精于求精，它对每部作品的印刷装帧都非常考究，使其外在的形式和内容相匹配。所以，每一部即将出版的作品，无论是对标题的设计、版心，还是铅字、纸张，都会有特殊的要求，即使像广告目录、信纸这样一些细节，这家出版社都会仔细考虑。

　　这家出版社从一开始就为自己定下了最高标准，它只出版严格意义上的高雅作品，例如它曾出版过霍夫曼斯塔尔和里尔克的抒情诗。因此，当二十六岁的我被这家岛屿出版社的接纳为固定作者之一，我感到何等的光荣和自豪！这种荣誉表面上来说提高了我在文学界的地位，但从实质上说它促使我更认真地进行创作。无论是谁跻身于这种佼佼者的行列，都会严于律己和审慎行事，绝不写一些粗制滥造的速成文章。因此，岛屿出版社的商标便是高雅书的招牌和保障。

　　我在二十几岁有幸遇到年轻的岛屿出版社，在随后的三十年里我和它一起成长、壮大。和"岛屿"的多年联系促使我和出版社的社长基彭贝尔格教授建立了诚挚的友谊，这种友谊由于我们热衷收藏私人手稿的共同兴趣爱好而得到进一步加强。在我们互相交往的三十年里，我和基彭贝尔格经常交流经验和心得。基彭贝尔格常常会给我一些关于收藏的宝贵建议，而我的文学知识对他在外国文学方面有所启发。在我的建议之下，岛屿丛书诞生了。这套丛书大概发行了百万册，这个业绩在出版业相当不错，岛屿出版社也因此一跃为德国最有名望的德语出版社。说真的，远离家乡和祖国，不会让我觉得太难受，但再也见不到书上那个熟悉的岛屿商标却让我感到很难受。

戏剧的诅咒

　　我在青少年时期的写作道路似乎一直很顺畅，但二十六岁的我似乎还没有一篇真正让我骄傲的作品。之前我主要翻译了一些作品，写了几篇中篇和短篇小说，长篇小说并没有涉及。我同当时最杰出的最具创性的人的交往非但没有促进我的文学创作，他们的文学理念反而成了束缚我的障碍。我开始尝试戏剧创作，这次尝试很快激起了我的创作欲望。我在1905年或1906年夏天写了《忒耳西忒斯》这部剧。这出剧已显示了我创作思想上的个性特征，即：不为那些所谓的"英雄人物"歌功颂德，始终关注失败者的悲剧命运。我的中篇小说的主人公都是一些抵抗不住命运摆布的人物；我的传记文学的主角同样不是取得成功的人物，而是保持着崇高道德精神的人。所以，在这部剧中，阿喀琉斯并不是主要角色，最不起眼的忒耳西忒斯才是我着墨最多的主角。也就是说，我剧中的主人公是历经苦难的普通人，而不是传统意义上驾驭别人，给别人带来痛苦的英雄式人物。这部剧用无韵诗写成，又以古希腊神话为题材，它的"票房价值"肯定不高，所以我并没有对它抱太大的希望，给几家大剧院寄去几册剧本后，我就完全忘记了这件事。

大约三个月后，我接到一封印有"柏林王家剧院"字样的信，这是该剧院的经理路德维希·巴尔奈给我写的信。他在信中说，我的这出剧给他留下非常深的印象，我剧中所塑造的阿喀琉斯形象也是著名演员阿达尔贝尔特·马特考夫斯基一直想演的角色，所以，他请求我允许他在柏林的王家剧院首演这出剧。

这个消息简直是从天而降的美事啊！阿达尔贝尔特·马特考夫斯基和约瑟夫·凯恩茨是当时德意志民族两位最杰出的演员。前者是北德意志人，气质浑厚，热情奔放，为他人所不能及；后者是我的同乡维也纳人，温文尔雅，善于处理台词，他的声音时而悠扬，时而铿锵，无人能与之匹敌。我的这出剧将得到德意志帝国首都最有名望的剧院的扶植，著名演员马特考夫斯基将饰演剧中阿喀琉斯这个人物，他将来诵念我的诗句，这些是我从未预料到的。我的戏剧创作前景看似一片光明！

　　就在我买好火车票准备奔赴柏林的时候，我收到了一份电报：由于主演阿达尔贝尔特·马特考夫斯基生病了，演出将延期举行。起先我认为这只是剧院无法演出的借口，可是没过几天，看到报纸登出了马特考夫斯基逝世的消息，我才意识到我错失了一个多好的机会。尽管还有其他两家宫廷剧院——德累斯顿王家剧院和卡塞尔王家剧院想上演这出戏，但我已经没有兴趣了，"除了马特考夫斯基还有谁能演阿喀琉斯呢？"不久我的一个朋友来找我，他受约瑟夫·凯恩茨之托来捎口信。凯恩茨碰巧也读过我的剧本，他觉得虽然他不适合演阿喀琉斯，但适合演阿喀琉斯的对手——剧中悲剧人物忒耳西忒斯，为此他特意联系了城堡剧院。城堡剧院的经理保尔·施伦特很快也给我来信指出他对我的剧本感兴趣的地方，同时也坦率地说出他没太大把握的地方。凯恩茨十分欣赏这个剧本，他邀我到他的住所，我第一次见到了我中学时代的偶像。他当时已经 50 岁了，但容光焕发，神采奕奕。听他讲话是一种特别的享受，他说话时吐字清晰，元音明亮又清晰，每一个辅音也都发得很清脆。他吟诗时抑扬顿挫，充满节奏感。没能让我的戏剧上演，凯恩茨谦逊地向我表达了歉意。接着他说有事求我——我很激动，没想到自己的偶像会有求于自己！他有很多客串演出的任务，除此他还需要准备三出独幕剧。对独幕剧的选择，他初步设想用那种感情奔放的诗体短剧，所以他希望我能帮他写独幕剧的剧本。我答应试试。很快我就完成了一出独幕剧的初稿，即《粉墨登场的喜剧演员》。这是一出轻松愉快的喜剧，有两大段抒情独白。我尽量根据凯恩茨的气质和他的念台词的方式来写这出剧，希望能达到最佳效果。三个星期后当我把一首"咏叹调"的半成品草稿拿给凯恩茨看，他很高兴，当即把手稿台词吟诵了两遍。他念第二遍的时候十分完美，让人难以忘怀。他急不可待地问我什么时候完稿，听我说一个月后就完稿，他高兴极了，这样正好能赶上他演出的时间。他向我许诺以后不管他到哪里，他都要把这出剧当作他的保留节目。他握着我手，把话重复了三遍。

让我感到意外的是，在他启程以前，城堡剧院就预约了我的这出剧，他打电话告诉我他已安排他们剧院的演员开始排练。看来，我没有费太大的力气就赢得了城堡剧院的青睐。而且久负盛名的女演员杜塞及另外一个知名男演员也将加入我的剧本演出。现在事情唯一的变数就是凯恩茨有可能改变自己的主意，但这完全是不可能的！于是，等待中的我变得急不可耐。终于从报纸上我读到凯恩茨访问演出回来的消息。在他回来的第三天，我鼓起勇气去拜访他。扎赫尔大饭店的看门老头透过夹鼻眼镜惊愕地望着我说："您还不知道吗？博士先生，凯恩茨先生今天早晨被他们送进了疗养院。"那时我才知道凯恩茨在巡回演出时身患重病。他是强忍着剧痛才完成了最后一次表演。演出回来的第二天他就动了手术。我去探望他，他躺在那里，非常虚弱、憔悴，皮包骨头的脸上那对黑眼睛比平时显得更大了，曾经红润的脸上长出了灰白胡子。看着我，他勉强地挤出一丝微笑："上帝还会让我演出那出剧吗？那出剧可能还会使我康复呢。"不幸的是几个星期后他就去世了。我站在他的灵柩旁边为他默哀、致敬，心中感慨万千。

我觉得自己的戏剧创作是一件多么不令人高兴的事。德国最有名气的两位演员还没来得及演出我的剧本就相继去世，这让我一直耿耿于怀，多年后，我才从新拾起戏剧创作的笔。当城堡剧院的新经理阿尔弗雷德·贝格尔男爵采纳了我的剧本时，我惴惴不安地看着那份被挑选过的演员名单，"天哪，里面没有一个名角！谁也没有碰到过这样倒霉的事"，然而更不堪设想的事还在后头呢。我原以为只有那些名演员才会碰到这个魔咒，没想到决定亲自导演我的剧本《大海旁的房子》的阿尔弗雷德·贝格尔男爵十四天后就死了。看来，我的戏剧魔咒还没有消除。即便到了十多年以后，当我的《耶利米》和《沃尔波内》搬上舞台时，我仍有不祥之感。1931 年我完成了一部新剧《穷人的羔羊》，我把手稿寄给了我的朋友亚历山大·莫伊西。他给我来电报，问我他是否可以演那个剧的主角。莫伊西嗓音优美，外表迷人，充满朝气。他从意大利唱到了德语舞台，是约瑟夫·凯恩茨的唯一的优秀继承人。演出时，他常常对剧作赋予自己的独特见解。尽管我知道他是最理想的人选，我还是婉言拒绝了他，因为我知道他从凯恩茨手中接过了那枚所谓的伊夫兰德指环，成了德国最伟大的演员，我害怕他演我的作品会让他遭遇和凯恩茨同样的命运。无论如何，我不愿意让又一个伟大的德语演员碰上同样倒霉的事请。尽管我没有让他扮演我剧中的主角，但我仍不能保佑他安然无恙，他最终还是无缘无故地卷入到了灾难中。

1935 年夏天，我突然接到亚历山大·莫伊西从米兰打来的电报，他晚上要到苏黎世来找我。真是怪事，他为什么这么急着找我，我又没有写出什么新剧本。但是我依然满怀欣喜地等着他的到来，因为我喜欢这个诚恳、善良的人。他一出车厢就向我迎来，我们像意大利人一样地拥抱。当我们坐着小卧车离开火车站时，他急急忙忙地说有一件大事求我。事情是这样的，皮兰德娄为了表达自己对他的敬意，决定把自己的新剧作交给他到维也纳用德语首演。皮兰德娄这位意大利的大师还是头一回让自己的作品在外国演出。皮兰德娄对自己的翻译不太自信，为了保留原意大利语剧本的音乐性和感染力，他希望找一个语言方面造诣较高人来把他的剧作译成德语，因此，我就成了他的合适人选。怕我因手头工作太多而推脱，所以他就派莫伊西来当说客。好朋友莫伊西的情面及我对皮兰德娄的敬意促使我答应了请求。我把手头的事情搁置一旁，花了一两个星期完成了剧本的翻译。几周后剧作将在维也纳首演，皮兰德娄也将亲自参加，以首相为首的维也纳官员也答应出席。我高兴地以为又可以见到皮兰德娄，又可以听到莫伊西用悦耳的嗓音道白我译的台词，怪事又一次重演了。不久后的一个早晨，当我打开报纸，我读到一条让人沮丧的消息：莫伊西从瑞士赶到维也纳时，不幸患上了流行性感冒，排练将延期进行。我以为情况应该不会十分严重。可是当我走到他住的旅馆门口时，心却怦怦地跳个不停。厄运在1/4世纪后重又上演，莫伊西这位当时最伟大的德语演员在持续的高烧中已经神志昏迷。两天以后，他去世了，我站在他的灵柩前默哀——一切都像当年凯恩茨的悲惨遭遇一样。

我尝试着把这些中了邪一样的事情同我的戏剧创作联系在一起。马特考夫斯基和凯恩茨的相继死亡对我一生的创作方向起到了决定性的作用，假如当年我的作品被顺利地搬上舞台，我一定会迅速成名，但我也会因此而耽误学习和了解世界的时间。一开始，剧坛的确为我提供了诱人的前景，可是到了最后一刻，它总是又无情地将这美妙前景击碎。这可能是命中注定的吧！但是，把偶然的事件和命运等同起来，仅仅是我在青年时代最初几年的想法。后来我知道，一个人的生活道路是由内在因素决定的，尽管现实的道路是复杂的，只要我们努力不放弃，我们最终还是会实现自己的目标。

第七章　走出欧洲

　　难道因为各种改变世界的大事都发生在我的青年时代，所以我感觉当时的时间过得比今天快？还是因为我在青年时期最后几年——第一次世界大战前几年每天按部就班的工作使我的记忆模糊了？写作与发表作品是我当时生活的主要内容。我不仅在德国小有名气，在国外也有一定的知名度。我有支持我的粉丝，也不乏反对我的人。我再不用操心文章在哪儿发表，德意志帝国的各家报纸竞相向我约稿。但今天回想，那些年我写的文章和做过的事情其实都是无关紧要的；我们在当年的一切理想、忧虑、失望、怨恨都是那么微不足道。这个包容的时代改变了我们固有的看法。

　　倘若几年前我撰写此书，我肯定会炫耀我和名人间的谈话，比如我同盖尔哈特·霍普特曼、阿图尔·施尼茨勒、贝尔－霍夫曼、戴默尔、皮兰德娄、瓦塞尔曼、沙洛姆·阿施、阿纳托尔·法朗士等人的谈话。我也可能会选择记录一些有社会影响的大事，诸如古斯塔夫·马勒尔在慕尼黑的第十交响乐首演，德累斯顿的《蔷薇骑士》首演，卡尔萨温娜和尼任斯基的首演，因为我热衷于见证艺术界的许多"历史"事件。倘若我用现在衡量事情的标准来看，那些都不是什么了不起的事儿。当时把我的注意力引入文学的人现在看来远没有那些将我的注意力从文学转向社会现实的人们重要。

后者中，瓦尔特·拉特瑙是我首先要提到的人物。他是那个悲剧时代少有的能驾驭德意志帝国命运的人，也是第一个在希特勒攫取政权前十一年被纳粹分子暗杀的人。我和他之间有一段诚挚的友谊。我俩的相识同马克西米利安·哈尔登有关。哈尔登创办了政治周刊《未来》，这份周刊在威廉皇帝统治下的德意志帝国最后几十年中对德国政坛起着决定性的影响作用。首相俾斯麦亲自将他推进德国的政治生活中，他后来充当俾斯麦的喉舌或者挡箭牌也就成了分内的事。他曾把当时的内阁大臣弄下台，促使奥伊伦堡事件爆发，让德皇的宫殿每周都在各种攻击和揭露前战栗。

我和哈尔登

尽管哈尔登在政界很有影响力，但他的真正爱好却是戏剧和文学。一天，《未来》月刊发表了一组简洁机敏的格言，作者的笔名我现在想不起来了，但这些格言当时引起了我的极大兴趣，如此言简意赅的格言我多年没有见过了。作为此周刊的资深撰稿人，我写信问哈尔登谁是格言的作者。

回信的不是哈尔登，而是一位署名为瓦尔特·拉特瑙的先生。从他的回信和其他信息来推测，他就是那位全能的柏林电气公司总经理的儿子。这位富家公子本人也是一位大商人、大工业家，身兼多家公司的董事，还是德国"放眼世界"（借用让·保尔的话来说）的新型商人之一。我给他写信赞许和鼓励他初涉文坛，他回信诚恳地感激我。虽然他比我年长十岁，但他却坦率地告诉我他自己也拿不准他是否应该把自己的思想和格言整理成一本书出版，因为毕竟他是圈外人，在此之前，他涉及的全部活动是经济领域。我真诚地鼓励他。此后我们一直保持着联系。后来我到柏林打电话给他，电话中他还是显得犹豫不决："啊，是您啊，遗憾的是，我明早六点钟就要到南非去……"，我插话道："那我们就相约下次吧。"他边思忖边吞吞吐吐地说："呃，您等等……让我想一下……下午我有几个会要开……晚上我得到部里去……之后还要去俱乐部参加晚宴……不过，十一点一刻您可以来我这儿，怎样？"我答应十一点一刻去见他。那天晚上我们一直谈到深夜两点。六点钟时他启程去南非和西非了——后来我才得悉，他此行是受德国皇帝的派遣。

我讲这些，是因为这些细节充分表现了拉特瑙的性格特点：他总能在百忙中抽出时间处理计划外的事情。在欧洲大战最艰难的日子里我见过他，而且在洛迦诺会议之前，也就在他被暗杀的前几天，我们两人还一同乘坐过一辆小卧车驶过大街。让人惊骇的是他后来正是在那辆小卧车和那条大街上被人暗杀的。他总是把时间安排得满满当当的，但随时调整两件不同的事情对他来说却一点儿不费劲，因为他的大脑就像一具精密迅速的仪器，随时都能对突发状况做出合理的应变。他口才好，每次讲话就如同在读一张无形的讲稿，逻辑清晰，语言生动。要是把他的谈话记下来，那就是一份立刻可以付印的完整提纲。除了母语德语，他还精通法语、英语和意大利语。他记忆力好得惊人，他从来不需为了某份材料做一些特别的准备。当我们谈话时，他思维清晰，运筹帷幄，能冷静地对利弊得失做出准确的分析，相比之下我却思维系乱，缺乏自信。我为他清晰思维和敏锐的洞察力所着迷的同时，也有一些对他不赞同的地方。例如，他的宅邸从前是路易丝女王的豪华府第，家具陈设讲究，摆满了名贵物品，但在这样的房子里面住着却找不到一丝家的温馨。他似乎看透一切世事，因而无论面对什么事情他都觉得无所谓。尽管他头脑冷静，他却不可思议地时常陷入犹豫不安之中。

每当我看到他焦虑不安，我就为这位犹太人感到悲哀。维尔哈伦、埃伦·凯伊、巴扎尔热特，我的这些朋友虽不及他聪颖智慧的1/10，不渊博学识的1％，但他们对自己充满自信。我总觉得，尽管拉特瑙聪慧过人，但始终飘在空中不接地气。他的生活充满纠结。他从他父亲那里继承了各种权势，却放弃成为父亲的继承者；他是个商人，却幻想自己是个艺术家；他是百万富，却信奉社会主义思想；他是犹太人，却宣扬基督教；他具有国际主义的视野，却又崇拜普鲁士精神；他渴望人民民主，却又骄傲于被威廉皇帝接见和询问。他一直工作从不休息，可能是为了来掩饰心底的烦躁，摆脱内心深处的寂寞。1919年德军崩溃后他被委以重建德国的重任。在这重大时刻，蕴藏在他身上的巨大的潜力一齐迸发，他着手在混沌中重建遭到重创的国家，献身于自己的唯一理想：拯救欧洲。他成了一世英雄。

同他交流，可以开阔眼界，振奋精神。他的话语思想丰富，条理清晰，只有和霍夫曼斯塔尔、瓦莱里、赫尔曼·凯泽林伯爵能与之相比。是他将我的视野从文学扩大到当代的历史，也是他鼓动我走出了欧洲。他曾对我说："如果您只知道英吉利岛屿，那您就不可能了解英国。同样，您如果从未走出过欧洲，您也就不会懂得我们这块欧洲大陆。您要充分利用您的自由之躯啊！文学创作是一份悠闲自得、充分自由的工作，你不必为了写一本书着急上火。时间在你手上，你想什么时候动笔就什么时候动笔。既然如此，您何不去一次印度和美洲呢?"说者无意，听者有心，于是我立刻采纳了他的建议。

印度之行

印度比我想象中还要可怕。那儿的人个个都骨瘦如柴、无精打采，两眼呆滞无神。悲惨的生活和单调的环境已让我大吃一惊。更可悲的是，按照阶级和种族这里的人被分为不同等级。我在船上就体会到了这种等级观念。我们船上有两个漂亮姑娘，深邃的眸子，曼妙的曲线，谦逊温婉，教养甚好。可是，她们却有意躲避别人，或者说，有一条无形的银河阻隔着她们。她们不跳舞也不和人谈话，而是坐在一旁读着英文或法文书籍。

两天后，我才知道，其实不是她们躲避着英国人的社交圈子，而是英国人不愿搭理这两位"欧亚混血"。这两个漂亮姑娘的母亲是英国人，父亲是波斯血统的印度商人。在洛桑和英国上学时，她们度过了和别人完全平等的两三年。可是一坐上这条开往印度的船，她们就立即受到这种不易被人察觉的残酷的种族歧视。我第一次感受到种族偏见的危害，其后果同上几个世纪的瘟疫一样严重。这两个姑娘的遭遇让我开始变得敏感起来。当我看到一个欧洲人出远门旅行时，譬如说到锡兰的亚当峰去，带上12~14个佣人陪伴，我对这个白肤色的神的所享受的"尊严"感到惭愧。

我们生活的欧洲其乐融融，不存在等级划分和种族歧视现象。但我却摆脱不了一种可怕的感觉：在未来的数十年和几个世纪，这种状况可能也会出现在欧洲。这只是时间问题。皮埃尔·

洛蒂所描写的印度是一个极具"浪漫主义"色彩的国度，而我亲眼所见的印度却是这样一个令人警觉和悲哀的一个国家。

这次旅行中，给我留下深刻印象的不只是富丽堂皇的庙宇、风雨侵蚀的宫殿、喜马拉雅山的风光，我还新认识了属于另一个世界中的另一种类型的人，这些人是欧洲的作家在本地不可能碰见的。当时，人们的生活比较节俭，能走出欧洲旅游的人都是各种社会职业中的特殊人物。如果他是商人的话，他得是个巨贾；如果他是医生，那他也一定是个真正的研究者；即便他是世袭的企业家，也一定是一个勇往直前、豪无顾虑的新世界的征服者；如果他是一个作家，他也一定是个好奇心较强的人。当时由于旅途中没有可供消遣的收音机，同那些人的闲聊便成了我漫长的旅程中最大的乐趣。同他们的交谈中我了解了时事格局及影响世界的各种力量和紧张关系，这些知识是我无法从书本中获取的。这次游历后，我评判事物的标准也发生了改变。回国后我开始把以前觉得有远见的事仅仅当作目光浅短来看，我也不再把欧洲视为世界的轴心了。

结识卡尔·豪斯霍费尔

在印度我遇到了形形色色的人，其中一位对我们的当代历史产生过不小的影响，他就是卡尔·豪斯霍费尔。卡尔·豪斯霍费尔是作为德国的武官出使日本，我们乘坐同一艘内河轮船，从加尔各答出发沿着伊洛瓦底江前往中南半岛。旅程中，我每天都要和卡尔·豪斯霍费尔及其妻子相处好几个小时。卡尔·豪斯霍费尔身材修长挺拔、面颊棱角分明、长着一个极具特点的鹰钩鼻。我在维也纳时也与一群士兵相处甚好。那群友好、热情和快乐的年轻人大多由于家庭生活环境所迫而穿上军装，希望通过服兵役过上安逸的生活。豪斯霍费尔与他们不同：他出身于书香门第，家境殷实。他的父亲发表过不少文章，好像也曾在大学里任教过。同时，豪斯霍费尔有着丰富的军事知识。当时他被命令实地考察日俄战争，他与他的妻子因此接触到了日本文化，学会了日文和文学创作。从他身上我明白：万事想要学得精细，必须跨出自己的专业领域，与其他学科融会贯通，军事理论也不例外。豪斯霍费尔每天在船上忙个不停，用望远镜观察轮船所到的每一处地方，然后查辞典，记日记，写报告。豪斯霍费尔不仅善于观察，而且也很会表达自己的思想。与他交谈，我增加了对东方的认识。回国后我仍和豪斯霍费尔一家保持着友好的联系，我们互相通信，并且在萨尔茨堡和慕尼黑两地进行互访。豪斯霍费尔后来因一场严重的肺病在达沃斯、阿洛沙待了一年。离开军队的这一年，他反而有更多的空闲钻研军事科学。在第一次世界大战期间，他当了一名指挥官。德国战败时，我想到了他，我完全能想象到他有多痛苦，因为他对建立德国的强国地位寄予厚望，也做出了重要贡献。

事实也证实了他曾是全面策划德国强国地位的元老之一。他曾出版过一本地理政治学杂志。但在新运动开始之初，我并不了解其中的深意，我单纯地以为地理政治学不过是要仔细观察研究各个国家势力互相作用的奇特现象，即便谈到各民族的"生存空间"——我相信，这个词是他首创的——我也只按照施本格勒的意思将它理解为任何一个国家都能唤起的时代动力与无常活力。即便是豪斯霍费尔主张要求更仔细地研究各民族个性并建立一种学术性的常设指导机构，在我看来也是完全正确的，因为这种地理政治学的研究有助于各民族互相接近。当时我总热诚于阅读豪斯霍费尔的著作（我的话也被他在书中引用过），我从未对他的话产生过怀疑。很多人客观地评价表示他的课使人受益匪浅。没人认为他的思想是以新的形式为泛德意志的旧要求提供论据，或是他的思想是为一种新的强权政治和侵略政策服务。可某次在慕尼黑我偶然提到他的名字时，别人却不假思索地说："哎，你说的可不是希特勒的朋友吗?"当时我几乎不敢相信我的耳朵。第一，豪斯霍费尔的妻子有部分犹太人的血统，根本谈不上纯种雅利安人，他的两个极具才华且招人爱儿子也因此算不上血统纯正了；此外，我不知道一个有教养、有才华的学者和一个用野蛮专断的眼光理解德意志民族性的疯狂种族主义者之间有什么思想上的联系。不过，鲁道夫·赫斯（希特勒的秘书兼侍卫长）曾是豪斯霍费尔的学生。他肯定在豪斯霍费尔和希特勒之间牵了线。希特勒有一种天生的本能，他不喜欢听取别人的意见，凡是与他自己有利的事情，他都会据为己有。他觉得"地理政治学"完全可以融入纳粹文化并为之所用，因此他就充分利用地理政治学为自己的政治目标服务。在意识形态方面把自己极端自私的强权欲望隐藏起来是国家社会主义的一贯伎俩，而"生存空间"也成为国家社会主义的侵略借口。"生存空间"这个词的含义是模糊的，看起来仅仅是一个没有害处的口号，但它却能被利用来为任何侵略行径做辩解。由于希特勒将"生存空间"理论进行了篡改，使得那个最初仅限于国家与民族的目标最终演变为："今天，我们拥有德国，明天，会是整个世界"——我不知道豪斯霍费尔是否知道其中的含义——于是，他今日不得不为此承担后果。

这一事例充分说明：一个简单、富有内涵的词汇可能被利用并产生灾难的后果，就像先前的百科全书派关于"理性"统治的表述一样最终背离初衷，变为恐怖和群众的感情冲动。据我所知，豪斯霍费尔本人在纳粹党内从未获得过显要地位，他或许连党员都不是。豪斯霍费尔的妻子玛尔塔·迈尔一多斯有部分犹太血统。他们的两个儿子：阿尔布雷希特·豪斯霍费尔博士和海因茨·康拉德·C. 豪斯霍费尔，前者继承父业，曾在柏林任地理政治学教授。希特勒当上内阁总理后，即宣称豪斯霍费尔家是"雅利安人"。我相信豪斯霍费尔绝不会是一个处心积虑、为纳粹出谋划策的"谋士"——就像现在舞文弄墨的新闻记者似的。然而毋庸置疑的是，不管是否有意，他的理论把国家社会主义政策从国家范围推广到了全球，在这点上，他比希特勒的谋士们更有影响力。也许后世的人能掌握更全面的文献资料，届时给他一个公正的评价吧！

美洲旅行

那次海外旅行后没过多久，我和少数几个作家便开始了我们的美洲旅行。此次旅行的目不是为了谋取生意或贩卖美洲的新闻，而纯粹是为了证实一下自己对美洲不确定的想象。

我对那块大陆充满了浪漫主义的想法——我如今这么说，并不会觉得不好意思。美洲对我来说就是沃尔特·惠特曼。那是一片有着新韵律的土地，也是一片容纳百川的土地。在我远渡重洋以前，我再次阅读了伟大的《卡美拉多》的长篇诗句，以便让自己怀着友善、宽厚的心态，而不是欧洲人常有的傲慢心态进入曼哈顿。我今天还清楚地记得：当我在旅馆里第一次问门卫沃尔特·惠特曼的墓地在哪里时，那位意大利人显得十分窘迫，似乎没听说过这位伟大的美国诗人。

我对纽约的最初印象不错，虽然那时的纽约同今天没法相比。那时候，城市的容貌和交通也远没有如今这么现代；泰晤士广场边上还没有璀璨的灯光、水花四溅的人工瀑布；城市上空也没有被淹没在辉煌的灯火之中；街道两边的橱窗陈列和装潢并不是很考究。不过，从摇摇荡荡的布鲁克林大桥向港口瞭望和在南北方向道路的石谷处步行，也足以使人心情振奋。两天后，新鲜劲儿一过，强烈的寂寞感就充斥人心。我在纽约无所事事，而当时的纽约绝对不是休闲娱乐的好地方，那里没有可以让人消磨一小时的电影院，也没有方便快捷的自助餐厅，也没有像如今比比皆是的艺术商店、图书馆和博物馆。纽约在文化生活方面比我们欧洲要落后得多。在头两三天内欣赏完当地的名胜后，我就像一条无舵的船一样漫无目的地在街上游来荡去。百无聊赖的我最后想了个办法把这穿街过巷的溜达变得更有趣些。我身上仅有七美元，我就假设自己像无数背井离乡的人一样，出于生存所迫得在这举目无亲的异国他乡找一个谋生的行当。于是，在街上闲逛之余我开始留心贴在门上的工作招聘：有些是要找一个面包师，有些是要找一个必须会法语和意大利语的临时抄写员，有些是要找一个书店伙计。对我而言，书店伙计是最理想的工作差事。于是我开始打听这份工作的工钱，同时把工资和报上所登的布朗克斯区住房的价格做了比较。历经两天的"求职"，我找到了五份能维持生存的工作。通过这样的闲逛我了解了这个新生国家能提供给人什么样的工作机会和生存环境。在挨家挨户向用人单位做自我介绍的过程中，我亲眼看见了这个国家办事过程中的神圣自由是怎么回事：在这个过程中，没有人问我关于国籍、宗教信仰和出身之类的问题。也就是说在这儿，我不必随身携带护照——这对我们如今这个处处要盖手印、出示签证和警察局证明的旧世界来说，简直不可思议。在这个传奇的新世界的自由年代，签订一项合同是一分钟的事情，这其中不会受到来自国家、贸易联盟等烦琐手续的干扰。通过这几天找工作的经历我了解到的美国，要比我后来在美国逗留的全部时间所了解到的美国都要多——我把最后几周的时间花在了徒步漫游费城、波士顿、巴尔的摩、芝加哥等美国大城市上。

在波士顿，我在查尔斯·莱夫勒的家中参加了我这次美国之行的唯一一次社交活动——莱夫勒曾帮我的诗谱过曲。在其他地方我都是只身一人。仅有一次一件小事情打破了我隐姓埋名的日子。那是在费城，我沿着一条南北方向的街道散步；我在一家书店浏览书目，想看看有没有我认识的人写的书。突然我发现陈列在橱窗的左下方的六七本德文书中有一本就是我写的书。我顿时惊呆了，不禁万分感慨，在这异国他乡尽管没人能认识我，但居然有人对我以前写的书感兴趣。引进这些德文书的书商们一定是将我的名字同其他作家的名字一块抄录在一张纸上，然后经过十多天的远渡重洋来到德国购到书，又经历十多天的波折才返回到美国。就这样以前的我和现在的我神奇地相遇了，我的孤独感顿时烟消云散。后来再来费城，我常常情不自禁地去书店查看有没有我的书。

旧金山当时还没有好莱坞，对我没有什么吸引力，我去了一个地方满足了我期待已久的远观太平洋景色的愿望。自从我孩提时候起，我就对关于太平洋的报道很着迷。我那时观看太平洋的地方已经消失不在了，那个地方是当时正在开凿的巴拿马运河所在的最后几个山丘之一。我乘着一艘小船绕道百慕大和海地向下行驶——我们那一代的诗人们对科学技术所创造的奇迹的热情正如我们的先辈曾经对待古罗马古文化一样。在巴拿马看到的景象令人难忘，由机器挖掘出来的河床，一片赤黄，十分刺眼难看。

这里到处蚊虫成群，埋葬尸体的坟墓排满了看不到尽头的道路两旁——开凿巴拿马运河这项工程经历了三十多年的艰辛才得以完成，这个残忍的项目要了多少人的命！最后几个月是闸门的收尾工作，只要用手指轻轻一按电钮，相隔了千万年的河流便汇和在一起。我是那个时代最后一个见证两个大海存在的人。目睹了美洲这一伟大工程，我便起程离开。

第八章 欧洲繁荣背后的阴霾

曾经繁华的欧洲

20 世纪头十年里，我去过印度、美洲和非洲；现在我该把视角转入美丽迷人的家乡——欧洲了，以从没有过的愉悦心情来看待她。第一次世界大战前几年，我无比地热爱欧洲，期盼欧洲早日统一，坚信欧洲指日可待的繁荣和富强。但实际上，我们这代人是在各种灾难和危机的"陪伴"下成长起来的，爆发战争的可能性每天都存在，不容忽视。可当时的我们是一群怀着乐观主义和充分信任感的年轻人，对欧洲繁荣背后的阴霾——战争一点儿也没有察觉。

四十年的和平为欧洲各国的发展和繁荣提供了有利的环境。"科学技术是第一生产力"同样适用于欧洲。科学技术唤醒了欧洲人的蓬勃向上的精神状态，技术创新加快了人们生活的步伐，繁荣像是火般地燃烧了欧洲所有国家：城市一年比一年美丽富饶，人口迅速增长。德国柏林跻身于世界性城市行列。柏林在

1910 年的发展远远超过了其在 1905 年的发展。每次去不同国家的首都，我都会赞叹不已。在巴黎、伦敦、阿姆斯特丹等首都城市，公共基础设施科学化、人性化；文化娱乐设施雨后春笋般的兴起，剧院、图书馆和博物馆不断翻新。各行各业如日中天，财富急剧增长。家庭浴室、电话等不再是大资产阶级的专属，现在它们已经走进了小资产阶级家庭。自从社会劳动时间缩短和劳动政策改善以后，近一半的无产阶级登上了历史舞台，他们通过自己的努力发家致富，跑步踏入小康生活。在这个时代，谁有过人的胆识、才智、拼劲，谁就能掌握财富、获得成功。就拿我们这些作家来讲，书籍出版量的倍增就是最强有力的证据。整个欧洲世界繁荣富强，蒸蒸日上，有什么能打断这种兴盛景象呢？又会有什么来妨碍这种从自己的热情中不断产生新力量的干劲呢？欧洲从来没有像当时那样繁荣、稳定、富足过；欧洲从来没有像当时那样对崭新的未来满怀信心过。除了几个老态龙钟的老人会缅怀一下"美好的旧时代"，还会有谁想起过去呢！

　　周末是人们消遣娱乐的日子，除了极端贫穷的人待在家里，大家都会选择出去休闲一下。青年们漫游、爬山，从事各种体育锻炼。旅游也是很受欢迎的外出选择。以前，我父母的度假地点离家很近，现在人们外出都走得很远。以前，出国旅游是特权阶级的专属，普通人根本没有能力出国旅游，现在就连银行职员和小工商业者也都跑到意大利、法国去享受异域风情了。出国旅游诚然比以前便宜、方便了，而人们对生活观念的转变以及对生活新的勇气使得他们在生活方面不再那么吝啬，为了提高生活质量，他们开始舍得为自己花钱。

　　变得青春活力是这一代人的当前目标，每个人都努力让自己看上去显得年轻。不仅年轻人把脸上的胡子剃得精光，老年人也仿效年轻人也刮去了络腮胡。而在我父母那个年代，蓄胡是成熟稳重的表现。女性的思想观念也发生了翻天覆地的变化。她们开始打破传统，不再扭扭捏捏。为了见到阳光，呼吸到新鲜的空气，她们丢弃太阳伞和面纱；为了健康，她们不再穿束胸衣；为了更好地发挥网球技巧，她们穿上短裙。打球时，当她们露出丰胸翘臀时，她们也不会腼腆不安。年轻姑娘开始公开、自由的和男友一起外出郊游。她们知道自己想要什么、该做什么：她们开始摆脱父母的"监控"自己赚钱过日子。她们有的当了女秘书，有的当了女售货员。旧世界唯一获得许可的色情交易——卖淫已大幅度锐减。新观念的盛行，男女授受不亲的玩意已不合时宜了。游泳池不再把男女强行分开。男男女女们不用互相遮盖什么，世界变得更美丽、更自由了。青年们在这十年获得的自由，多过于他们在过去一百年里获得的自由。

因为世界上有了另一种节律。现在，科技发明一项紧跟着一项，而且，每一项发明、每一项发现，都又以飞快的速度变成普遍的财富。当人们意识到这是人类的共同财富时，各个国家第一次感觉到彼此是息息相关的。当齐柏林的飞艇首次试飞的时候，碰巧我在斯特拉斯堡稍事停留，飞艇在天空翱翔，成千上万的群众欢呼雀跃。不幸的是晚上，我在比利时维尔哈伦的家中听说飞艇已在艾希特了根坠毁。维尔哈伦眼里含着泪水，非常激动。他说他不能只把自己看成一个比利时人，他更是一个欧洲人。我们为科技日新月异、翻天覆地的变化感到自豪的同时，希望国与国之间没有什么不可逾越的国界，没有什么狭隘的海关壁垒。我们期盼着欧洲的统一、和平，欧共体的意识开始在我们心中萌芽。遗憾的是有些人并没有亲身经历过在欧洲充满信任的这几年，然而我们周围的空气是流动的，它携带着时代的气息，并把它传到我们的心灵深处。我们从那个时代的普遍繁荣中汲取了无穷的力量，以为这种繁荣局面会一直持续下去，没想到事与愿违，月有阴晴圆缺，从那以后倒退和落后的乌云开始笼罩着欧洲。

战争阴云遍布欧洲

当时的欧洲辉煌灿烂、如日中天，就像一个浑身是力量的中年男子。物质方面的发展速度很快，城市发展规模超乎人们的想象，而人们的思想素质却没有与经济发展完全同步。那种浑身都是劲儿的错觉总是引诱人和我们的国家去滥用那股力量。我们根本没有预料到，繁荣太平的背后还会隐匿着灾祸的匕首。膨胀的自豪感和自信心充斥着整个欧洲人的头脑。法国的财富已"泛滥成灾"，为了攫取更多的财富，开辟更多的殖民地，它不惜大动干戈。意大利、奥地利都虎视眈眈地盯上了一些弹丸小国。德国暂时没有什么大的动静，但也跃跃欲试、准备大干一场。为了达到利益最大化、加强内部统治，德国的侵略扩张野心急剧膨胀。经济利益不仅让欧洲各国为之疯狂，也促使个人为攫取更多的财富，不惜任何手段。囊包鼓鼓的法国工业家和德国工业家为销售更多的武器装备互相撕扯；拥有巨额股票的汉堡海运界和南安普敦海运界针锋相对；匈牙利的农场主和塞尔维亚的农场主对着干。今天我们静下心来扪心自问欧洲为什么要在 1914 年发动战争，我还真的找不到什么合理的原因。第一次世界大战的悲剧只能用"力量过剩"来解释，也就是说，战前四十年的和平时期集聚的巨大力量聚变的形式爆发出来。每个国家都渴望自己强大、繁荣，期盼获得更多的社会财富，每个国家都希望从他国攫取好处，无视其他国家的民族情感。尽管情况如此糟糕，我们依然恪守的乐观主义欺骗了我们，让我们坚信在武力威胁、政治恐吓之下，其他国家在最后一刻一定会退却让步。外交官们也开始三番五次地玩弄政治手段，不断对其他国家进行恐吓。同盟国、协约国两大军事集团内部更密切化、军事化。德国在和平时期实行战争税，法国延长了法定服役期。所有的一切军事行动表明"过剩的力量"必然要在欧洲爆发。战争疑云笼罩着欧洲大地，弥漫着每个角落。

当时，惊恐还没有成为欧洲氛围的基调，但人们已经开始惴惴不安。巴尔干半岛枪炮不断，我们感到有点儿不安：战争会在我们不知道原因和目的的情况下爆发吗？反战力量中有社会党人，他们宣传战争的后果，动员广大市民抵制战争。国内对立的阶层都有憎恶战争的人：教皇领导下的强大天主教组织，一些跨国集团，为数不多的反对秘密军事勾结的政治家，还有我们这些作家也都站在了反战行列。可惜的是，我们没有拧成一股力量进行坚决的斗争，我们只是单枪匹马地奋斗着。大多数的知识分子都秉持默不关心、"一心只读圣贤书"的消极态度。在当时的报刊上，我们也看不到一篇出自社会名流之手，专门谈论战争或是大声疾呼地告诫人们关于战争的文章。盲目的乐观主义思想使我们没有看清战争的本质，没有预料到战争可能会带来的毁灭性后果。我们天真地认为，通过摒弃语言、民族差异，加强思想团结、增进政治谅解，我们就能维护欧洲和平的局面。欧洲新一代人对这些想法最为拥戴。巴黎的年轻人反对任何狭隘的民族主义、好侵略的军国主义。他们紧密地团结在我的朋友巴扎尔热特的周围进行政治宣传。儒勒·罗曼、乔治·杜阿梅尔、夏尔·维尔德拉克等人一起创办了"修道院"文社，后来又创办了"争取自由"文社。欧洲一露出战争的苗头，这群青年就毫不动摇地站出来反对，他们不愧是欧洲的反战先驱。以前，这样勇气可嘉、思想坚定、富有才华的青年在法国可是寥若晨星。在德国，弗朗茨·韦尔弗尔和他的"世界的朋友"雷内·席克勒团结合作以促进各国、各政治结盟间的相互谅解。作为阿尔萨斯人，雷内·席克勒夹在两个国家之间，他也因此特别强调世界各族人民的互谅互解、团结共生。

一位伟大的俄罗斯作家曾写信给我说："请到我们这里来吧！让那些想煽动我们进行战争的泛斯拉夫主义者们看一看，你们奥地利的人是多么憎恶战争。"的确如此，我们都热爱那个飞速发展的时代，我们热爱和平时期的欧洲！我们相信理智在最后一刻一定会战胜一切邪念。我们本应该抱怀疑主义的态度认真分析眼前的征兆，然而我们这一代年轻人如此地相信理智的存在、相信信任的存在，最终它却背叛了我们。我们信任饶勒斯；我们相信国际社会党；我们相信铁路工人为了防止同伴被当作炮灰送到前线能把铁轨炸毁；我们相信妇女们会拒绝把自己的儿子、丈夫被国家送到前线。我们怀着乐观主义的态度坚定地相信欧洲的精神力量、道义力量终将在最后一刻显示出不可估量的正义力量。

文学巨匠罗曼·罗兰

在社会进步中产生的理想主义、乐观主义使我们忽视或低估了我们所面临的危险，所以我们需要一个高瞻远瞩的先锋和组织者。这样的领袖人物就生活在我们这个时代，而我们居然对他一无所知。算是机缘巧合吧，我幸运地在最后的关键时刻发现了他。最初我从当时巴黎各大报纸吹捧的人物当中并没有找到我想要的这三位诗人，就算报纸上提到了他们，往往也是张冠李戴地将他们的信息弄错。自 1900 年至 1914 年，我从来没有从《费加罗报》和《马丁报》上看到过诗人保尔·瓦莱里的名字；而马赛尔·普鲁斯特却被报刊刻意丑化为沙龙里的小丑；作家罗曼·罗兰被别人奉为知识渊博的音乐学者。他们在艺术之都巴黎悄悄地完成了自己的名作，而他们等到五十多岁才让世界了解到他们的成就。我是在一次很偶然的机会下才认识罗曼·罗兰的。一位在佛罗伦萨的俄罗斯女雕塑家邀请我去喝茶，让我看看她的作品并顺便给我画一张速写。我忘记了她们俄罗斯人对时间态度不严谨，我按照约定时间，四点准时来到她家。画家朋友外出还没有回来，她的保姆让我去她的工作室等她。她的工作室里乱糟糟的，里面摆着四件小雕塑品。我没花几分钟就看完了这些。为了打发时间，我随手抓起了一本书名为《半月刊》的期刊。我记得曾听说过这个期刊的名字。不过，谁会闲着无聊一直关注这种昙花一现的杂志呢？法国不乏这种小杂志——他们是短命的理想之花。无意间我翻到了罗曼·罗兰的《黎明》那一页，看了几行，我便被它吸引了。我越读越吃惊，越读越有兴趣。没想到一个法国人竟然如此了解德国！这位神秘人是什么样的人呢？我心中充满疑问。真要感谢这位"不守时"的俄罗斯女士，她的迟到让我在书中邂逅了罗曼·罗兰。当她终于回来，走进画室，我立刻拉着她问她是否认识罗曼·罗兰，可惜她对知罗曼·罗兰知之甚少。看完那本书后，我意识到现在终于有了这样的一本书，它不再局限于为某个国家服务，而是为整个欧洲服务；现在终于有了这么一个人，他的书表现出各种道义的力量，立志于促进欧洲的和睦和统一。当我们还在为小事咋咋呼呼时，他却默默无闻地、锲而不舍地描写可爱的欧洲人民。他钟爱艺术的魅力、道义的力量。对他来说艺术是生活的魅力所在，道义是制约罪恶的重要手段。罗曼·罗兰的作品可谓是第一部专门描写欧洲的小说。这部作品深入群众，有广泛的群众基础，它所发挥的作用要远远胜过维尔哈伦的赞美诗，比一切传单和抗议更有说服力和感染力。我们大家在无意识中所期盼、所渴求的，他已在默默无闻中完成了。

我到巴黎的第一件事就是打听罗曼·罗兰，这可是一直萦绕在我心头的愿望啊！我的朋友巴扎尔热特道听途说地知道一些关于罗曼·罗兰的消息，他告诉我罗曼·罗兰是一位音乐学家，写过一本关于贝多芬的书，因此建议我可以去国家图书馆找他的书看看。我在图书馆里找到了他写的关于古典音乐的著作，这些著作基本上都是由几家小出版社或者由《半月刊》出版发表的。为了和他取得联系，我寄了一本我写的书。让人高兴的是不久我就收到了他的回信邀请我做客，我们的友谊就此开始。我和弗洛伊德、维尔哈伦之间的友谊让我受益匪浅，然而和罗曼·罗兰之间的交往对我影响最大。

拜访罗曼·罗兰是我一生中少有的激动时刻，那天的场景至今仍历历在目。他的房子一点儿都不起眼，座落在蒙巴拿斯林荫大道附近。寓所门前异常静谧，我们只能听到飒飒的风声和簌簌的树叶声，几乎听不见林荫大道上的喧闹声。他给我开门，请我进去。一进屋，映入我眼帘的是推挤如山的书籍。面对面地坐下，我仔细打量罗曼·罗兰，他的眼睛像海洋一般蔚蓝，炯炯有神，略带忧伤。这是我有生以来看到的最清澈、最和善的眼睛。由于长时间的熬夜读书，他的眼睛掺杂着些血丝，眼圈也微微发红。罗曼·罗兰高而瘦，走起路来有点儿驼背。年复一年的写字台生活使他的脖子有些弯曲。他常常在那张堆满书籍的小写字台旁一坐就是几小时，躺在床上看书亦是如此。他每天的睡眠时间只有四五个小时，过度的劳累和缺乏睡眠使他变得脸色苍白，体弱多病。他说话很轻，好似他非常爱惜自己的嗓子。他很少运动，饮食简单，滴酒不沾，俨然是一个苦行僧。他平常唯一的娱乐是音乐。他钢琴弹得非常好，柔和的指法和美妙的琴声真是美的享受。我以前在音乐厅听到过马克斯·雷格尔、费鲁乔·布索尼等人的钢琴演奏，但没有哪个人的演奏能比得上同罗曼·罗兰交流所得到的情感。

　　罗曼·罗兰瘦削的躯体中蕴藏着无尽的力量，微弯的后背积蓄了无人可比的耐心！他的精神品质让我折服，他的渊博知识让我羡慕不已。他上知天文、下知地理，深谙政治、历史，通晓音乐，"阳春白雪"之类的曲子他也熟悉。他交际广，和那个时代很多名人都是好朋友。列夫·托尔斯泰十分欣赏罗曼·罗兰的文学作品，曾经给他写过一封赞美信。在他的房间里，我感受到一种人性、道义上的优势，一种不带骄傲情绪的内心自由。罗曼·罗兰代表了欧洲的良知和正义。当我们谈起他的杰作《约翰·克利斯朵夫》时，他严肃地告诉我这本书的主旨有三个：第一，向音乐表示他的谢意；第二，再次重申他渴望欧洲早日统一的强烈信念；第三，唤起各民族的思考。他一再强调，我们这个时代是一个充满危险的时代，需要时刻保持高度警惕。我们每一个人必须从实际出发，用自己国家的语言文字，捍卫国家的自由。仇恨发动者的本性很恶劣，比常人更富于侵略性和攻击性，在巨大的物质利益的引诱下，他们为了达成目的不惜任何手段。罗曼·罗兰在他的《约翰·克利斯朵夫》中赞美了艺术的高尚和不朽，但我从罗曼·罗兰的身上却感觉到他对脆弱的世界结构的悲哀。他说："艺术能使我们每一个人得到满足，但它对现实却无济于事。我们的责任不是无动于衷的、无所事事的观望第一次世界大战的爆发。"罗曼·罗兰在关键时刻能够站出来主持公道、正义，是因为他早已经磨砺了自己的情操。

作为文字工作者，我们努力做一些力所能及的事儿。为了让更多的人了解邻邦法国诗人的作品，我翻译了他们许多的作品。1912 年，我陪同维尔哈伦去德国作旅行演讲。那次旅行成了德法关系和睦的象征，最伟大的法语诗人维尔哈伦和德语诗人戴默尔在汉堡当众拥抱。我还帮赖因哈德争取到了维尔哈伦的一部新剧本。我们之间的合作从未如此诚挚过。有时候，我们飘飘然地以为我们已经给世界指明了正确的方向。可悲的是世界很少关心我们这些文人的思想，它依然在走那条岌岌可危的路。

局势不断恶化

世界局势恶化，战争一触即发。察贝恩事件、阿尔巴尼亚危机等事件激起的火花层出不穷。任何一次摩擦都有可能把堆挤如山的火药引爆。错综复杂的情况，使得我们奥地利人深感不安。1910 年，白发苍苍的老皇帝弗朗茨·约瑟夫已年过八十，这位早已成为象征的老人已时日不多。他过世后昔日辉煌的千年皇朝必将分崩离析，奥地利帝国将处于内忧外患之中。国内，各民族矛盾不断激化、升级；国外，意大利、塞尔维亚、罗马尼亚，还有德国都蓄谋已久地准备瓜分昔日的帝国。为试验自己大炮的威力，惨绝人寰的克虏伯公司和勒克勒佐的施奈德公司在巴尔干半岛用外国人做活体实验。巴尔干战争使我们惶惶不可终日，但我们还是时常安慰自己："这一次，战争没有临到我们头上，但愿战争永远不要临到我们头上！"

作为一个文人，我知道再现某个时代人的心态要比原原本本地描述一个时代困难得多。那种心态没有表现在大事件中，而是体现在一些琐碎的小事中。我在这里插叙的正是生活中的一些小故事。老实说，我做梦也不会想到战争的爆发。我遇到的两件事让我联想到了战争，当时我的心也为之一颤。第一件事是发生在奥地利的"雷德尔事件"。由于保密措施做得比较好，"雷德尔事件"至今鲜为人知。

这个事件可谓是一部情节相当扑朔迷离的间谍剧，而雷德尔上校是剧中的主人公。尽管我和他住在同一个区，隔着一条胡同，但我们只是一般的点头之交。一次我的一个检察官朋友把他介绍给了我，此后我们只是见面打个招呼，彼此并没有什么了解。知道"雷德尔事件"后，我大吃一惊，不禁感慨生活中有多少秘密包围着我们，而我们对于近在咫尺的人却了解甚少！这位上校军官和普通军官在外表上没有什么不同，不过他却是帝位继承人的亲信，担任重要职位。他是奥地利军队秘密情报局的头儿，主要负责反间谍工作。1912年巴尔干战争危机爆发，奥地利和俄国针锋相对，双方都在部署战争动员，战争一触即发。节骨眼上，奥地利最重要的军事机密——"进军计划"却事先被不知名的人出卖给了俄国。一旦开战，泄密事件必定会给奥地利军队带来毁灭性的恶果，因为俄国早就掌握了奥地利军队的每一个战术细节。得知军事泄密后，奥地利总部一片惶恐。身为情报机构最高负责人，雷德尔上校受命找出叛徒。知道高级军事机密也就那么几个人，只要在高层领导中进行调查就行了。外交部根部不相信情报机构的保密和工作能力，派警察局全权调查此事。为了方便调查，外交部还授权警察局必要时采取一切措施的权利，甚至包括拆看外国邮件的权力。没过几天，可疑邮件就出现了。

一家邮局收到了从俄国边境波特沃罗奇斯卡寄来的一封留局

待领信件，收信人地址上写的是"奥佩尔巴尔"。奥地利并没有这样的地名，这显然是一个暗号。警务人员随即将那封可疑信件拆开。让人疑惑不解的是里面除了几张崭新的奥地利克朗，再没有其他物件。警察局随即派了几名侦探在领信处的窗口蹲点，，如可疑人员来取信，立即将他逮捕。

　　紧接着发生了一件让维也纳人啼笑皆非的闹剧。中午时分，当有位男士要求取走那封写有"奥佩尔巴尔"的信时，窗口的工作人员没有含糊，立即向侦探发出秘密信号，不巧这时侦探们外出喝酒去了。等他们回来，邮局工作人员告诉他们可疑男士已雇了一辆马车不知往哪个方向去了。不过，喜剧的第二幕很快就上演了。那个时代的出租马车非常时髦、豪华，马车夫以自己的职业为骄傲，绝不会亲自打扫马车，因此，每一个停车场都有专门喂马、扫车的清洁工。打扫马车的清洁工碰巧记住了刚刚离开的出租马车的号码，他还描述了那位乘车的先生的外貌及去向。不一会儿，警务人员就找到了那辆马车，在车上发现了一把小刀。那位可疑先生就是用这把刀拆开信封的。在清洁工的指引下，警务人员飞奔到卡塞尔霍夫咖啡馆，可惜那位可疑的先生已离开了。不过，咖啡馆的服务员十分肯定地告诉警察他们要找的那位先生就是他们的老顾客雷德尔上校，上校刚刚离开去克罗姆塞尔旅馆了。

　　真相揭开，所有的警务人员惊得目瞪口呆，不知所措。雷德尔上校，奥地利军队情报部门的最高负责人竟然是被俄国总参谋部收买的间谍！他向俄国出卖奥地利的各种军事机密和进军计划。难怪去年雷德尔派往俄国的谍报人员都先后被捕、判刑。汇报情况的电话打到了奥地利军队总参谋长康拉德·冯·赫岑道尔夫那里。听到这个消息后，他不敢相信自己的耳朵。几经讨论，皇宫决定悄悄地结束这件让奥地利军队蒙羞的事情。随后警察接到命令将雷德尔上校住所团团围住，雷德尔上校是插翅难飞了。正当他收拾好行李，准备离开克罗姆塞尔旅馆时，一个密探出其不意地出现他的身边。向他出示了那把他遗忘在马车里的小刀，密探彬彬有礼地问道："上校先生，这是您遗忘在马车里的小刀吧？"听到这话，雷德尔知道自己暴露了。往外走时，雷德尔看到了一张熟悉的秘密警察的面孔。他不得不走回旅馆，两名军官紧跟其后。来到他在旅馆的房间，军官在他面前放下了一支手枪，雷德尔上校深知其中的含义。深夜两点，克罗姆塞尔旅馆传来一声短促的枪声。

第二天，各大晚报都刊登了简短的讣告，宣布这位尽职尽责深、受爱戴的军官突然离世。在追踪雷德尔的过程中，牵涉到很多人，所以这件事根本没法保密，人们慢慢地了解了这件事的细节。雷德尔上校曾是一个同性恋者，他的上司或朋友对此却是一无所知。后来，他落在敲诈者的手中，这些敲诈者逼得他走上了通敌这条不归途。奥地利军队一片唏嘘，大家都很清楚一旦战争爆发，他泄露出去的情报足以要了成千上万士兵的性命，奥匈帝国也会陷入灭亡边缘。那一刻，我们奥地利人才意识到在过去的一年里，我们已经站到战争的悬崖边上。

第三天，我偶然遇到贝尔塔·冯·苏特纳。她出身于豪门，是我们那个时代最伟大、最卓越的卡珊德拉。青年时代的贝尔塔在自己故乡波希米亚曾亲眼看见1866年战争的惨状，所以她极度憎恶战争，一生都为阻止战争而奔走努力。贝尔塔曾组织过无数次的和平集会，她的小说《放下武器》享誉世界，而她最伟大的胜利则是唤醒了炸药发明人阿尔弗雷德·诺贝尔的良心，促使他设立了诺贝尔和平奖，以此弥补炸药所造成的巨大危害。那天在街上碰到她的时候，她非常激动地向我走来、大声嚷嚷着，平时的她可是镇定自若。她义愤填膺地吼着："人们根本没有意识到现在发生的事情的严重性。现在已经进入战争状态，而他们却试图掩盖这一事实。年轻人为什么无动于衷呢？你们要团结起来反抗啊！什么都让我们老太太去做，可是谁会听老太太的话呢？"我告诉她我也许就要去巴黎，建议她可以和我们发表一项联合声明。"为什么只说也许？"她不高兴地说，"形势从来没有这样严峻过，战争的机器已经开动了。"尽管当时我心情抑郁，见她如此激动，我尽力去安慰她。

我在法国遇见的一件小事让我认识到这位老太太的远见卓识——她清楚地看到了未来的局势。而在维也纳，人们却把她的话当成耳边风，根本不理睬。1914 年春天，我和一位女友从巴黎抵达都兰，打算在那里住几天。那天风和日丽，两岸景色优美，我们沿着岸边步行。晚上我们累极了，于是打算去看电影。

那是一家郊区小电影院，其规模、设施都不能和现代的电影院相提并论。改建的大厅里挤满了形形色色的小人物，工人、士兵、集市上的女贩子等。他们一边自由自在地聊天，一边向本来已污浊不堪的空气里"喷洒"着烟味。电影屏幕上首先播放的是《世界各地新闻》，接着是法国的一次阅兵式，这期间根本没有多少人注意大屏幕。接着画面上出现威廉皇帝在维也纳拜会弗朗茨·约瑟夫皇帝的情景。画面先出现了令人厌恶的维也纳西火车站站台，年迈的弗朗茨·约瑟夫皇帝沿着仪仗队走过去迎接他的客人。年迈的老皇帝已经有点儿驼背，检阅仪仗队时步履蹒跚。看到满脸白须的老皇帝，图尔人善意地笑了。火车进站了，第一节车厢，第二节，第三节……当豪华车厢的车门打开时，威廉二世皇帝走下车厢，他穿着一身别致的奥地利将军服，翘着高高的八字胡。

就在威廉皇帝出现的那一刻，昏黑的电影厅里开始响起一阵尖利的口哨声、跺脚声和嘲笑声。威廉皇帝的出现好像侮辱了他们似的。单纯善良的图尔人关于世界政治风云的了解并不多，他们仅有的知识都从当地的报纸所得。可是这一刻，他们就像疯了似的大喊大叫。我感到不寒而栗，我体会到多年各国对自己敌对国家的仇恨宣传是多么深入人心，以至于一个小城市的小市民都对威廉皇帝和德国如此仇视。当银幕画面切换到其他内容，一切又恢复了平静。又过了一会儿，观众们开始对一部正在放映的喜剧电影哈哈大笑。就是在那一秒，那一秒观看电影的小市民的嘲笑喧哗让我意识到：尽管我一直努力促进敌对双方的相互谅解，但在关键时刻，双方人民的敌对情绪是多么容易就会被煽动起来啊！

那天晚上我辗转反侧、难以入睡。如果说这种骚动发生在巴黎还可以理解，但是这事发生在弹丸小城真让人难以接受。接下来那几天，我一直跟我的朋友"诉苦"，可是别人并没有把我的故事当回事儿，只是敷衍着说："以前，我们法国人也曾嘲笑过维多利亚女王，可是两年以后，我们照样顺利地同英国结成了同盟。你不了解法国人，法国人对政治不太了解。"不过罗曼·罗兰对这件事情的看法不一样。他说："老百姓越是老实、憨厚，越容易被煽动、怂恿。自从彭加勒当选总统以来，法国形势就一直走下坡路。他的彼得堡之行无疑是一次失败之旅。"我们还谈论了维也纳国际社会党代表大会。不过，罗曼·罗兰对这次大会持有强烈的否定、怀疑态度。他义愤填膺地说道："一旦发动动员令，究竟有多少人坚持得住呢？我们已深陷于一个歇斯底里的时代，在战争中我们绝不能忽视这种歇斯底里的力量。"

这些忧愁困惑我许久，但有时它又像蜘蛛网一样被风吹得无影无踪。闲暇之时，我们思绪纷纷，偶然回想一下战争，想一下死亡。当时的巴黎很美，年轻的我们陶醉于这种快乐幸福的氛围之中。就算是在"敌对"国家，我们也不会孤苦伶仃，依旧会有好朋友的陪伴。面对这样的良辰美景，谁愿意去胡思乱想、无事生非呢！无忧无虑的巴黎环境造就了人民淡定、低调的性格。在离开巴黎之前，我陪维尔哈伦去鲁昂做一次演讲。夜里，我们站在当地的大教堂前，在月光下的照射下，教堂的尖顶泛出迷人银辉；难道这样的良辰美景只属于一个"祖国"，它不该属于我们大家吗？几天后，我和维尔哈伦在鲁昂火车站告别。两年以后，正是在这同一个地点、同一列火车把他辗得粉碎。那天，维尔哈伦拥抱着我说："八月一日，我们在卡佑基比克再见。"我愉快地答应他了，因为我每年都到他的庄园去看望他，和他一起翻译他的新诗。我跟巴黎的告别时一点儿也不感伤，就仿佛是离开自己的家几个星期一样。我已做好了以后几个月的计划。我要立刻动身去奥地利找个安静的地方赶写关于陀思妥耶夫斯基的那篇稿子，这样我也就可以完成《三大师》这本书了，然后我再到维尔哈沦那里去。也许到了冬天，我计划已久的俄国之行就可以实现了。在那里我可以组织一个团体以便增进我们思想上的互相了解。在我看来，我三十二岁那年的一切都会十分顺利。那一年的夏天，阳光灿烂，世界像往常一样显得美丽无比。我热爱那个充满活力和美好的未来世界。

可是，1914 年 6 月 28 日的萨拉热窝事件却成为第一次世界大战的导火索。在战争面前，我们曾栖居多年并且为之骄傲的安全而理性的世界是那样不堪一击。

第九章 吹响第一次世界大战的号角

萨拉热窝事件

就算欧洲没有经历过第一次世界大战，在我们心中 1914 年的夏天也是令人难以忘怀的。那是一个典型的夏季，一连几日晴空万里，空气湿润但不郁闷，花园里万紫千红，丛林一片生机盎然。如今一提到夏天，我不由自主地想到 1914 年我在维也纳的巴登度过的那个夏天。巴登以其浪漫色彩而闻名于世，是一个不可多得的避暑胜地。我去那里避暑主要是为了全神贯注地完成陀思妥耶夫斯基的稿子，然后到朋友维尔哈伦在比利时的小别墅里度过剩余的时光。巴登的自然风光让人陶醉，那儿到处绿树成荫，花草繁茂，露天咖啡馆和小餐厅一家挨一家地遍布小城，实用的低矮房屋像宝石一样地镶嵌在小山坡上。这些小屋沿袭了贝多芬时代的风格，简朴而又优雅。人们可以随心所欲地与其他游客为伍，全身心地投入到大自然的怀抱中。

奥地利是信奉天主教的国度，6 月 29 日是"彼得和保罗"纪念日。节日前一天晚上，不计其数的游客云集到维也纳来庆祝这个节日。纪念日当天气候宜人，万里无云，是个过节的好日子。人们聚集在公园、广场欣赏古典音乐。放眼望去，万紫千红、生机盎然的光景中人们开怀大笑，仿佛忘却了生活中所有的烦恼和忧伤。我远离人群，静静地、专心致志地读着梅列日科夫斯基的《托尔斯泰和陀思妥耶夫斯基》，耳边不时传来树叶的飒飒声、小鸟的啁啾声、流水的咕咕声以及公园里热闹的音乐声。不一会儿我就习惯了这些声音的陪伴，反倒是这其中任何声音的突然停顿会引起我的注意。

当公园里的音乐声突然停止，我放下手中的书本，朝树林和公园的方向望去，树林中间散步的那群穿浅色衣服的人也停下了脚步。一定是发生什么事情了。我立刻起身，诧异地看到乐师们正准备离开月池。平时这些演奏至少要持续一个小时呢，此刻却草草收场了。公园里人们很快攒聚在一起，议论纷纷。一打听才知道，收到急电说弗朗茨·费迪南皇储陛下和夫人在前往波斯尼亚检阅演习时被暗杀了。这条政治急电让所有人瞠目结舌。

刺杀消息一传十、十传百，很快全城沸腾起来，这不由地让我想起了当年皇太子鲁道尔夫被枪杀后的情形。奥地利人视皇太子鲁道尔夫为哈布斯堡皇朝中进步、开明且极富同情心的皇位继承人，对他寄予了极大的期望，因此他们对皇太子的英年早逝悲痛万分，对枪杀暴行无比愤慨，当时维也纳的广大市民群众自行组织上街游行，抗议暴行，缅怀皇太子。但是今天弗朗茨·费迪南皇储夫妇被暗杀的消息除了让普通市民震惊外，我丝毫看不出他们有任何惋惜与悲痛的情绪，因为他们并不爱戴皇储夫妇。一定程度上说，弗朗茨·费迪南被暗杀是他自己咎由自取，他的秉性和品质导致了这样的结局。他不能融入民众中，更谈不上跟普通百姓打成一片。我曾经在剧院里看到过他，他威风凛凛地坐在上等包厢里，一双黯然无神、冷冰冰的眼睛望着前方的演出，压根不理会平民百姓或者真心真意地为艺术家们鼓掌。没有人见他笑过，照片上的他通常都故作高雅。他不懂音乐，也缺乏应有的幽默感。弗朗茨·费迪南关心的只是王位，丝毫不考虑别人的感受，连老皇帝也不喜欢他。他的妻子跟他一样不讨人喜欢，因此这对夫妇没有什么知心朋友，他们周围的氛围总是冷清而低沉。我一直有一种神秘的预感这位故作高雅、冷漠无情、两眼发呆的皇太子总有一天会遭遇不幸。这不仅仅是我个人的预感，这也是全国流传的预感。两小时后，广场、公园又恢复了之前的欢声笑语，皇储的死没有引起人们的重视和同情，许多人甚至感叹弗朗茨·费迪南的死对年轻可爱的卡尔皇子是件有利的事。

第二天各大报纸都刊登了详细的讣告，对刺杀事件也义正词严地表示了愤慨，但也暗示奥地利没有必要因刺杀事件而对塞尔维亚大动干戈。对皇室来说，费迪南的死带来了诸多麻烦，首当其冲的就是葬礼问题。弗朗茨·费迪南是因公殉职的，按说他是可以被安葬在哈布斯堡家族的皇室陵园，可他出身伯爵门第的妻子肖台克没有资格被安葬在哈布斯堡皇族的陵园，要不其他皇室女成员定会闹翻天！他的妻子虽然出身大贵族，但是根据皇室家法，他们还是不应该在一起，他们的儿女也因此没有继承权；在隆重的礼遇方面，其他皇子夫人也比肖台克优先。皇子夫人们纷纷地跑到老皇帝那里献谗言；严格的宫廷礼仪也不会对一个死去的女人让步。死人总是无辜的，无奈至极典礼官们只好臆造一个谎言：死者生前希望死后被埋葬在奥地利外省的一个名为阿尔茨台腾的小地方。如此一来，他们夫妇的遗体便被悄无声息地送到了阿尔茨台腾，葬礼仪式极其简朴。伊丽莎白皇后和鲁道尔夫皇太子惨遭暗杀及皇室成员不体面的出逃事件已经使奥地利人习惯地认为：老皇帝在饱尝家族的深重灾难后仍将寂寞而又坚强地活下去。再过一段时日，费朗茨·费迪南的名字将永远地从历史的记忆中消失。

第一次世界大战一触即发

事实并非如此，奥地利各大报纸都以刺杀事件开始炒作，议论如火如荼地进行。各大报刊的评论暗示着奥地利政府不会对皇储夫妇的死善罢甘休；而普通民众却认为奥地利将诉诸国际法律来解决问题，他们压根儿没有想到过战争。政府和塞尔维亚的争端跟我们有什么关系呢？躺在棺材里的皇太子跟我们的生活又有什么关系呢？塞尔维亚不过是一个跟奥地利的生猪出口国而已。

我的稿件很顺手地完成了，打包好行李，我准备前往比利时看望维尔哈伦。每年去维尔哈伦的乡间小别墅做客前，我都会先到奥斯坦德附近的海滨小浴场勒科住两周。当时的勒科自由闲适：度假的人有的躺在沙滩上的帐篷里；有的在海水里无忧无虑地遨游；年轻人在咖啡馆前的堤坝上跳着热舞；孩子们奔跑嬉戏。来自不同国度的人们打成一片，在这里尽享夏日的悠闲。唯一的打扰是报童们的吆喝声。为了兜售报纸，他们嚷嚷着骇人听闻的标题："奥地利向俄国挑衅"、"德国准备战争总动员"如此等。那些买报纸人神色严肃冷峻，没有一丝笑意，不过那只是几分钟的事儿。再说，我们早已了解那些外交冲突总是在千钧一发之际被解决掉，不会有什么战争之类的事儿发生。这一次也一定会是这样的。不一会儿一切恢复正常，人们又开始欢声笑语，追风逐浪；天空中风筝飘摇，海鸥自由翱翔。

　　为了了解最新的消息，我每天都会乘电车去奥斯坦德。然而，危险的坏消息越来越多。奥地利向塞尔维亚发出最后通牒，要求彻查刺杀事件，给奥地利政府一个全面的交代。塞尔维亚政府支吾搪塞，不作为的态度使两国矛盾不断升级，奥塞政府均公开进行战争动员。普通人的生活似乎并没有被打扰。海滨仍有人嬉戏玩耍，旅馆依然宾客满员，堤坝依然有人漫步闲聊。唯一异样的是比利时的士兵开始出现在这个海滩上，他们把机枪放在由狗拉着的小车上。

　　那天下午，我和比利时朋友詹姆斯·恩索尔一起在咖啡馆聊天。詹姆斯·恩索尔才华横溢，同时他又是一个性格古怪、离群索居的怪胎。他曾为军队做过一些很一般的波尔卡舞曲和华尔兹舞曲，但真正让他自豪的是他的油画作品。他的油画作品富有浪漫主义气息，色彩绚丽斑斓。他一向不愿意把自己的作品给外人看，那天我们有幸目睹了他的大作。詹姆斯很矛盾，他既想高价出售自己的画作，又想把他们留在身边。可是"鱼与熊掌不可兼得"啊！每当他卖出一幅画，刚开始还有点儿高兴，接下来几天他变得精神恍惚、若有所失。但跟这位有各种稀奇古怪想法的画家聊天还是比较惬意的。

　　当一队士兵带着狗从我们面前经过时，我的一个朋友情不自禁地起身去抚摸那条狗。那队的军官很不高兴，他认为这种抚摸有损他们的军威。我的另一个朋友小声嘀咕："部队为什么要进行这样频繁的调动呢？"另一个朋友激动地回答："必须采取防护措施，一旦发生战争，德国人要先从比利时进行突破。"我却不以为然地说："不可能发生这样的事儿！就算战争爆发，作为中立国的比利时也一定会安然无恙！"我之所以这样想是因为那时的世界还相信中立国不受侵犯这样的神圣条约。那位悲观的朋友却不退让，他继续争辩，比利时采取这些措施是有道理的。几年前我们听到风声，德国参谋总部密谋尽管德国跟比利时已经签订了不少条约，他们还是要先取比利时后取法国，因为比利时是法国的咽喉。我仍然不肯不放弃我的观点。我不相信会有这样的荒唐事情发生：一方面，一到夏天成千上万的德国人就来比利时避暑、休闲，享受中立国给予的恩惠，另一方面，他们的军队又会对中立国发动战争。于是，我信誓旦旦地向朋友们保证如果德国人把坦克开进比利时，我就吊死在一旁的灯杆上。感谢朋友们并没有把我的话当真，否则我还真的吊死到灯杆上。

不出朋友所料，7月末比利时就开始出现危机情况。相互矛盾的坏消息接连不断，威廉皇帝给沙皇的电报，沙皇给威廉的电报，奥地利向塞尔维亚宣战，饶勒斯被暗杀等。大家感到形势的严峻，闲情逸致一下子全无。海滩上乘凉避暑的人没了踪影，旅馆也都人去楼空，火车站挤满了打算离开比利时的人们。听到奥地利向塞尔维亚宣战的消息后，我立刻订了一张回德国的车票。我很幸运，碰巧赶上了从比利时开往德国的最后一趟列车——奥斯坦德快车。

车厢里尽是吵闹的议论声，人们都像是热锅上的蚂蚁焦躁不安。每到一站，就有人跳下车去询问最新局势，他们内心依然坚信战争不会爆发，战争只是疯子们开的玩笑，战争不会在比利时这样的中立国发生。列车逼近德国国境线，我们通过了比利时的边境站韦尔维耶。德国的列车员登上火车，十分钟以后，我们就到德国境内了。

然而，列车在驶向德国第一个边境站赫尔倍施塔尔的途中，突然戛然而止地停在野外。出于好奇心，我们向窗外望去，猜测着发生什么事了。黑暗中我所能看见的只是一列朝我们疾驰而来的蒙布货车。尽管里面的东西被黑布严实地包裹着，我们还是能隐隐约约地看出那是大炮的形状。我的心开始惴惴不安，德国要向比利时进军了？这是德国用来吓唬比利时的一种手段，不会有真正的战争吧？应该不会有战争，我这样安慰自己。人在危机时刻的意志力是强大的，我终不愿意相信眼前的事实！列车终于可以通行了，当列车驶在赫尔倍施塔尔车站停车时，我一个箭步跳下火车，想要去买一份报纸。当我就要踏进候车室门槛时，一个神情严厉的白胡子车站工作人紧守着已关闭的大门，大声呵斥制止想要到车站大厅去的人。不过，我已经听到军刀的撞击声和枪托放到地上的触碰声，门上的玻璃被布严实地遮挡起来，一切再明白不过了：德国践踏国际法的原则，开始了进攻比利时的军事行动。战争已经不可避免，我对此不再怀疑。回到车厢，列车载着我们继续驶向奥地利。

第二天清晨抵达奥地利，车站里已经铺天盖地地贴满了战争总动员的告示。列车上挤满了刚入伍的新兵，他们兴高采烈地攀谈着。在日常生活中，这些人只是一些不起眼的、微不足道的小人物，而现在他们每一个人都受到妇女的尊敬和庆贺，并被形象地称呼为"英雄"。维也纳市民似乎都疯了，他们对战争的态度由曾经的恐惧变为满腔热情。大街上人潮汹涌，旗帜飘扬，乐声震耳。其实，各国政府都厌恶战争；这次战争原本是外交家虚张声势、吓唬对方的手段，没想到最后弄巧成拙、弄假成真了。

战争初期，群众那高昂的热情和斗志的确很有感染力，有时候真的很难摆脱这样的影响。我虽然痛恨战争，但就算如此，我也不愿意抹掉我对战争最初几天的记忆。第一次世界大战空前地把所有不同种族、不同肤色的人们凝聚起来、团结起来。每个人都好像得到了神秘的召唤，每个人都感到历史的使命，他们想抓住第一次世界大战这个平台来展示自我，把微不足道的"自己"融化到澎湃的群众热情中去。此时此刻，语言、阶级、宗教信仰的一切旧有的差别都不重要了。认识的、不认识的人们都在大街上互相攀谈；多年来由于信仰不同而仇视的各个宗教派别也开始不计前嫌地站在一起。人们都经历了精神上的"升华"，"我"不再是孤独的个人，"我"是社会大家庭中的一员，"我"也完全可以得到其他人的尊重和爱戴。面对即将登上火车的新兵们，母亲们、妻子们极力掩盖她们的不安和对亲人的担忧。各种东西的混杂：牺牲精神和酒精；冒险的乐趣和纯粹的信仰，弃笔从戎和爱国主义的言辞，让千百万的人激动疯狂，为第一次世界大战的进行推波助澜、火上浇油。

第一次世界大战与第二次世界大战之比较

那些经历过第二次世界大战的人会问我为什么没有第一次世界大战时期人们的激情？为什么第二次世界大战时期的广大群众不再像第一次世界大战期间的人们那样热情奔放？面对第二次世界大战，1939年的群众无法抗拒，他们只能听天由命。第二次世界大战不仅是为了边界和殖民地而战，更重要的是为了思想意识而战。难道第二次世界大战不比第一次世界大战更高尚，更神圣？1939年的世界缺乏那么多天真、单纯的市民。1939年的市民更成熟，他们了解战争的本质。第一次世界大战时期的老百姓却完全信任权威人物，从不质疑国家领导人做出的判断。奥地利人相信深受他们尊敬和爱戴的八十四岁高龄的弗朗茨·约瑟夫皇帝号召他们起来斗争是因为奥地利受到了凶残、恶毒的敌人的威胁；他们愿意为保家卫国抛头颅洒热血。另一方面，德国人也在报纸上看到过德国皇帝致沙皇的电报，在那些电报中，德国皇帝也一再声称要为和平而战。第一次世界大战期间，每一个普通市民都非常尊重那些国家元首、大臣、外交家，相信他们的判断力、领导能力，他们相信战争的爆发是违背政治家意愿的事情，责任不在于他们。因此，一旦战争爆发，拿起武器反击是针对卑鄙阴险的敌人的一种自卫，国家没有过错，他们没有过错，所有的责任都在敌对国家。1939年的情况截然相反：广大群众亲眼见证了《凡尔赛和约》的失败，对政府已经失去了信任。人们领教了外交家们许诺裁军、不搞秘密外交的谎言后，对外交家也彻底丧失了信心。因此，没人会天真地把命运托付给政治家，连一个最普通不过的法国筑路工人照样可以讥讽达拉第。在英国，当得知《慕尼黑协定》变成一纸空文后，没有一个英国人再相信张伯伦的远见卓识了。为了保卫祖国的领土，士兵们照样会服从命令拿起枪杆子冲到前线，但他们不会再梦想做什么英雄和名人；妇女们还是会眼含热泪地送走亲人们，但她们不会再欢呼；人民还是会服从国家的命令，响应国家的号召，但他们明白自己不过是愚蠢政治或命运的牺牲品。

第一次世界大战之前，广大群众享受了近五十年的和平和繁荣，对于战争他们知之甚少。他们对战争所有的印象都带有浪漫的英雄主义色彩，因为他们所有关于战争的知识都来自于书本和绘画。当时整个奥地利，第一次世界大战前，参加过1866年反普鲁士战争还健在的就那么几个白发苍苍的老人。而普鲁士战争时间短、时日间隔远，人们对那次战争只剩下一些模糊不清的记忆了。在普通人眼中，第一次世界大战只是一次充满浪漫色彩的短途旅行，一场神秘色彩十足的大冒险。1914年8月，奔赴战场的新兵们笑着向他们的母亲高喊道："妈妈，圣诞节我们就回来了！"在开往葬身之地的火车上，这些年轻人欢呼雀跃地唱着歌，内心激动不已。帝国的血液沸腾着，人们头脑发热、失去理智，殷切地希望加入战争的行列。

第二次世界大战时期的人们深知战争的残酷，他们不会自欺欺人。向敌人冲锋的时候，你荷枪实弹，根本不会带着什么花环和彩绸；前线的生活苦不堪言，你得在战壕和营地待上好几个星期，不能洗澡，缺衣少食。第二次世界大战前经济高速发展，军事力量空前增强，新的杀人技术和手段出现，机械化杀人时代来临。报纸和电视等媒体已经曝光了一些杀人的新技术和新手段。如，坦克疯狂地追逐碾压伤员，炮弹将熟睡的妇女、儿童炸得血肉模糊，导弹瞬间将一座城市夷为平地……第二次世界大战时期的人们明白战争绝对不可能带来和平及繁荣，战争只能带来贫苦、仇恨与饥荒。战争让人失去安全感，它离间了人与人之间宝贵的信任，百害而无一利！

第二次世界大战是为了民族独立和思想自由的战争，第二次世界大战的明确目标让人们矢志不移；而第一次世界大战却是盲目的，第一次世界大战给人一种建立一个更美好、正义、繁荣的世界的幻想，这种幻想使很多人为之疯狂，觉得参军就是一种荣耀。第一次世界大战时期，人们像过节一样齐聚街头，士兵们头戴着花环和橡树叶，为奔向"葬身之地"而欢呼呐喊！我当时比较理智并没有陷入这种狂热中，由于那段时间我还待在所谓的"敌对国家"——比利时。看到比利时的群众过着平静祥和的生活，我深信我的同胞们跟他们一样生活在和平的环境中。此外，我一直以世界公民自居，这么多年来，我从不信任什么政治、外交，而是经常和来自各个国家的朋友讨论实事局势。对我来说憎恨任何一个国家都不理智，对于战争的可能性及其后果，我也深思熟虑过，因此我不会轻易地陷入那种狂热的爱国主义激情中。我坚信战争是由愚笨的外交家们发动的，恶毒的军火工业家定会从战争中大发横财，战争过后必定是欧洲的统一。

从第一次世界大战爆发那一刻起，我就把自己定义为一个世界公民，这样有助于我保持正确的立场，虽然保持正确的立场绝非易事。那时候我 32 岁，因为服役检查都不合格，所以我暂时还不用服任何兵役。我欣喜若狂，对我来说体检不合格是双重好事：首先，不用当兵给我节省了一年的时间去做些其他有意义的事情。其次，我不用因此去练习掌握杀人的武器。在奥地利拒绝任何兵役是行不通的，你会受到严厉的处罚。而我本性怯弱，对任何危险的事情都本能地逃避。今天我愿意坦露我的这一缺点，也乐于接受大家的批评和教育。我知道一定有人会骂我不坚定，也许这种批评有道理吧。另外，对于一个年轻人说，在战争年代等着被找出来送到战场也不是件光彩的事情。战争如火如荼地进行着，我不想无所事事，我准备找些不具煽动性又是我力所能及的工作。我一个在管理军事档案馆工作的军官朋友帮我在他那儿谋了个职位。我语言功底好，可以做一些文字工作。这份工作尽管不是很体面，但总比在战场上拿着刺刀刺穿"敌人"的胸膛好百倍，最重要的是档案管理工作清闲，闲暇时间多，我可以得空去做一些增进相互理解的工作。

维也纳的大多数作家对欧洲了解甚少，他们的视野只局限于德意志，这使得我在朋友中的处境困难。这些人错误地认为他们所能做的最大贡献莫过于用语言文字来美化战争。几乎所有的德语作家，包括像霍普特曼和戴默尔这些最有名望的大作家，都像古老日耳曼时代的作家那样认为他们的职责就是用诗歌去激励前线士兵，歌颂他们不怕牺牲的大无畏精神。他们把牺牲和胜利谱写成一曲曲慷慨激昂的诗歌；他们郑重其事的宣誓要割裂与任何英国人、法国人的文化合作；他们自视甚高，贬低英法民族的文化不值一提，或是干脆不承认英法文化的存在。哲学家们的言行更为恶劣，他们高谈阔论，把战争阐述为各国人民的"洗礼"，声称这种"洗礼"沁人心脾、振奋精神。医生们狼狈为奸，过分夸大补形术的先进。难道人造的假肢能胜过天生的肢体？各教派教士也不甘落后，盲目地加入地涌入这个大合唱中来。一个月前我还十分欣赏他们的善良，理智和创新能力，此时，他们对战争的盲目和狂热让我震惊。这些教士原本是诚实正直的人，他们年事太高，不能参军。但他们没有就此罢休，而热诚地做着辅助性的宣传鼓动战争的"工作"。奥地利的作家们认为自己以前的创作对不起文学界，对不起善良可爱的人民。现在他们想通过语言来弥补自己的错误，让人民听到他们想要听到的声音：在第一次世界大战中，我们是完全正义的一方，敌国是非正义的一方。最后的胜利一定属于我们德国，敌人必败。他们万万没有想到自己的言行已经背离了一个作家捍卫一切人性的职责。当最初的狂热冷却过后，他们其中的一些人很快意识到自己犯下的错误，开始恶心曾经说过的话、喊过的口号。

恩斯特·利骚的陨落

我认为，在这种狂热的爱国主义氛围中，口号喊得最真诚、最嘹亮、最具代表性作家的莫过于恩斯特·利骚。后来，他的结局很惨。恩斯特和我关系比较好，他出生于一个富裕的德国犹太家庭，在柏林接受了中学教育，他的家庭后来融入了德国的文化界。恩斯特·利骚是我能想到的最善良的德国人，也是我认识的最普鲁士化的犹太人。他的生活局限于德国，对他来说德国就是整个世界。他热爱德国国粹，约克、马丁·路德、施泰因是他心中的英雄。他只讲地道的德语，从不讲其他语言。没有人比他更了解德国抒情诗，他擅长写短小精湛的诗，赞美德国自由战争是他最钟爱的写作主题。他喜爱音乐，对巴赫的音乐有一定研究。尽管他的手指又短又胖，却能出色地弹奏弹巴赫的名曲。没见过他之前，我想像他是一个清瘦健壮的人，就像他写的诗歌一样刚劲有力。可是我错了，他不仅矮，还很胖。他的下巴有四五层，腰就像是一个硕大的水桶，走起路来步履蹒跚。他口吃严重，但是精力充沛。正是他的这些体态特征、口吃再加上他着魔似的献身精神使他在第一次世界大战期间很受欢迎。第一次看到他，我屏住呼吸、咬紧嘴唇，生怕自己笑出来！

战争爆发以后，出于自身的使命感和责任感，他跑到军营报名参军。我今天仍能想象他气喘吁吁地爬上楼梯，士兵们当时怎样嘲笑、愚弄他，最后把他打发走的情形。利骚当时非常沮丧，不过像他这样富有激情、热爱祖国的诗人是不会放弃任何表现的机会的，就这样他把创作诗歌作为报答祖国、表现自己的最佳方式。对他来说，德国报纸所做的任何报道都是真实的。德国当局把所有的战争责任都推到英国身上，英国是一切罪恶的根源。为了表达自己的愤怒之情，为了鼓励前线士兵，他创作了名诗《憎恨英国》。这首诗以"星星之火可以燎原"的能量煽起了德国人对英国人的仇恨。在德国，利骚的《憎恨英国》一夜之间家喻户晓。各大报纸争相刊登这首诗歌，学校里学生们传颂它，军队的军官们读它给士兵们听以鼓舞士气。后来，那首小诗甚至被配上乐曲、改编成大合唱，在剧场三番五次演出。几乎每个德国人都会朗诵《憎恨英国》。德国皇帝被这首小诗所带来的广泛影响所震撼，当即授予利骚一枚红色的雄鹰勋章。

　　恩斯特·利骚在战争中享受了最高荣誉，登上了人生的辉煌殿堂。俗话说"爬得越高，摔得越狠"。这首诗既成就了他，也把他推向了悲惨的深渊。战争结束后，各国之间、各民族之间都想尽办法增进友谊、获取谅解。德国人也想和英国重建友好关系，于是德国人毫不犹豫地抛弃了恩斯特·利骚的《憎恨英国》。为了推卸战争责任，人们把利骚视为鼓吹仇恨的罪人。从此，再没有报社、出版社愿意刊登或出版他的作品。当他出现在公众场合时，人们指责他，让他难堪。

　　我必须承认这样一个事实，当时的人们都像利骚一样满怀真挚的感情，处于亢奋状态；但是他们从不矫揉造作，他们真的是想为祖国、为人民做贡献。但是过了一段时间，他们意识到自己的所作所为酿成了何等的悲剧！最恶毒的谣言就会变成现实，最荒诞的诽谤就会有人相信。战争伊始，肆意编造的德国军人被敌方挖眼睛、斩手脚的血腥故事充斥着各种报纸。事实上，那些传播谎言的人不知道谎言本身就是一种战争手段，这种伎俩的危害有时候要超过炮弹所带来的伤害。战争和理性本来也是不相容的，战争需要感情的冲动，要启动战争就得需要热情和仇恨。

丧失理智的大众

　　强烈的感情不会持续太久，这是人性的一个弱点。一个人如此，一个国家亦是如此。对于这一点德国当局心知肚明。为了维持强烈的激情，他们不断地给人们服用"兴奋剂"。知识分子很不幸被利用，成为"兴奋剂"的制作者。不同的人在做这类事情时心态不同。有些人心安理得；有些人心如刀割、难以忍受。既然已经敲起了仇恨的战鼓，那么就得拼命地敲打，直至每个人的耳朵震颤。无论是在德国、法国还是意大利，知识分子都成了"战争宣传"的牺牲品。"兴奋剂"所带来的刺激后果不堪设想，慢慢的战争最初的牺牲和奋斗热情逐渐蜕变为一种恶劣、愚蠢的感情放纵。各交战国内的人民都陷入一种文化攻击的歇斯底里之中而不可自拔：在维也纳，商店招牌上的英语、法语被撤掉，老实巴交的生意人在信封上盖上"上帝惩罚英国"六个大字，社交界的妇女们写信给报社发誓她们不会再说一句法语；在德国，莎士比亚被赶下舞台；在英国和法国，莫扎特和瓦格纳被赶出音乐厅；各国的演员们在后方辱骂、中伤敌国已经死去的伟人。

奥地利人似乎都丧失了理智，无知和愚昧统治着他们的大脑。一位一辈子都没有走出过自己出生的小镇，离开学校再也没有看过地图册的厨师竟然会信心十足说如果没有波斯尼亚边境的弹丸之地"桑夏克"，奥地利就无法生存；大街上的马车夫们讨论着法国的赔款的数额，而对于那些数字他们本人一丁点儿概念都没有；一个月前还在祭坛上严厉呵斥军国主义的教士们鼓动战争比谁都起劲，他们害怕如果不这样做，会被视为"卖国贼"。正是那一代人的盲目轻信和偏执狂躁使他们成为战争的最大危险处。

战争刚开始那会儿，你不可能期望周围的人能和你理智地谈论战争。即便是平日里温和、善良的人也似乎暗藏杀机。一夜之间，坚定的个人主义者、无政府主义者变成了狂热的爱国者、兼并主义者，最后走向极端主义的深渊。他们的谈话生硬无趣，他们的话题只局限于一些愚蠢的陈词滥调。多年来，我一直跟他们保持相对友好的关系，而现在他们批评我不配做奥地利人，认为我应该到比利时或法国去；同时他们也暗示我，由于我把战争视为一种罪行，他们本该检举我，给我定罪。

在维也纳，老朋友们已经开始疏远我，不再欢迎我。除了在别人乱发诳语的时候保持镇定，我别无出路。当然，要做到这一点也是很困难的。在我看来，就算是流亡国外也比待在奥地利好。在奥地利，我只能偶尔和莱纳·马利亚·里尔克交流一下。我们都在统一军事档案馆工作，这为我们交谈提供了便利。里尔克有洁癖，他讨厌肮脏的气味、嘈杂的声音。战场卫生条件很差，所以他不想当兵。今天想起他穿军装的样子时，我总会忍不住笑出声来。那天，他穿着军装畏畏缩缩站在我的门口，他的脖子被衣领束得很紧，这让他看上去非常笨拙。他向来兢兢业业，就算是士兵礼仪上的陈规陋习他也会无条件遵守，他会随时准备把靴子猛地并拢向任何一个军官致敬。那天，他轻声细语地告诉我，军校毕业以后他以为这辈子都不用穿军装了，可是到了快四十岁的时候，他又不得不重新穿上它。

幸亏有人帮忙，一次体检后他便被免去了服兵役的义务。后来他来探望我，没想到那次竟然是离别。他像一阵风一样无声无息地飘进我的房间，郑重其事地感谢我曾通过罗曼·罗兰设法把他在巴黎被没收的图书拿了回来。由于长期担惊受怕，他的精神状态很差，他决定到国外去，对他来说战争始终是监狱。不久，他就离开了奥地利，留下我孤身一人。几个星期以后，为了躲避发狂变态的群众，我也搬到安静的维也纳郊区，在那里同利用群众热情发动战争的行为做斗争。

第十章　为和平所做的艰难探索

对文人墨客来说，昔日郊区的隐居生活悠闲自得，而现在连郊区的氛围也变得压抑难忍。作为一个作家，在被人粗鲁辱骂的时候，只要我的言论符合审查制度的要求，我是可以抒发自己的意见，表明自己的观点的。后来我写了一篇《致外国的朋友们》的文章。与反动分子的仇恨宣传大相径庭，在这篇文章里我公开表示就算我现在不能跟欧洲其他国家的朋友直接联系，但我愿意与他们同舟共济，为重建欧洲的灿烂文化而努力。为了发挥舆论宣传的作用，我把报纸寄给了最流行的德国报纸《柏林日报》。让我诧异的是，除了那句带有一点政治意味的"不管胜利属于谁"被删掉外，其他内容全部原原本本地被刊登出来，因为德国人相信胜利"永远"属于德国，这条"真理"不容置疑。文章的刊登却给我招来了"祸患"：许多爱国志士写信抨击我、批评我，说我在关键时刻竟然与敌人狼狈为奸。受到这样的攻击，我并没有多么伤心，我一生从未渴求其他人皈依我的信仰，对于我来说，只要我能表达我自己的思想，这就足够了！

半个月过去了，就在我快忘了那篇文章的时候，突然收到一封贴着瑞士邮票的信。熟悉的笔迹让我想起了罗曼·罗兰。他读过我写的那篇文章，信中他真诚地说："不，我永远不离开我的朋友们。"寥寥几行字向我传达了一个信息：罗曼·罗兰想和我在第一次世界大战期间保持通信联系。我没有辜负他的期望，立即给他回信。在此之后，我们经常写信联系，时间持续了有二十五年左右。后来第二次世界大战切断了所有国家之间的联系，我们的通讯也因此暂时停止。

对我来说，罗曼·罗兰的那些信是我的精神支柱，我知道有志同道合的文人墨客一起同舟共济，我不再感到孤单。罗曼·罗兰在另一个国家为保持人性努力挣扎，走一个诗人在战争期间应该走的路。他不参与任何蹂躏、破坏活动，不残杀百姓；他以在美国内战期间做过男护士的诗人沃尔特·惠特曼为榜样，紧随惠特曼的步伐。身在瑞士的罗曼·罗兰身体状况一直不稳定，不能参加任何战地工作。第一次世界大战爆发后，他自愿参加了日内瓦红十字会。后来，我在文章《欧洲的心脏》里高度赞扬他的无私奉献精神。在第一次世界大战期间，红十字会发挥了不可磨灭的作用。第一次世界大战打响几个星期后，所有的联系都中断了，各参战国的家属们急切地想知道前线亲属的情况。在恐怖和血腥的环境下，红十字会除了担负救死扶伤的任务外，还要承担起前方战士及其家人的"通信员"的工作。成立了数十年的红十字会第一次遇到如此艰巨的任务，它每天都要面对大批伤员和堆积如山的信件。沉重的压力下，工作人员并没有退却，他们深知士兵家属等待信件时的望穿秋水和度日如年，他们想尽一切办法帮战士把信件带回家乡。医护人员每天都要挤在狭小的空间里处理好几万件邮件。这其中忙碌的身影里就有无私奉献的作家罗曼·罗兰。除了为红十字会效力，罗曼·罗兰也没有忘记艺术家的职责。1914 年秋天，风声飒飒、乌云密布，很多作家都疯狂地撕咬、宣泄仇恨，罗曼·罗兰却出乎意料的写了那篇名垂千古的自白文章《超脱于混战之上》。这篇文章抨击了各国之间的精神仇恨，要求艺术家在战争中保持公平、正义。文章一发表就在社会上引起了巨大反响，有人赞同他致力于构建和平欧洲的看法，有人却批评他异想天开。作家在第一次世界大战和第二次世界大战中的地位和作用不同。第一次世界大战时期，人们期待文人墨客写真实的东西，相信作家的言论，作家因此可以影响舆论。1939 年第二次世界大战爆发时，没有人愿意洗耳恭听作家的话，作家也随即失去了舆论喉舌的地位。时至今日，没有一本纸质材料能直接打动群众的心灵或思想，但在 1914 年，利骚的十四行诗《憎恨英国》，罗曼·罗兰的文章《超脱于混战之上》，长篇小说《火线》都是当时炙手可热的宣传工具。

以前道德良知会以几百年来积蓄的传统力量对抗一切谎言、谴责一切践踏国际法的行为及破坏人道主义的行为，自从恶魔希特勒把谎言变成真理、把非人道变为法律以来，道德良知就退化到空前的境地。人们不再谴责什么、反对什么。可是在第一次世界大战时期例如，枪杀卡维尔护士，用鱼雷炸沉"卢西塔尼亚号"等惨绝人寰的行为都引起了人们道义上的义愤填膺。那个时候，人们的听觉和心灵并没有沉浸在收音机的播报中，文人墨客的话绝不是浮云流水。与第二次世界大战截然不同的是一个作家的评论所起的作用要远远胜过政治家们的虚假演讲。政治家的演讲服务于时局和切身利益，很少有什么真实性可言。因此，那一代人坚信文人墨客是纯粹思想的杰出代表，对他们寄予厚望和信任。为达成自己的政治目的和私人利益，军政机关也竭力引诱有威望、有道德的文人墨客做他们的宣传工具。军政机关也要求文人墨客发表声明一切坏事均为敌方所为，一切正义、真理和胜利都属于自己的祖国。对战争的态度成了每个知识分子不可回避的政治问题。罗曼·罗兰不让他们的诡计得逞。在他看来，他的任务不是进一步毒化煽动仇恨气氛，而是针砭时弊、净化社会风气。

如果我们今天再去读那篇长达八页的著名文章《超脱于混战之上》，我们很难理解它当时在法国社会引起的轰动效应。但是如果你换一种思路，想象一下当时疯狂的时代背景，你会理解其中的缘由。文章刚发表时，法国的爱国者们立即叫嚣起来，他们批评、侮辱罗曼·罗兰为人处事的态度。一夜之间，罗曼·罗兰的好朋友们背离他；书商们把《约翰·克利斯朵夫》列为禁书；军事当局苦思冥想如何对付罗曼·罗兰。这一切足以证明那本书不同凡响的社会影响。

很遗憾后来我遗失了我和罗曼·罗兰之间所有的通信，这些信件很可能在战争中已被焚毁。如果这些书信还保留着，它们可以被列为最美、最富人性的作品之一。在我看来，那些信件是罗曼·罗兰当时敏锐洞察力和智慧的结晶。他需要经过深思熟虑，鼓足勇气才能一直跟我保持通信，因为奥地利的我在法国官方看来是一个纯粹的敌人，但是他一直跟我保持通信并坚持了下来。经过磋商，我和罗兰决定将各国的文化名人集聚于瑞士共同商议文人墨客应树立的立场，呼吁他们本着互谅互让的原则发表和平倡议。罗兰邀请法国和其他国家名人的同时，我趁着仇恨没有深化准备在德国进行尝试性探索。当时德国最著名、最有威信的作家是盖尔哈特·霍普特曼。为了不让他纠结，我没有直接联系他，而是联系了我们都认识的朋友瓦尔特·拉特瑙。我请他私下探听一下霍普特曼的意见，可是拉特瑙一口拒绝了。有人私下里告诉我，霍夫曼斯塔尔与雅各布·瓦塞尔曼并不属于我们的阵营。德国的尝试性探索失败了，罗曼·罗兰在法国遇到的情况也不容乐观。对处于战争后方的人来说，1914 年、1915 年还为时尚早，战争离他们甚远。但是我们不是完全孤立的，通过信件来往，我们已经初步了解到几十个人的情况。虽然我们大部分人身在中立国或交战国，通过关注交战双方的书籍、小册子我们还是有一些共同想法，而且支持我们的观点的人一定会越来越多。这样想来我并不是完全孤立的啊！借着这种安慰，我更有勇气写文章了。为了获得一块文化阵地，我常给德国和奥地利各大报刊写稿子，我在一定程度上也赞扬奥地利军事当局的大度。当局原则上反对我这种行为，但见我的文章从来不涉及敏感的政治话题，只好作罢。

和平主义创始人贝尔塔·冯·苏特纳一直视战争为罪恶的源泉，世界大战期间我公开发表文章赞誉她。我还把巴比塞的《火线》在奥地利报纸上做了详细的介绍。为了把"不合时宜"的思想观点传播给各阶层的人民，我们就得想出一套办法。为了阐明战争的残酷性和军事当局对普通步兵的漠不关心，我有必要借《火线》来告诫奥地利当局。事实上，通过前线来的邮件，奥地利士兵深知自己的悲惨命运。为了表明我们的态度和信念，我们在不同国家假装互相佯攻，用这种方法进行合作。我的法国朋友在《法兰西信使报》中强烈反驳我的文章《致外国的朋友们》，他用这种所谓的文化论战形式成功地翻译、印刷了我的这篇文章。如此一来，法国人民都能够读我的这篇文章。这种合作是多么高明、多么默契啊！

1915 年意大利向它之前的盟友奥地利宣战，我们国家掀起了仇恨意大利的风暴。意大利的一切都受到鄙视、谴责。有一次，书商偶然出版了卡尔·波埃里奥的青年回忆录，他在回忆录中提到了访问歌德时的场景。在仇恨横行霸道的第一次世界大战期间，对敌方作家或学者的赞扬极容易激怒当局。为了证明意大利和奥地利文化早就有着藕断丝连的关系，我刻意写了一篇名为《一位意大利人访问歌德》的文章。文章的序言由贝内代托·克罗切所作。我在文章中大加赞赏了克罗切。在奥地利军事当局看来，我的这种赞扬是明显的示威、挑衅，但是在其他国家，我的这种行为是可以被理解的。时任意大利部长的克罗切后来对我说，部里的一位不懂德语的职员告诉他，奥地利大报上有反对他的文章（因为那个职员想，奥地利报纸上的文章只会对他们表达敌意）。克罗切立刻叫人拿来奥地利《新自由报》，读罢文章他才知道这是篇赞扬他的文章。霎时，他开怀大笑、得意扬扬。

收集宣传册

低估我当时的微薄努力是不科学的。虽然我的微薄之力对事物总体进程没有什么影响，但至少可以帮助自己和一些不相识的读者，把我们从内心孤独、绝望的深渊里解救出来。20世纪使有感情的人处于极度绝望、悲痛之中，二十五年之后噩梦再现。今天这种强大的实力让我恐怖，深感自己无能为力，因为我意识到我一贯的小小抗议根本不能抚慰我的心灵，于是我打算再创做出一部作品。这个作品不仅要体现一些个别事儿，更是要体现我对人民、对时代及对这场战争的全部看法。

可是，这个想法有点不成熟，毕竟我根本没去过战场，我只是在办公室稳坐了一年，况且我对战争的一切了解都来自于别人的文章和谈话。本来我有三次上前线做随军记者的机会，但是我都放弃了，因为我被要求树立爱国主义精神，用肯定的态度去描写这场战争，而我却早就立下誓言绝不写一句赞美或贬低其他民族的话，不发表任何偏倚的政治性宣言，我在 1940 年也遵守了这个誓言。后来一次偶然的机会，好运气降临在我头上。奥地利在 1915 年春突破了俄国人的防线，集中兵力一次性占领了加利西亚与波兰。奥地利军事档案馆想着赶紧收集占领区内的俄国宣传品和告示，否则这些文物迟早将被俄国人撕毁。恰巧档案馆的上校知道我擅长收集这些东西，请我去帮忙，我高兴地答应了他的请求。为了方便工作，我获得了一张特别通行证，可以自由往来于任何占领区，不受管辖。我不是军官，穿着一套没有标志的军服，但每当我出示机密证件时，别人都会敬重地看着我，就好像我是在微服私访什么要人似的。这种感觉真让我受宠若惊。

对我来说，收集宣传报告不过是小菜一碟。每当我来到加利西亚的任何一个城市，如塔尔努夫、德罗戈贝奇或是伦贝格，车站旁边总有成群的犹太人，他们是所谓的"代理商"。据说，这群人无所不能，你想要什么，他们都能帮你弄来什么。对我来说，这倒是好事儿啊，给我省去了不少麻烦。一次，我问其中的一位老手能否帮我弄到俄国被占领区的文件和通告，我的话音刚落，他就跑得无影无踪。他把任务分给几十个下属职员，三个小时以后就给我带来最齐全的材料。通过雇用这些高效的组织，我省去了不少时间。闲暇之余，我可以查阅其他资料。事实上我确实了解了很多情况，感触自然也很多。普通百姓们过着贫困交加的生活，他们每天除了担心衣食，对战争的恐惧也时刻萦绕在他们心头。我去过那里的犹太人聚集区，这是我见过的最窘迫的犹太社区，一个狭小脏乱的房间里往往挤着十几个人。后来，我看到了所谓的俄国"敌人"。这些俄国战俘三三两两地坐在四方形的栅栏内，由几十个年龄稍微大一点、蓄着胡须的蒂罗尔人看守。战俘们丝毫没有逃跑的想法，蒂罗尔人对战俘也不严格防范，像兄弟般地同他们坐在一起。蒂罗尔人在战时被急招入伍，虽然他们服役期已满，但他们跟那些战俘一样无依无靠，生活待遇同那些风光满面、穿着整洁军装的军官没法比。蒂罗尔人性情温和，从不欺凌俄国战俘。相反，他们突破语言的限制，同战俘们相互敬烟、追逐嬉闹。我被这种和谐共生的画面深深感动了，这些质朴的人的战争观比我们文人墨客的更高贵：他们从不埋怨战争为什么要发生在他们身上，在他们眼里俄国战俘同他们一样对于战争这种不幸束手无策、无计可施，既然同是天涯沦落人，大家就是兄弟，应该互相照顾。这种和谐激励着我的整个行程，让我深感安慰。但是当我看到千疮百孔的城市，被洗劫一空的商店时，心情又变得抑郁了。看到路边长势良好的庄稼时，我殷切地希望在未来几年内千疮百孔的景象能销声匿迹，我们的世界重又恢复蒸蒸日上的胜景。那时，我根本料想不到战后人们对战争的恐惧很快就烟消云散了。

出差的那段日子里，我亲眼看见到战争的恐怖景象。战时几乎没有什么载客列车，我不得不坐在运牲口的车厢里。那里面臭气熏天、恶臭难闻，除了牲畜还挤满了平民和士兵。由于极度疲倦，许多人都东倒西歪随地而卧，邋遢的样子像是被拉往屠宰场的牲口一般。让我最触目惊心的莫过于运送伤员的列车了，看到它你丝毫不能把它同干净整洁的救护车联系起来，俨然就是驶向地狱的牢笼！车上没有任何窗户，只有一个狭窄至极的通气口，简陋的担架挤满了整个车厢。士兵们躺在硬担架上，盖着血迹斑驳的被子，脸色惨白、呻吟不断。微暗的煤油灯下，士兵的脸惨白扭曲，让人毛骨悚然。他们呼吸急促、奄奄一息，随时可能被地狱的魔鬼带走。空气里弥漫着难闻的屎尿味和刺鼻的黄碘味道。一位匈牙利的大夫告诉我他以前是一个小城里的牙科医生，虽然已经多年不做外科手术了，但由于战争的需要，他不得不重操旧业。他说对目前的医疗状况很绝望，他曾向几个车站发急电要求提供吗啡，但均无下文。这里医药用品和设备都奇缺，医务人员也不足，奄奄一息的士兵常常得不到应有的照顾。在他的再三请求下，我成了他的助手。笨手笨脚的我帮不了大忙，只能在火车到站暂停时帮忙提几桶浑浊的水。别小看这些水，它的用途却很大，它既被我们饮用又被拿去为伤员清洗伤口。护理中的一个难题是语言障碍，这给医护人员和伤员之间添了不少麻烦。一位白发苍苍的老牧师感慨战争太残酷了：在他漫长一生中，他从未见过这么多伤员。我永远忘不了他用生硬、愤怒的语调说出的那句话："我是即将入土的人了，见的事情多了，但是我从来没有想到人类能犯下这样的罪行！"

布达佩斯的顿悟

我乘坐的那辆伤员列车于清晨抵达布达佩斯，由于极度疲劳，一下火车我就去了旅馆，一觉醒来已是第二天十一点多。穿好衣服去吃早饭，走了几步，我感觉自己仿佛是在梦中。那是一个阳光明媚的日子，早晨、中午的温差犹如初春和夏日的差别。布达佩斯美丽而祥和，住在这个城市的人过着闲适的生活。军官们把脸刮得干净光滑，穿着紧致的军装，显得格外帅气。军官太太们挽着丈夫的胳膊，兴高采烈地散步。这儿离前线不过八九个小时的车程啊！对此我能说什么呢！他们难道没有享受更好的生活的权利吗？他们可能已经意识到战争的残酷和生命的脆弱，说不定哪一天，一个炮弹砸在身旁，所有美好的一切将被击得粉碎。既然生命已受到了威胁，为何不在灾难还没有来临前尽情地享受生活呢！这会儿我才恍然大悟为什么一个阳光明媚的早上，波光粼粼的河畔为何吸引了这么多人。他们出来只为感觉自己的存在，只为享受可能是最后一刻的生命气息。想到这些我不再大惊小怪，心情自然舒畅。

餐厅里一个非常殷勤的服务员给我送来一份维也纳的德语报纸。报纸上那些煽动仇恨的篇章，那些奥地利必胜的词眼，一下子让我心情又糟糕透顶！那些恬不知耻的战争谎言充斥在我的脑海，顿时压抑得我呼吸困难。那些在布达佩斯无拘无束散步的人没有什么罪行可言！罪魁祸首是那些整天宣传战争谎言、煽动仇恨的人！他们所吹捧的狭隘英雄主义要把人类置于痛苦与死亡的边缘；他们的预言丧尽良知，他们极力鼓吹乐观主义是为了尽可能地延长战争时间。如果我们在谎言面前无动于衷、毫无反应，那么我们也是罪人！

作为一个文人，我通过写剧本、写小说对抗这些战争谎言。在狭隘、错误的英雄主义和乐观主义背后，只为金钱奔走呼号的合唱队是我的敌人，这些政治家、预言家、合唱队只是"战争的吹鼓手"。倘若你对帝国主义事业表示怀疑、对战争提出警告，那么你必将被他们打成叛徒、悲观主义者。虽然时代变迁、物是人非，但是这帮子人对待谨慎、人性的态度依然那么轻率、鲁莽。他们只是一些不知所措、甘愿做缩头乌龟的人，他们的混账无能招来毁灭性的灾难。我对他们深切痛恨。

一开始我就不相信什么"胜利"，纵然战争中的一方取得所谓的胜利，战争中做出的巨大牺牲也是这个胜利无法弥补的。我多次提醒我的朋友们这些，但是均以失败告终，最终我陷入了孤立状态。萨拉热窝事件后，胜利的吼声四处皆可闻，第一次战役后他们就开始分配战利品。我时常在想，是我疯了，还是那些人"醉了"唯我独醒呢？人们发明"失败主义者"这个词是为了把失败强加于那些致力于相互谅解的人。如此一来，用戏剧形式去描写一个特殊的悲惨处境，对我来说是一件很自然的事。我选择了用徒劳无益的告诫者耶利米这个形象作为象征。对我而言，这绝不是一部老生常谈的宣传和平好于战争的"和平主义"的戏。我要描写一个在狂热的时代被人藐视为胆小鬼的人，在失败时刻却能保持高贵的姿态去证明自己是不能忍受失败而且还能战胜失败的人。

从第一个剧本《忒耳西忒斯》开始，失败者心灵上的优越感一再萦绕在我的脑海中。我一直想表现两方面的内容：任何权势都会使人堕落和冷酷；任何胜利都会麻痹全体人民的思想。我还想把这两方面和那种使人心灵万分痛苦的失败势力对立起来进行阐述。战争正如火如荼地进行着，当别人都在证明自己必然胜利的时候，我却已把自己抛进了苦难的深渊，苦苦搜寻着摆脱灾难的道路。

后来我选了《圣经》上的一个主题，我开始把自己同犹太人的悲惨命运联系在一起思考。同根而生，为什么如此惨烈呢！难道他们不是我的同胞吗？他们不断地被欧洲各个民族蹂躏、征服，然而在坚强意志和不屈不挠精神的支撑下，他们经历了无数磨难而继续生存下来。我们的先知们却把知道犹太人被驱逐、蹂躏的命运，以及犹太人忍受失败的品质赞美为一条去见上帝的路。在一定程度上，考验、磨难对人是有益处的，我在写那本剧本时就感受到了那种益处。我明白如果我没有痛苦地体验战争和预感一切，我就永远不可能在内心深处有所领悟。当时我第一次有了这样的想法：我要喊出我的心里话，要说出时代的最强音。我曾试想帮助别人，但我却先帮助了我自己。在1934年希特勒统治的阴暗日子里，我的隐晦作品《伊拉斯谟》让我自己摆脱了类似的危机。从开始创作这个作品的那一刻，我对时代的悲剧不再感到那么痛苦了。

我从来没幻想过那部作品会获得什么成功，由于要阐述很多问题，例如先知问题、和平主义问题、犹太人问题，那部作品的内容远远多于一部正常剧本的容量，光是上演就得两三个晚上。当时的报纸每天都叫嚣着"要么胜利，要么毁灭"！这样的处境怎么会让这出极力宣扬失败、赞美失败的戏登上德国的舞台呢！除非遇上奇迹，那本书才能出版。不过我不在乎，就算是不能上演，这本书至少可以帮助我渡过最艰难的时刻。我把平时不能说的话都在书中以独白的形式展现了出来，心中顿时如释重负，一下子轻松了许多。我对自己所处的时代很失望，但是我却找到了让自己"满意"的东西。

第十一章　欧洲的中心

　　当我满怀对抗情绪完成《耶利米》这一剧本时，早已做好直面人们强烈抗拒的准备，但结果与我的预料截然相反。1917 年复活节《耶利米》面世后，两万册书很快被抢购一空，并得到了罗曼·罗兰及曾经站在另一边的拉特瑙和夏德·戴默尔等朋友的公开支持。而剧院的经理们也来信希望得到和平之日的初演权（因为战争期间用德语演出是不可能的）。甚至主战派对剧本的反对态度也表现的彬彬有礼而不失尊重。这一切完全出乎我的意料。

　　这是为什么呢？因为持续了两年半的战争和战场上的残酷杀戮使人们从最初的狂热中逐渐清醒。前线是被迫进行血战的农民或工人，而后方一些人却靠战争敛财。政府的腐败、奸商的不择手段，致使人民大众的生活日益困顿。人们开始怀疑一切，他们怀疑日益贬值的货币，怀疑军官，怀疑所有的报纸，甚至怀疑战争本身及其必要性。而这一切使我那剧本取得了意料之外的成功，因为剧中对战争的憎恶与对胜利的怀疑正是人们不敢言说的心声。当然，在战争期间上演这样一出反战剧是不可能的。然而，苏黎世市剧院的经理突然来信请求立即将我的《耶利米》搬上舞台，并邀请我参加首演仪式。我居然忘记了德语世界中的这一小块民主之地的存在，于是我毫不迟疑地同意了。

筹演新剧

当然，我的同意也是有条件的。那就是我的离开必须得到有关方面的许可才行。有幸当时的参战国都设有一个叫"文化宣传部"的机构（第二次世界大战中就已经取缔了）。因为与第二次世界大战不同的是，当时那些成长于仁爱传统中的国家领袖与皇帝们在潜意识中对战争还是怀有愧疚的。在1914年，人们总是把文化说得比强权高尚，他们认为让舆论承认自己在精神方面做出了具有世界性的贡献是相当重要的。因此，各国向所有的中立国派出演出团体，甚至诗人、作家和学者，目的就是要拉拢人心，争取人们的同情。因为在当时，一个国家的道德观念和艺术创作还被视为战争中很有影响的力量，而不像1939年的德国那样以非人的残暴把这一切统统践踏在地。所以我乘此机会申请去瑞士参加首演仪式，没想到部里主管文化宣传的负责人立刻答应为我安排一切，四天之后，我的请假获准，并得到了一张出国护照。

在战争期间事情办得如此顺利令我深感诧异，因为我事先并不清楚奥地利早已酝酿着一场脱离德国军事独裁的运动。当然这些都是不为人知的政治秘密。不过几天之后我便了解到了更多的情况。

在去瑞士的途中，我在萨尔茨堡待了两天，在那里买了一幢房子，准备战后居住。有两个在战后的奥地利担任过总理的人——海因里希·拉马施和伊格纳茨·塞佩尔，也住在这座城市，他们都是坚定的和平主义者、虔诚的基督教徒、热情的老派奥地利人，是对德意志、普鲁士、基督教的军国主义深恶痛绝的人。在萨尔茨堡，我应邀拜访了拉马施（塞佩尔当时旅行在外），他态度诚恳地表达了对我的剧本《耶利米》的看法，并说从剧本中能感受到我们奥地利人友善的传统思想。他希望剧本能够超越文学而发挥更大的作用。令我惊讶的是，他为人坦率、平静、坚定，对我这个初次见面的人表现出了极大的信任。他告诉我，我们正处于决定性的转折时刻，俄国在军事上遭到挫折之后，如果愿意放弃其侵略意图，那么对德国和奥地利来说就已经没有了缔造和平的障碍。不过如果德国的泛德意志集团继续抵制谈判，那么奥地利将不得不有所行动。它必须及时脱离与德国同盟，而不是被德国军国主义分子拉入更加深重的灾难的深渊，继续以生命为代价去换取"胜利的和平"。他坚决地说："我们这并不是背信弃义，谁也不能这样责备我们，我们已经牺牲了一百多万人的生命，这个代价实在太大了！现在我们坚决不能再为德国人的世界霸权去做无谓的牺牲。"他还暗示说，年轻的新皇帝卡尔也承诺会提供帮助。

我屏声静气地听着。这一切我们都曾想过，只是没有人敢像他一样在光天化日之下把这些话说出来，因为这样会被看作是对盟友的"背叛"。而像他这样一位被奥地利皇帝所信任的和在国外享有最高声望的人说出这番话来，让我不得不认为奥地利已经开始行动了。可后来的事实是，卡尔皇帝派其内弟帕尔玛亲王带着一封密信去见克雷孟梭（法国政治家），目的是想探知，在事先不取得柏林宫廷谅解的情况下缔结合约的可能性，并随时准备和谈。结果这一秘密使命被德方发现，而软弱的卡尔皇帝竟不敢坚持自己的信念，废除盟约。当时要是事态真如这位笃信宗教的智者所预想的那样发展，而不是由于懦弱和笨拙半途而废的话，那么今天的欧洲情况也许会好得多。

第二天，我又继续前往瑞士的旅程。列车一进入瑞士边界，压在我心头的阴霾便逐渐消失了，我又呼吸到了久违的沁人心脾的新鲜空气，又感觉到了空旷的、天高云淡的那种舒爽。列车经过布克斯火车站时，我跳下车，惊异地看到柜台上摆满了各种各样我几乎已经忘却的食品。这里无须走后门，无须面包票或肉票就能买到自己想要的廉价食品，旅客们都像疯了一般向这些食品扑去。车站上有一个邮局，人们可以自由地向世界各地寄信或发电报，这里还有法文、意大利文和英文报纸，在这里，一切都是允许的。就在五分钟之前，一切都还是被禁止的，而现在却完全相反，这是多么的荒谬啊。回望我们那边的边境小镇，那里的每一家都有男子被迫去前线厮杀。而在这只隔五分钟路程的地方，与他们年龄相当的男子却陪着妻子悠然地坐在自家的门前，嘴里叼着烟斗。在这边，人能感受到更多的自由、振奋与自尊。而生活在那边的我很快就感到了自己精神气质与身体机能的衰退。因为我在一个亲戚家做客时，一杯黑咖啡和一支雪茄就使我头晕目眩、心跳加速，这表明长期饮用与吸食代用品的我已不能适应真正的咖啡与烟草了。从充满战争的一边来到和平的这里，一切都显得如此可爱。瑞士这个富饶的小国从来没有让我像现在一样如此深切地感到其存在的意义。它是和平与自由之地，为所有受迫害的人提供避难所，并使各民族的人在同一空间下和睦相处。在世界遭遇灾难的时刻，人们在这里从来不会有陌生感。我在苏黎世大街和湖边漫步直到深夜，感受着没有丝毫恐惧与负担的宁静时刻。

途访罗兰

　　但是于我而言，讨论剧本的上演问题，以及与瑞士和外国朋友见面并不是主要的事情，现在最重要的事就是要见到罗曼·罗兰，我要向他表达我的谢意，感谢他对我的鼓励，是他让我变得更坚定、清醒和积极。于是我当即前往日内瓦。由于我们来自相互对立的国家，交战国的政府是不愿看到本国公民与敌国公民在中立国有私人往来的，但是他们又无法用法律禁止，所以我们肯定时刻处于密探的监视中。为了避免被怀疑，我们都是正大光明地往来。因此，一到日内瓦，我便向门房报上全名，说是来拜访罗曼·罗兰先生的。在我们眼中，老朋友不会因为自己国家间的战争而有意回避对方，我们不能因为世界的疯狂自己也变得荒唐起来。

　　来到他的房间，这里像极了他在巴黎的住所。桌上和椅子上堆满了书籍，写字台上是一摞摞的杂志、信函和纸张。而就是这间简朴的工作室，却与世界时刻保持着联系。我们紧握着彼此的手，这是我几年来握住的第一只法国人的手，也是三年来第一次与一个法国人交谈。尽管如此，此时的我们却比任何时候都亲近，在我们知心坦率的交谈中，我意识到自己面对的这位伟大的人物正代表着欧洲的良知。为促进欧洲的和平，他夜以继日地独自一人辛勤劳作。他密切关注着各国动向，并时刻与向他请教公益事务的人保持联系。在其责任感的驱使下，他坚持每日写很长的日记，这一摞摞的日记本总有一天会全面揭开第一次世界大战中道德和思想上的各种矛盾冲突。他发表的文章总是在国际上引起强烈的反响。当时他正致力于小说《格莱昂多》的创作。罗曼·罗兰为那个疯狂时代的人性做出了表率，他处处伸张正义，来信必认真回复，并阅读所有关于时代问题的小册子。但是，他的健康状况令人担忧，他身体虚弱，不能大声说话，并伴有持续的轻微咳嗽。而就是这样一位体弱的人，表现出的却是巨大坚韧的力量。他无所畏惧地、清醒地注视着这个动荡的世界。他身上表现出来另一种英雄主义，那就是有思想、有道德的英雄主义。在我为其写的传记中并没有将这种英雄主义充分地展现出来，因为将一个大活人赞美的太过分总是不好意思的。而当时疯狂的欧洲正是由于他艰苦卓绝的斗争才保存了自己的道义与良知。

在与罗兰之后的一系列交谈中，我感受到了他心中隐隐的悲哀，他憎恶那些为了自己民族的虚荣而不惜以其他国的无辜生命为代价的人，他同情那些狂热的、却不知为何而战的人民大众。他给我看了列宁发来的电报，列宁恳请他去俄国，因为罗兰的道德威望对其事业的发展非常重要。但是罗曼·罗兰从不加入任何组织，他只以个人名义，自由地做自己愿意的事。他不会要求别人服从自己的意志，也不会屈从于任何约束。他认为，人应该永远保持自由，无论在何种情况下都应该永远忠于自己的信念。

到日内瓦的第一个晚上，我遇到了法国诗人皮埃尔－让·茹弗和雷内·阿科斯，以及比利时画家弗朗斯·马塞雷尔，他们与其他外国人都团结在两家独立小报《报页》与《明天》周围。很快，共同的追求使我们迅速成为相互信任的密友，我们已直接用"你"来称呼彼此。由于当时爱国主义的泛滥，很多从前的朋友都不再往来，但肯定又会有新朋友出现。我们像兄弟一般聚在一起热烈地交谈着，当然这种行为的风险是极大的，因为这完全违反了官方的规定与要求。我们也清楚地知道，就在离这里五小时车程的另一边，德国人与法国人正在进行着你死我活的斗争，他们都想让对方从地球上永远消失。而我们的这种冒险行动还包括我与皮埃尔－让·茹弗在苏黎世组织的一次公开朗诵会，我用德语朗诵《耶利米》的片段，而他用法语朗诵其诗作，这可是战争期间的一件奇闻。我们用这种极具风险的方式表明了我们的立场。那位刚毅的比利时画家弗朗斯·马塞雷尔也夜以继日地雕刻出新的版画，然后刊登在《报页》上，它们控诉着战争——这个我们共同的敌人。然而令人遗憾的是，这些版画的发行范围太小，几乎出不了日内瓦。而我们所做的一切也都无法超越瑞士这一狭小的空间。我们明白国家政府不对我们采取措施是因为我们对他们根本构不成威胁。但正是由于身处如此孤立的境地，我们少数人才紧密团结在了一起，并在之后很长一段时间一直保持着这种友谊。

昂利·吉尔波

在这群人中，昂利·吉尔波是值得一提的人物，因为他的经历使人更加信服这样一条历史规律：在世界遭遇像战争或革命这样的突变时，勇气与冒险精神往往起着决定性的作用，那些不顾一切追赶时代潮流的人总是备受关注。吉尔波的身体瘦弱，有一双机灵而不安的灰色眼睛和金黄色的头发。他曾在 10 年前将我的诗歌翻译成法语，但文学功底一般，尽管他能说会道，但是其表达能力与各方面的素养平平。他是一个善良的小伙子，但天生喜欢"反对"一切，尤其是比自己强的人，他都想去碰一碰，这是他生活中的一大乐趣。

战前，他经常与巴黎文学界的一些人物辩论，反对某些思潮，参加激进的党派，但他又觉得那些党派都不够激进。现在他终于在战争中发现了强大的对手，那就是世界大战，他因此成了一名反对军国主义的斗士。他大胆勇猛，喜欢冒险，敢于干别人不敢干的事，这就使这位摆弄笔杆子的人突然变得重要起来，他的写作能力与战斗力也随之被夸大。这种现象也在法国大革命时期的吉伦特派的小律师与小法学家身上出现过。当我们还在犹豫不决之时，他却已经大刀阔斧地行动起来。他的贡献在于其创办并主持了第一次世界大战中唯一一家反战刊物《明日》，为人们在战争中提供了一个国际的讨论中心。罗曼·罗兰给其以巨大的支持，他利用自己的威望与人际关系为其请来了来自欧洲、美洲与印度的编辑人员。同时，吉尔波的激进立场还得到了正流亡在外的俄国革命者列宁、托洛茨基和卢那察尔斯基的信任，他们还定期为这份刊物撰稿。因此在之后的十二或二十个月中，这份刊物成了那个时代想要真正了解各种思潮的人的必读文献，世界上再找不到第二份比它更令人感兴趣的刊物。在法国，由于克蕾蒙梭禁止法国的激进团体发表言论，所以吉尔波在瑞士还同时代表着他们发言。他在著名的奇美尔瓦尔得代表大会（即国际社会党人第一次代表会议）与昆塔尔代表大会（即国际社会党人第二次代表会议）中起到了重要的作用。在这两次会议上，坚持国际主义的社会党人与那些蜕变成爱国主义者的社会党人彻底决裂了。

在战争期间，这个有着一头金黄头发的小个子尤其让人憎恶和害怕。法国情报局一直千方百计陷害他，最终他们在一个德国情报员那里发现了多份《明日》，看起来应该是给德国的图书馆和政府机构订阅的。但巴黎这边却有了足够的借口，说吉尔波已被德国收买，并起诉了他。结果他被缺席宣判死刑，这当然是不合法的。事实是，10年之后他被宣告无罪。但就在这次事件不久，吉尔波的极端行为和偏激致使其与瑞士当局发生冲突而被监禁了起来，这也逐渐影响到了罗曼·罗兰与我们大家。后来，列宁将他的国籍改成了俄国，并帮他到达莫斯科，因为列宁一方面是对其抱有好感，另一方面是感激他曾在自己最困难时给予的帮助。按理说，这时他可以再一次大显身手了，因为他已遍尝了坐牢、被缺席判处死刑等一个革命者所应经历的一切。就像在日内瓦他能依靠罗曼·罗兰的帮助一样，在莫斯科他凭借着列宁的信任被委以重任。但事实上，虽然人们将他看作是天生的领导，可吉尔波根本不具有一个有所作为的领导的素质。他还像在巴黎一样与人不断争吵，到处惹是生非。这也验证了这样一个事实：当自己的才能无法胜任突然的升迁时，终会一事无成。吉尔波逐渐与尊重过其勇气的人翻脸，首先就是列宁，其次是巴比塞和罗曼·罗兰，最后是我们所有的人。与开始时一样，他后来也只写了一些不足以道的小册子和无关痛痒的争论性文章。在他被宣告无罪后不多长时间，便在巴黎的一个小角落悄无声息地死去了。这位曾经勇敢的反战者现在已被大家遗忘，如果他能很好地把握时代赋予自己的机会，说不准能成为那个时代的伟人。

人蛇混杂的排演地

几天之后，我返回苏黎世，着手讨论我的剧本的排演事宜。这座城市位于苏黎世湖畔，环境优美。但是由于其地处各交战国的包围之中，这片和平绿洲已不再安宁。这里已然是各种思潮的聚集地，同时也是那些利欲熏心的商人、投机者、间谍与煽动者的汇集地。在这里，随处都能听到各种不同的语言，随处都能碰到自己喜欢或憎恶的熟人，随处都有可能陷入无休止的激烈争论。被生活抛到这里的人都脱离了原来的生活轨迹，他们有的肩负着自己政府的使命，有的则是遭到自己政府的迫害。由于他们的家都不在这里，他们总是与同伴们待在一起，这样就免不了时刻不停地辩论。而这种纸上谈兵的争论其实对军事与政治事件产生不了任何影响。但是当人们的思想、言论与作品不再受到审查时，他们就会按捺不住地、兴奋地去说、去争论、去写。甚至像我前面提到的吉尔波那样一些才气平庸的人也在竭尽全力。持有不同观点的各国作家、政治家也在这里齐聚一堂，诺贝尔和平奖获得者，奥地利的阿尔弗雷德·赫尔曼·弗里德出版了《和平瞭望台》，前普鲁士军官弗里茨·冯·翁鲁向我们朗诵他的剧本。德国作家莱昂哈德·弗朗克创作了他动人心弦的反战短篇小说集《人是善良的》，奥地利作家安德雷阿斯·拉茨科的《战争中的人们》曾轰动一时。我在这里遇到过各国人士，有后来在革命中崭露头角的不知名的俄国人，有意大利天主教教士和强硬派的社会党人，有主战的德国社会党人，有瑞士著名的莱昂哈德·拉加茨神甫和作家罗贝尔·费齐。在法语书店里我还曾遇到过我的译者保罗·莫里斯，在音乐厅里见到过德国指挥家奥斯卡·弗里德。在这里遇见的所有的，无论是悲伤的，还是欢喜的人，都是来去匆匆。这里，荒唐的、理性的各种见解铺天盖地，杂志林立，论战不断，矛盾不断产生，各种小团体纷纷建立又解散。在这里，大家虽然只是在精神上感受着那次战争，但都觉得比真正参与战争的感受更加深刻，因为在这里似乎能更客观地看待战争，它完全摆脱了由胜利或失败所带来的民族利害关系。这里的人已是从全欧洲的眼光看待战争，而不再用政治的眼光看待它。他们把它视为是残酷的暴力事件，它所改变的，不仅仅是地图上的几条边界线，而是世界的形式和未来。

在这些人中间，有些人是不幸的，因为他们没有祖国，或者也可以说，他们有两三个祖国，只是连自己也难以说清楚到底属于哪个国家，当时我似乎也看到了自己未来的命运。在奥德翁咖啡馆我常会见到一个青年人独自坐在一个角落，很引人注目，听说是一位很有才华的英国作家。他留着褐色的小胡子，厚厚的眼镜片后面是一双有神的眼睛。在我结识了这位詹姆斯·乔伊斯之后，他并不认为自己是英国人，只说自己来自爱尔兰。他承认借助英语进行创作，但并不认为自己有英国式的思想。他说："我要用一种超越一切语言的语言，也就是一种所有语言都为之服务的语言进行写作。英语不能完全表达我的思想，因而我不受传统的约束。"当时我并不明白他的意思，因为我不知道他已经开始了《尤利西斯》的创作。他将自己唯一的样书《青年艺术家的肖像》与剧本《流亡者》借给我看。为了能帮助他，那时我甚至有将剧本翻译出来的冲动。在我们的交往中，我对其无比丰富的语言知识异常惊讶。他的脑子里储存着全部的语汇，对词汇间的细微差别了如指掌，并能熟练地将所有词语错综复杂地交织在一起。他是一个孤独的、不苟言笑的人，事实上，他总是双唇紧闭，我从未见过他笑，在他身上总有一股让人难以捉摸的力量。他厌恶都柏林、英国、某些人物，他总会将这样的情绪融于自己的创作中。难怪在他笔下会产生那部充满孤独感的、超越一切的、像流星一样坠入我们这个时代的作品。

在国家之间游走的人中还有一个我最喜欢的钢琴演奏家费鲁乔·布索尼。他出身于意大利，但却选择了德国人的生活方式。我喜欢看他演奏时的那张神采奕奕的脸，他的眼睛也会随之放射出某种奇妙的难以言状的光芒，而他指尖流出的宛若天籁般的琴声，曾使我陶醉其中。而在这里，我又见到了他，他脸上流露出的是悲哀的神情，头发也已灰白。一次，他问我："我该属于哪一方呢？当我夜间梦醒时，知道自己在梦里说的是意大利语，可是当我写作时，我又用德语进行思维。"是啊，他已是桃李满天下，但此时，也许他的一个学生正在拿枪对着另一个学生。他一直感觉心烦意乱，无法再继续歌剧《浮士德博士》的创作。他只写了一出音乐不多的短小独幕剧来排遣烦闷的情绪。只是在这战争期间，我再也没有听到过他那爽朗的笑声。一天夜里，我在一家餐厅遇见了正在独自喝闷酒的他，他指着酒瓶对我说："麻醉一下吧！不是喝酒！不过，有时候人需要自我麻醉一下，否则就受不了。音乐并不能始终使人处于陶醉状态，而创作只有在良辰美景时才会光临。"

像这种内心的矛盾状态对阿尔萨斯人来说最为痛苦，而他们中间最不幸的又是如雷内·席克勒这样的人。他们用德语创作，但心系法国。他们被迫做出"非此即彼"的选择，要么德国，要么法国。他们为这两个国家备受煎熬，因为他们像我们所有的人一样，期望看到如兄弟般和睦相处的德国和法国，而不愿看到它们相互间充满敌意。同时，他们中间还存在着这样一群不知所措的人：混血儿和有一半血缘的人，嫁给德国军官的英国妇女，法国母亲与奥地利外交官的儿子。有的家庭，儿子分别在敌对双方服役，父母们期待着天各一方的来信。有的家被查抄，家人丢了工作，无以为生。所有这些家庭都分崩离析，那些心灵遭受严重摧残的人都到瑞士来避难，目的是免受怀疑，他们甚至避免讲任何一种语言。这些欧洲的居民，越是把整个欧洲视为自己的故乡，就越会被这个要砸烂欧洲的拳头击得粉碎。

离开苏黎世

这段时间，我的《耶利米》上演的日子也即将来临。最后演出大获成功，而《法兰克福报》却向德国透露说，观看演出的人中有美国公使与几个协约国的知名人士，对此我并没有感到不安。因为战争已进行了三年，德国已不似当初那般强大，反对鲁道夫一意孤行的战争政策的呼声越来越高。我也逐渐变得更清醒、更警觉。刚到苏黎世时，我本以为自己会在所有的和平主义者与反军国主义者中找到志同道合的人，找到为欧洲的和解而立志奋斗的战士。但后来我发现，随处都混杂着被两个阵营收买而为其效命的人，倒字纸篓的女佣、女接线员，形迹可疑、慢慢吞吞地在身边服务的饭店招待，那些假装的流亡者和殉道者，不胜枚举。箱子被人偷偷撬开，吸墨纸被拍成照片，信件在邮递途中不翼而飞，一些没见过面的热心的和平主义者有时会突然拜访，请求在他们的声名上签字，或希望提供一些"可信赖"的朋友的地址。在这种情况下，我不得不时时处处小心谨慎，当然可靠之人也少之又少，而即使在可靠的人家里，那种激进主义者、自由派人士、无政府主义者、布尔什维克主义者和不问政治的人混杂一起进行的无休止的毫无结果的讨论也使我感到无聊，因此我的交往也越来越有限。不过，我第一次学会了如何去观察一个典型的职业革命家：他永远反对与自己无关的事情，他认为这样会提高自己的地位，他永远坚守教条，因为他自己根本没有任何的立足点。事实是，那些策划谋反的人没有一个敢造反，那些所谓的世界政治家在需要政治时却没有一个真正懂政治。而在战后的建设中，他们仍然吹毛求疵、满腹牢骚地否定一切。于是我不想继续留在这种混乱的环境里。

　　我在吕施利孔找到了一家小旅馆，这个地方离苏黎世大约半小时的路程，从山丘上可以看到整个苏黎世湖和城里的塔楼。在这里，我可以专注于自己的工作，并会见罗曼·罗兰和马塞雷尔这些真正的朋友。当时所有被蒙蔽了眼睛的人由于美国的参战而猛然清醒，他们意识到德国的失败已是板上钉钉的事。事实是，曾经发誓要战争到最后一刻的德国皇帝威廉逃亡国外，为自己的"胜利和平"而葬送了千百万人生命的鲁道夫也悄悄溜到了瑞士。那些残害我们这个世界的野兽也已被除掉。所有的人都欢欣鼓舞，认为战争已经永远结束了。那时年轻的我们天真地认为，一个新的世界已经开始，我们会建立起一个共同的欧洲，这将是一个更加美好、更充满人道主义的世界。

第十二章 重归故里

回国之旅

按理说，我在德奥军队溃败之后重返奥地利，并非明智之举。当时奥地利还处于早年专制皇权的笼罩之下，土地也因捷克人、波兰人、意大利人、斯洛文尼亚人把他们自己居住的地方分割走而残缺不全。曾经为这个国家带来财富的工厂都设在国外，铁路破旧不堪，国家银行的储备黄金被用来偿还巨额战争借款。面粉、面包、煤炭、石油在国内难觅踪迹，人们饥寒交迫。由此来看，一场革命将难以避免。奥地利希望能同以前相邻的国家重新合并，或者与同一民族的德国统一。但那些相邻的国家却并不愿意，主要是因为它们认为奥地利太穷，并且也怕哈布斯堡皇室复辟。而协约国又禁止其与德国合并，因为谁也不愿看到战败的德国因此再强大起来。所以协约国明文规定：这个德意志奥地利共和国必须继续存在。一个国家被迫独立存在，这真是历史上的怪事。

其实我自己也无法说清楚，在国家最困难的时期，是什么促使我回国的。也许是出于我身上那种强烈的责任感。在我眼中，逃避困难、贪图安逸是懦弱者的表现。而我作为《耶利米》的作者，更加感到自己肩负的责任，我要用语言去帮助人们克服战败带来的困难。由于我曾反对过拖延战争，因此获得了一些声望，尤其是在年轻人中间。对我而言，即使不能有多大贡献，但是能和他们一起去经历我曾预言过的苦难，至少也算一种补偿。

由于奥地利的生活资料极度缺乏，所以在回去之前所做的准备堪比去北极探险，吃穿用无一不在考虑之列。而大包的行李也必须看护好，因为行李车大都会遭遇抢劫。当列车驶入瑞士布克斯边境火车站时，我还在犹豫，是继续向前，还是打道回府。最后我还是下定决心去面对困难。一年前，我曾满怀激动的喜悦来到瑞士的这个火车站，而现在，在回国的途中，我又在奥地利的费尔德基尔希边境火车站经历了难忘的一刻。接受过境检查之后，正碰上一趟列车从奥地利方向徐徐驶来，黑色的车厢豪华宽敞，像是一趟专列。等候的人群激动起来，我还一直摸不着头脑。突然，在车厢的反光镜中我看到了卡尔皇帝和一身黑衣打扮的皇后。我惊讶万分，统治了七百年之久的哈布斯堡王朝的继承人，奥地利的最后一位皇帝，要离开自己的帝国了。我无意间经历了这一历史性的时刻。哈布斯堡皇室代代相传了数百年的帝国在这一瞬间宣告结束了。我明白，我要回去的将是另一个奥地利，另一个世界。

那趟列车刚刚消失在远方，我们就被要求从整洁的瑞士车厢换到奥地利车厢。而一进入奥地利车厢就会立即明白这个国家发生了什么。车厢里凡是能顺手牵羊的和能破坏掉的东西都无一幸免，到处乱哄哄一片，劣质褐煤的煤灰随着深秋的风穿过破碎的车窗从外面吹进来，煤烟的臭气与大战期间被运送的伤病员留下的碘酒味混合在一起。破旧的列车吱吱嘎嘎费力前行，以前一小时的路程现在得花四五个小时。一到晚上，车厢里漆黑一片，因为所有的灯泡，要么被打碎了看，要么被偷走了。火车每经过一站都会有更多的人上车，车厢里凡是能呆人的地方密密麻麻没有一点空隙。这里的每个人都小心翼翼地紧抱着自己的行李和食品包，不敢有任何懈怠。我又从和平的环境回到了这个原以为已经结束了的战争恐惧当中。

列车行至半路突然再也无力前行，甚至无法爬上一个小山坡。无论铁路工作人员如何努力奔忙，也无济于事。如果等辅助机车到来，还需要一个小时。而要到萨尔茨堡，以前只要 7 个小时，现在却需要 17 个小时。最后，费尽周折找来几个衣衫破旧的士兵帮我将行李搬到了一辆出租马车上。由于怕把那匹又老又瘦的马累垮，我只能将箱子留在火车站行李房，虽然担心，可能会再也见不到它们了。

萨尔茨堡的别墅

战争期间，我在萨尔茨堡买了一幢房子。一则是由于我和以前的朋友因对战争抱有相反的观点，而关系逐渐疏远，这使我产生了远离大城市与人多的地方的渴望。再则是因为奥地利的这座小城不仅景色优美，交通也非常便利。它离奥地利的边境不远，所以无论是去慕尼黑、维也纳、苏黎世，还是去威尼斯或是巴黎，都很方便。我买的房子在一个小山岗上，汽车无法到达，只能沿着一条已有 300 年之久的有 100 多级台阶的崎岖山路爬上去。这里树木茂密，空气清新。在山冈的后面，可以看到雄伟的阿尔卑斯山脉的全景。不久，一个当时毫无名气的名叫阿道夫·希特勒的人住到了我的对面。

我的那幢房子是 17 世纪一个大主教狩猎时住的别墅。别墅的门面大且华丽壮观，但厅室却不超过九间。由于历史久远，别墅到处漏雨。要想将它修缮一番，当时也是不可能的，因为即使找得到匠人，也找不到需要的材料。而其他所用物品也得自己拖上山去。电话线都是用铁丝代替的，经常罢工。然而，最难熬的还是严寒，因为四处都买不上煤，院子里的树又太嫩，所有只能用泥煤来对付。我在被窝里待了大约三个月时间，坚持用冻的发紫的手写文章。然而，就是这种破败的房子，在当时却也是宝贝。因为奥地利已有四年没建过房子，很多老房子已经倒塌，加之成批的无家可归的退役士兵蜂拥而至，房子一时相当紧张。管理委员会曾找过我几次，我也很愿意提供两间房，但是由于房子既破又冷，还要爬上一百多级台阶，因此没人愿意来，这也正好没对房子造成更大的破坏。

物资匮乏时期

那段年月，我亲眼看见了十分严重的饥荒。带霉味的发黑的面包，冻坏的土豆，像黄水一般的啤酒，而肉类也已成为人们遥远的记忆。为了不至于忘记肉的味道，有的人家会养兔子，有的会上山碰运气，希望能打到松鼠。人们身上的衣服又破又旧，有的衣服料子实际是用纸加工成的，而死人穿过的衣服活人照样穿在身上，大家都是有什么穿什么。在平原地区，情况稍微好一些，但由于道德风气变坏，农民都不愿按法定价格出售自己的产品，他们将不容易坏的食物都储藏起来等待更高的价格。这样，很快就出现了一种新职业，即所谓"囤积居奇"。一些无业男子到农民那里用较高的价格收购食品，然后去城里以四五倍的价钱卖出去。但是当自认为赚了大钱的农民去城里买所需的长柄镰刀、铁锤、锅炉时，却愤怒地发现它们的价格已经长了20倍或50倍。于是，他们准备直接将自己的食物兑换成工业品，自此人们又回到了远古的物物交换状态。因此，如果在农家看到大瓷花瓶、地毯、宝剑、照相机，抑或洛可可式书柜、印度菩萨和各种装饰品，就不必大惊小怪了。

最后，政府通过设立关卡、收缴"囤积居奇者"的货物，对这种只对拥有实物的人有利的黑市买卖进行了干预。但是那些囤积居奇者利用走私、贿赂，甚至拿着左轮手枪与匕首继续进行着他们的买卖。这种混乱局面越来越严重，居民们也越来越惊恐不安，因为他们还发现货币一天比一天贬值。国家虽然尽可能多地制造出更多的纸币，但仍赶不上通货膨胀的速度。于是，各个城市、小镇，乃至村庄都开始印制纸币，但这种纸币到了其他地方就会遭到拒绝。这样，人们在认识到这种纸币毫无价值之后，便弃之不用了。那时，即使一条金鱼、一个旧望远镜，甚至一枚硬币，也总归是"物"，人人都要物而不要纸币。当时，物价持续飞涨，一盒火柴的价格到第二天可能就会上涨20倍。房屋的租金也一样与日俱增，但政府为了保护租房者（广大群众）的利益，严禁提高房租，这就损害了出租人的利益，因为一套公寓的中等套间一年的房租还不够一顿午饭钱。奥地利的局面一天比一天混乱，社会风气越来越败坏，安分守己的人总是挨饿受冻，而投机钻营者总是大发横财。社会上已经没有什么道德可言。

当时，持续的通货膨胀使奥地利的货币一天天地贬值，而只有外币是唯一具有稳定价值的东西，所以人们都想要瑞士法郎和美元。于是大批的外国人蜂拥而至，他们收购一切，从牙刷到农庄，从私人收藏到古玩店的古董，不放过任何一件东西。我亲眼见到这样一个事实：萨尔茨堡著名的豪华宾馆很长一段时间是全部租给英国失业者住的，因为他们有足够的英国失业救济金，因此在这里可以过上比自己老家的贫民窟更便宜的生活。而当更多的人得知奥地利的生活与物品便宜的消息后，贪婪的新客人便不断而来。在维也纳市区的街道上，随处可见讲意大利语、法语、土耳其语和罗马尼亚语的人。在边境城市萨尔茨堡，我有机会来观察每天路过的抢劫队伍。成批的巴伐利亚人从邻近的城市和乡村涌进这座小城，他们在这里请人缝制衣服，修理汽车，采购药品，甚至来看病。慕尼黑的大商号也来奥地利寄发国际信件和拍发电报，为的是能从邮资中赚取差价。因为一马克在萨尔茨堡抵得上 70 奥地利克朗。最后，德国政府终于设立了边境稽查站，以制止人们去萨尔茨堡购买价格便宜的所有必需品。当然，有一种商品却不受限制，那就是喝进肚子里的啤酒。每天晚上，火车站便成了酒徒们的天下，那些喝得不省人事的人得让人拖进车厢，然后列车满载着这群狂呼乱叫、发着酒疯的人返回他们自己的国家。然而，这些快活的巴伐利亚人万万没有料到，当克朗一稳定，而马克大幅下跌时，奥地利人也同他们一样上演着一出出闹剧，只不过方向相反罢了。这种在通货膨胀之下的啤酒战使我记忆犹新，也许因为它从小的方面把那几年的整个疯狂现象揭示得淋漓尽致。

令人奇怪的是，我实在无法回忆起当时自己是如何安排生活的。那时，在奥地利每个人一天的生活开销需要几万甚至几十万克朗，后来在德国则要开销数百万克朗。我实在记不起人们当时哪里来的那么多钱。反正我们已经适应了那种混乱的局面。不过大家不要以为，妇女们都披头散发，发疯似的在街上匆匆而过，店铺里空空荡荡，没有什么物品，戏院和娱乐场所全都荒凉一片。事实是，人们要求生活连续性的意志远远胜过货币的不稳定性。在金融的一片混乱之中，日常生活几乎不受干扰（虽然对有的人来说，还是发生了很大的变化。富人们由于存在银行里的钱在大量发行纸币中流失而变穷了，而投机者们却变富了）。面包师继续烤着面包，鞋匠继续做着皮靴，作家写书，农民耕地，列车照常运行，报纸照常发送，而那些娱乐场所、酒吧和戏院总是座无虚席。也许正是因为在这样的非常时期，人们才更看重生活的真正价值。我还从未在一个民族身上和我自己心中感觉到过那样强烈的生活意志。

但是，这个能源被切断，工厂、煤井和油田处于停顿状态的国家，这个被洗劫一空的、灾难深重的国家，是如何保存下来的，的确难以解释。因为当时它右边的巴伐利亚建立了共产主义的议会共和国，左边的匈牙利在贝拉·库恩的领导下已变成了布尔什维克。令人匪夷所思的是，革命居然没有蔓延到奥地利来。而这个国家压根儿就没有发生什么严重事件。也许是因为饿着肚子的人民太虚弱，不可能再去进行斗争的缘故吧。不过，国内最大的两个党派相互作了妥协，在最困难的时刻组织了联合政府。局面开始得到整顿和巩固，并慢慢稳定下来。于是我们不可思议地看到，这个严重贫困、多灾多难的国家继续存在着。甚至在后来，希特勒来向这个在贫困中无比坚强的忠实民族征募兵员时，它曾准备起来捍卫自己的独立。

战后狂热年代

　　不过，虽然这个国家从表面上看存在了下来，但是在战后的最初几年，它的内部却发生了一场巨大的革命。战后，当看到国土上逐渐消散的硝烟和满目疮痍的景象时，人们才感到战争的恐怖。战争四年间，在英勇精神的名义下进行的杀戮和在合法征用的名义下进行的抢劫，使人们再也无法相信这种道德观念的神圣性。国家把对公民应尽的一切义务看作棘手的问题而宣布取消，使国民再也无法相信这个国家的承诺。而现在，正是那些人，那些所谓有经验的人，做出了比战争还要愚蠢的事，他们签订了糟糕透顶的和约。我们知道，当时的和平曾为历史提供了实现正义的一种可能性。威尔逊当时也认识到了这种可能性，因此他以丰富的想象力，为世界各国实现真正的、持久的和解提出了一项计划。可是，原来的那些将军和国家领导人表面上赞同威尔逊明智、人道的要求，但在背后仍然进行着秘密谈判和签订密约的活动，并且获得了成功。世界上的明眼人都发觉自己上当受骗了，牺牲了孩子的母亲们、回到家乡成了乞丐的士兵们、那些出于爱国热忱认购战争公债的人、每一个相信国家许诺的人，以及所有那些梦想出现一个新的、更美好的世界的人，都受骗了。我们终于明白，那场旧的战争赌博已由那些原来的赌徒或者新的赌徒重新开始，而我们的生存、幸福、时间和财产都成了赌博中的赌注。如果年青一代因此而怨恨和鄙视父辈们毫无预见而搞砸了一切，这也是情理之中的事。战后的一代不再相信父母、政治家和教师，他们怀疑国家的每一项法令和每一次公告，毫不留情地抛弃一切传统观念，不愿受任何的束缚，并决心要掌握自己的命运。至此，一种完全不同的秩序在生活的各个领域内开始了。不过，开始的时候不免有些过分。学校里仿效俄国的样子成立了学生会来监督教师。"教学计划"也被彻底推翻，因为孩子们只应该并只愿意学他们喜欢的内容。年轻人们为造反而造反，对任何有效的形式都要进行反叛，甚至违背自然的意志，造"男女永远有别"的反。姑娘们的发型和穿着打扮像男孩子，而男子的言行也显出女性的娇媚。生活中的每种表现形式都竭力给自己染上激进和革命的色彩，一切都在反其道而行之。当然艺术方面更是如此。新的绘画宣告迄今为止的一切都已过时，开始了立体派和超现实主义的尝试。一些最基本的概念，如音乐中的旋律，肖像中的相像性，语言中的可领会性，遭受唾弃。写作也采用"直截了当"和"简明扼要"的电报式风格。想要标新立异的音乐也在固执地寻找一种新的调性和分离节拍。在建筑艺术中，建房的程序改成了从里向外。在舞蹈方面，华尔兹消失了，只有古巴人和黑人的形象。时装款式也越来越荒唐。剧院里的演员穿着燕尾服演《哈姆雷特》。各个领域都开始了一个大胆尝试的时代，期望超越以往的一切事实、变化和成就。那个时代最受欢迎的人莫过于年轻的、学得少的人，因为只有这样的人才会与各种传统没什么联系。青年一代终于对父辈们的世界进行了成功的报复。但是，在这一过程当中，既可悲又可笑的事便是许多老一辈知识分子的惊慌失措，他们害怕自己被人超过，所以也绝望地赶紧装出一副敢打敢冲的样子，步履蹒跚地到处追随最时髦的风尚，以使自己变得"年轻"，结果走入最明显不过的歧途。

我们经历了一个多么狂热的时代啊！无政府主义大肆泛滥，价值观念淡薄，正常和恰如其分的事都会遭到谴责。通神学、神秘学、招魂学、梦游症、人智学、手相术、笔相学、印度的瑜伽和巴拉塞尔士的神秘主义等奇谈怪论和不可捉摸的东西大行其道。吗啡、可卡因、海洛因等麻醉品更是横行市场。戏剧作品中充斥着乱伦和弑父的题材。一切事物都令人难以置信。不过，我很愿意在自己的一生中，在艺术的发展过程中，经历这样一个混乱的时代。因为混乱的时代淘去了旧传统的污秽，消除了多年紧张压抑的气氛。无论如何，时代的大胆尝试毕竟起到了一定的推动作用，虽然做法往往过于偏激和过分，但我们也没有理由去责备和否定那个时代。因为我们这一代人的小心谨慎和袖手旁观而犯下了错，年青一代急于弥补，虽然做得过于急躁和激烈，但他们内心深处的直觉是正确的。他们认为战后的时代应该是一个全新的时代，一个更美好的世界，而这也的确是我们年长一些的人在战前和战时所期望的。不过我们这些年长的人在战后的表现再次让人失望。我们没能及时成立起一个国际组织，以反对世界上新的危险的政治伎俩。而以长篇小说《火线》赢得世界声誉的昂利·巴比塞曾试图将欧洲所有的知识分子团结起来，与今后煽动各民族之间仇恨的行为做斗争。巴比塞曾委托我和雷内·席克勒共同领导德语作家小组，但是由于德国还沉浸在对凡尔赛和约的愤怒情绪中，而在莱因兰、萨尔和美因兹桥头堡仍由外国军队占领的情况下，要想使有声望的德国人具备超民族主义的思想，也许是没有可能性的，因此这应该是一个很艰巨的任务。但在巴比塞的俄国之行中，广大群众对他表现出的极大热情，使他坚信资产阶级的国家和民主不可能建立起各族人民间真正的兄弟般的关系，而只有共产主义才有可能建立起全世界人民之间的兄弟关系。所以他想悄悄把我们的组织变成阶级斗争的一种工具。但是我们不同意他的这种势必会削弱我们队伍的激进做法。于是这项本身有意义的计划最后便不了了之了。我们往往在为争取思想自由的斗争中，由于过于热爱自身的自由和独立，而不断遭遇失败。

　　所以我只有一件事可做了，那就是隐居起来，一门心思搞自己的创作。因为我不愿违背自己的意志而去投他人所好，所以 36 岁的我在表现主义者和放纵主义者眼中也许已经属于业已死去的旧时代的作家。我不再喜欢自己的那些早期作品，也没有再版过"唯美主义"时期写的书。我要重新开始，只是还需要等到各种"主义"的激荡浪潮退却。我不求虚荣，这使我的心态平和宁静。于是我开始忙于一套关于"世界的建筑大师"的丛书，并在完全冷静、不急功近利的态度下写了《马来亚狂人》和《一个陌生女人的来信》这样一些中篇小说。现在，我周围的世界开始逐渐恢复正常，那个我可以超脱的时期已然过去，我也不能再犹豫了。我已过了纯粹许诺的年龄，现在该是实现承诺和考验自己的时候了，或者是彻底放弃的时候了。

第十三章　回归世界

意大利之旅

在萨尔茨堡，我与世隔绝地度过了 1919～1921 年，这是奥地利战后最艰难的三年。我已经没有了有朝一日能重见世界的奢望。国外对每一个德国人或者用德语进行写作的人充满着仇恨，所以其他人也已经准备一辈子都待在自己狭小的故土上。不过，一切开始好转。人们又过上了吃得饱的生活，又能够坐在写字台旁不受干扰地进行工作。国家秩序也好转起来。我又重新感到活力充沛。于是我想到了自己青年时代的爱好，出远门去旅行。首先我想到了意大利，虽然奥地利人在那里是"世敌"，但是我自己从未有过这种感觉。我想要去试一试，于是一天中午我终于踏上了意大利的国土。

晚上，我来到达维罗纳的一家旅馆。当门房粗略地浏览了一下我填写的旅客登记表之后，他满脸惊讶，因为他在国籍栏里看到了"奥地利"这个字。在他问我是不是奥地利人时，我已经做好了被赶走的准备。但是，在听到肯定的回答之后，他十分高兴地向我表示欢迎，"啊，见到您很高兴！终于来了个奥地利人！"这足以证明战争期间我曾经有过的那种感觉：一切煽动和宣传仇恨只会使头脑一时发热，而从未影响到欧洲的真正群众。安顿下来之后，那个憨厚的门房还特地过来看一看是否招待周到。他热情地称赞我的意大利语，并与我友好地握手告别。

第二天我来到米兰，见到了久违的大教堂，听到了意大利可爱的声乐。在街道上悠然前行，欣赏着曾经熟悉的异国风光，真令人开心愉快。猛然间抬头看到了一幢大楼上挂着的《晚邮报》招牌，我立刻想起了老朋友朱·安·博尔杰塞，他是这个编辑部的领导人。在柏林和维也纳时，我曾多次和凯泽林伯爵、本诺·盖格尔一起参加他举办的社交活动。作为意大利最优秀、最富热情的作家之一，他对青年人的影响尤甚。他翻译过《少年维特之烦恼》，同时又是德国哲学的狂热信徒，但在大战中却强烈地反对德国与奥地利，并和墨索里尼一起推行战争政策，不过后来和墨索里尼分道扬镳了。现在我真想见一见这个"敌人"。但是由于害怕吃闭门羹，便给他留了一张写着我的旅馆地址的名片。可是还没等我走下楼梯，就已经有人从后面冲到我的前面，正是满脸兴奋的博尔杰塞。几分钟之后，我们就谈得像从前一样诚恳，也更加推心置腹了。因为他也从那次战争中得到了教训，我们分属两岸的人比以前更亲近了。这种情形随处都可以遇到。在佛罗伦萨，画家阿尔贝特·斯特林加跑过来猛地将我抱住，以致我的妻子把这位老朋友当成了劫匪。一切与从前没什么区别，反而比从前更真诚了。战争终于被埋葬了，终于成了过去。

然而，我们都被自己的善良愿望蒙蔽了，战争其实并没有远去。而那些政治家们、经济学家们、银行家们在那几年里同样被经济复苏的虚假繁荣所迷惑。事实上，斗争只是从国家之间转到了社会内部。当时，我们身在奥地利，不大了解意大利的政治，只知道由于战后的失望情绪，社会主义与布尔什维克的倾向四处蔓延。几乎每一堵墙上都用墨炭或粉笔横七竖八地写着"列宁万岁"。我们还听说，一个名叫墨索里尼的社会党领袖在战争期间与本党脱离关系，成立了一个对立的党派。但是这类消息只是人们茶余饭后的谈资罢了，因为谁也不会认为这样的小党派能成什么大气候。当时，每个国家都不缺这类的党派，在波罗的海沿岸的土地上到处都能看到志愿兵在列队行走，在莱茵兰和巴伐利亚都成立了分裂主义的党派。各处的示威游行和暴动不断，只不过每次暴动都被镇压下去了。因此没有人会想到，那些身穿黑衫的"法西斯分子"会成为未来欧洲发展中的一个重要因素。

后来在威尼斯，我才突然对"法西斯分子"这个词有了感性认识。一天下午，我离开米兰来到这座可爱的城市。到达之后竟没看不到一个搬运夫和一艘威尼斯小游艇。原来工人和铁路员工正在举行罢工示威，他们双手插进口袋，无所事事地站在那里。由于我的两只箱子太沉了，所以希望有人能帮个忙。我向人询问，但得到的回答是："您来的真不是时候。不过，我们现在倒是常常有这种日子。今天又是一次总罢工。"我不知道这里罢工的原因，也没再问下去。不过在奥地利，我们对罢工早已司空见惯了。社会民主党人只要走投无路，他们就会采用这种自以为最厉害而实际上并无效果的手段。我不得不拖着箱子艰难前行，直到看见一条小河里一个划游艇的人偷偷地慌里慌张地向我招手，然后他将我和两只箱子弄到船上。在船行驶的过程中，有好几个人向这个罢工破坏者，我的船夫挥舞着紧握的拳头。在旅馆安顿好后，照老习惯我立刻去了集市广场。那里异常冷清，大多数商店都没有营业，咖啡馆里也空无一人。只见大群的工人三三两两站立在街边的房檐下，似乎在等待什么特别的事。我便也和他们一起等着。不一会儿，就见一队年轻人排着整齐的队列，用急促而整齐的步伐从一条小巷奔跑出来，并以训练有素的节奏唱着一首歌，后来我才知道那首歌是《青年之歌》。这支组织严密的小队伍挥舞着棍棒，大胆勇敢地从百倍于他们的罢工群众中穿行而过。当罢工的人刚刚意识到这是一种挑衅时，那一小队人已迅速而过，再也无法把他们抓住。现在，罢工的人只有紧握双拳，气恼地盯着那支小小的冲锋队消失的方向。

亲眼见到的事始终是令人信服的。那时我才感觉到，在现实中，传说中的"法西斯"是一股领导得"非常好"的力量。它能煽动起那些坚毅、勇敢的年轻人，并使他们狂热地崇拜它。我的佛罗伦萨和罗马的那帮年纪较大的朋友们总是轻蔑地把那些年轻人看成是一帮"雇用来的歹徒"，并且嘲笑他们的"魔鬼老头子"，但现在我再也不赞同他们的这种看法。在好奇心的驱使下，我买了几期《意大利人民报》，墨索里尼那尖锐、明晰、拉丁式简洁的文风使我感到了一种坚毅，这种坚毅和奔跑着冲过集市广场的年轻人表现出来的一模一样。我当然无法预见那场斗争一年以后会达到怎样的规模。但是，至此我便意识到，我们的和平还不是真正的和平，世界各处仍然面临着一场斗争。

德国之行

我警觉地看到，我们的欧洲在看似平静的表面下，到处潜伏着危险。由于热爱旅行，我决定夏天去德国北海之滨的威斯特兰。当时，德国的恢复工作正在全面进行。而对一个奥地利人来说，到德国去一趟，是很令人期待的。列车没有半点延误，在铁路两侧可以看到新盖的住房和工厂。旅馆干净整洁，无可挑剔。一切在无可指摘的规章制度下井然有序。然而，国内的气氛还是有些紧张。因为当时大家都在关注德国和昔日的敌国在热那亚和拉巴洛举行的最初的几轮谈判，希望能够减少战争赔偿，或者至少得到真正的谅解。我的老朋友拉特瑙正是领导那几轮在欧洲历史上有着重大意义的谈判的人。我的这位朋友早在战争期间就充分表现出了自己杰出的组织才能。他第一个意识到，德国经济以后会在原料供应问题上遭到致命的打击，因此他曾及时将全部经济集中到中央的掌控之下。战争结束之后，当需要有人与那些机智而富有经验的对手进行谈判时，他又肩负起德国外交部部长这一重任。

到了柏林，经过再三考虑，我给他打了个电话。我实在不愿去打扰一个正在为时代命运而奔忙的人。他在电话那头说："是啊，时间被安排得满满的，现在真是公务第一友谊第二了。"不过很快他便以其充分利用每一分钟的特殊才能，找到了我们见面的办法。他告诉我，他将要到几个使馆去，到那里有半小时车程，他希望我先去他那里，这样我们便可以在小轿车上聊半个小时。我不愿错过这样的机会，并且认为，与我这样一个不介入政治但又和他有着多年友情的人谈心，他也同样会心情愉快。

那次我们谈了很长时间。我完全可以作证，拉特瑙在接受德国外交部部长这个职位时，心情沉重、烦躁，对此并不感兴趣。因为他事先就知道，压在他肩头的使命暂时会是一项无法完成的使命，在最好的情况下他至多只能争回1/4的赔偿费，并得到一些无关紧要的让步，但是指望真正的和平和宽宏大量的对待仍是不可能的。他说："就让我们等到十年之后吧，那时大家的身体都不行了，老一辈人退出了外交界，将军们也变成了公共广场上默默矗立着的纪念塑像。"他完全意识到了自己肩负着的双重责任。作为一个犹太人，他满怀深深的忧患意识与怀疑的态度，去迎接自己的使命。他很清楚，凭借自己的力量是不可能完成这一使命的，而只有时代本身才能将其完成。他也知道这一使命将会给他带来怎样的危险。德国政治家埃尔茨伯格尔就是由于承担了停战协议中令人不快的义务而遭暗杀的，而鲁登道夫却由于眼看要承担那种义务而小心翼翼地逃到了国外。因此，作为一个谋求和解的先驱战士，拉特瑙毫不怀疑，类似的命运正等待着他。不过，他至今尚未娶妻生子，仍孤身一人，所以他说他并不怕遇到什么意外。我也一下子失去了提醒他一定要注意个人安全的勇气。

拉特瑙在拉巴洛工作出色，在当时，可以说是已取得了最好的成果。到今天，这仍然是不争的事实。他具世界政治家的风度，并且总是能迅速抓住每个有利的时机，又由于他个人的声望，这一切使他取得了前所未有的成功。但是，国内的一些小组织已经变得相当强大。他们深知，想要招徕更多的人，最好的办法便是，一再向自己的国民声明，他们根本没有战败，任何的谈判和让步都是对国家的背叛。这些大搞同性恋的秘密团体的势力已比当时共和国领导人想象的要多得多。共和国领导人依照自己对自由的理解，听任那些想要将自由永远从德国土地上消灭的人胡作非为。

那天，在市区的外交部门前，我与他告别，当时怎么也没料到那竟是我们之间的生死离别。后来，从照片上我认出了我们一起坐车驶过的街道，那正是不久之后暗杀者伏击我的朋友的那条街。而随着这一悲剧的结束，德国与欧洲的不幸也就开始了。

我的朋友被暗杀的那天，我正在威斯特兰。当时，数以千计的疗养旅客正在海滨悠闲地游泳洗澡，乐队为这些无忧无虑消暑的人们演奏着音乐。突见送报人飞也似的越过林荫道狂奔而来，嘴里高喊着："瓦尔特·拉特瑙被暗杀！"人们惊慌失措，全国震惊。马克迅速贬值，通货膨胀所造成的真正混乱现在方才开始。先前我们奥地利通货膨胀的比例曾达到过十分荒唐的1：15000。而现在与德国的一比，却是小巫见大巫了。若想把那次通货膨胀的细节和那些难以置信的事例叙述出来，那得写一本厚厚书。而今天的人简直可以把这书当成童话来阅读。

我曾亲身历过这样的日子：早晨五万马克一张的报纸，到了晚上就得要十万马克。兑换外币的人只能按钟点分几次兑换，因为兑换比价可能会比六十分钟以前多好几倍。例如，我向出版商寄出一部花费我一年时间完成的手稿，为了避免出现意外，我要求立刻预付一万册的稿酬，可收到支票时，面值还不够我一星期前寄稿件的邮资。电车票需用百万来计算，帝国银行运送的纸币需用卡车装载。我还在排水沟里见到过连乞丐都看不上眼而扔掉的面值十万马克的钞票。一根鞋带比先前拥有两千双鞋子的豪华商店还要贵，修一扇玻璃窗比先前买整幢房子还要贵，一本书比先前一家拥有几百台机器的印刷厂的价钱还要高。一百美元就可以买到库尔菲尔斯腾达姆林荫道上一排六层楼房。如果哪个男孩捡到一箱被人遗忘的肥皂，只要每天卖出一块肥皂，他就可以过几个月像贵族一样的生活。而从前的富人，现在却成了乞丐。送报纸的人在各种外汇兑换中发了横财，现在盖起了银行大楼，而那个施廷内斯便是他们中间的佼佼者。他利用马克的贬值，扩大信贷，并只买进矿山和轮船、工厂和股票、城堡和农庄，而实际上这一切都未花一分钱，因为每一笔钱或贷款最后都等于零。之后不久，1/4的德国便在他的掌握之中。而德国人竟然把他当成一个天才人物。这肯定是很不正常的。成千上万的失业者向黑市商人和坐在豪华小轿车里的外国人挥舞着双拳，因为那些人会买下整条街的东西，甚至一盒火柴都不放过。凡是能识字和写字的人都做起了买卖，想着法子赚钱，但他们心中都能感觉到，大家相互之间都在欺骗，而同时又在被一只隐蔽的黑手所欺骗，这只黑手为了使国家摆脱自己的负债和义务而蓄意制造混乱的局面。

我对历史比较有研究，像这样的疯狂时代，在历史上还从未出现过。随着通货膨胀的加剧，社会价值观也发生了变化，人们开始嘲笑国家的法令规定，没有人会遵守道德规范，柏林俨然成了世界的罪恶深渊。酒吧间、游艺场和小酒馆蜂拥出现。与之相比，奥地利当年的那种混乱局面只不过是小小的前奏而已，德国人把他们自己有条不紊的作风与一切热情全部搞颠倒了。青年人身穿紧身胸罩、涂脂抹粉，沿着库尔菲尔斯腾达姆林荫道漫无目的地游荡。有职业的青年人，甚至中学生们都想着如何挣钱。昏暗的酒吧间里，政府官员和大金融家不知羞耻地在向喝醉酒的海员大献殷勤。纵然罗马著名传记作家斯韦东笔下的罗马也没有像柏林那种跳舞会上穿着异性服装的疯狂放荡场面，男人穿着女人的服装，女人穿着男人的服装，在警察的赞许目光下群魔乱舞。一切价值观念已然崩塌，而正是那些迄今为止生活秩序没有受到波动的市民阶层遭到一种疯狂情绪的侵袭。年轻的姑娘们以不正常的两性关系为荣，而如果一个女孩子到了十六岁还是处女，便会被看作是一件不光彩的事。每个姑娘都乐于公开自己的风流韵事，并且认为这种风流事只要带上热带的异国风情就更好。但是这种看似激情的性爱却满是可怕的虚伪。其实，随着通货膨胀而来的德国人的这种恣意妄为无非是追求时髦而已，那些出身正派的市民家庭的年轻姑娘们其实宁愿把头发简单地分两边梳开，而不愿梳个光溜溜的男人发型，她们其实喜欢用小勺吃奶油苹果馅饼，而不愿喝烈性白酒，可是令人头痛的通货膨胀简直像发了疯一样。经历过战争的、满目疮痍的国家，实际上都在渴望秩序、平静、安宁和法纪，全国人民已经无法忍受下去了。而整个民族也在暗中憎恨这个共和国，这并不是由于共和国压制了人们的自由，正相反，它把自由放得太宽了。

经历过这种如世界末日般可怕岁月的人都觉得，当时的情况必然会产生一种反动、一种令人恐怖的反动。那些把德国人民驱向乱世的人物在幕后悄悄等待着即将到来的有利于他们的时刻，他们清楚，这个国家的情况越糟糕，形势对他们就越有利。鲁登道夫周围已经明目张胆地聚集了一帮反革命势力，人数比在当时尚未掌权的希特勒周围聚集的要多。那些被人扯下了肩章的军官们组织了秘密团体。那些眼看自己的积蓄被人骗走的小市民们，背地里互相联络，随时准备响应任何号召，只要它能重新带来秩序。对德意志共和国来说，它的那种既要给人民以自由，又要给自己的敌人以自由的理想主义企图，为人们带来的灾难是空前的。由于德意志民族从来都是讲秩序讲纪律的民族，所以面对自由便不知所措了，他们企盼着有人来剥夺他们的自由。

十年太平

1924 年是德国历史上的一个转折点。通货膨胀结束了，从人们用以前的一兆马克兑换一个新马克的时候起，一切也开始逐渐恢复，社会状况日益正常。现在，人人都能清楚地计算出自己的得失，损失最严重的是人民群众。但是，担负起这种责任的并不是那些挑起战争的人，而是那些本着牺牲精神勇敢地肩负起恢复新秩序重担的人，可是这些勇者却得不到任何感谢。不过，从表面上看，到1924年，那种混乱不堪的怪现象似乎已经过去，光明的日子似乎重又到来。我们的心情也随着秩序的日趋恢复开始释然。我们再一次像傻瓜一样以为，战争已经远去。不过正是这种自欺欺人的幻想给了我们十年时间的工作、希望和安全。

从1924~1933年，即从德国通货膨胀结束到希特勒攫取政权的这短暂十年间，欧洲和平显得有了保障，仅这一点就具有非常重要的意义。在这期间，德国被光荣地接纳到国际联盟，并利用贷款促进自己的经济建设（实际上是秘密地扩充军备），英国裁减了军备，意大利的墨索里尼接管了对奥地利的保护。世界似乎要重建自己。巴黎、维也纳、柏林、纽约、罗马，这些战胜国或战败国的城市，都比以往更漂亮了。飞机提速了，办理护照的规定放宽了，货币比价的大幅度波动也已停止了。人们清楚地知道自己收入和支出的数字，又开始重新工作，并能够集中心思，去考虑文学艺术方面的事情了。命运似乎赐予了我们这一代饱经磨难的人一种正常的生活。人们甚至又可以梦想和希望有一个统一的欧洲。

就我个人而言，需要提及的便是我的成就。因为自希特勒上台以来，我的成就已然变成了历史。我的曾经被人疯狂抢购的数十万，甚至数百万册书，在今天的德国却连一本都找不到了。收藏有我的书的人必须得小心谨慎地把它藏好才行。在公共图书馆里，我的书也始终是被塞在所谓"毒品柜"里的，只有在官方的特别许可下，才可以为了"学术"的需要看到那些书籍，当然看书的目的肯定是为了污蔑与辱骂。而我的读者和朋友也早已不敢再提及我的名字。除此之外，在遭受奴役的法国、意大利等国家，根据希特勒的命令，我的书籍也都同样是被禁止的。而我的作品的译本曾在那些国家拥有最多的读者。40 年来，我在国际上创建的一切，都被他毁灭殆尽。因此，在我谈及自己"成就"时，说的只是过去属于我的东西，正如我的家、祖国、自信心、自由，以及没有偏见一样，都已属于过去。我必须事先指出我在被人推落以前所达到的高度，因为只有这样我才能在今天形象地说明我和其他无数相同的无辜者之后被人推落到有多深，也只有这样我才能更好地说明我们整整一代从事文学创作的工作者是如何一下子被彻底灭绝的，因为这应该说是史无前例的。

我的成就并不是猛然获得的，而是经历了一个艰辛的、漫长的过程。但在希特勒法令的皮鞭下，它又不得已离我而去。在《耶利米》面世后，我发表了《建造世界的大师们》三部曲的第一卷《三大师》，它很快为我拓开了道路。在此之前，曾产生过表现主义者、唯意志论者、实验主义者等。但对坚持不懈的人来说，那条通向人民大众的道路又畅通了。深受广大读者欢迎的中篇小说《马来亚狂人》和《一个陌生女人的来信》不仅被改编成了戏剧，后来又被改编成电影，此外，人们还公开朗诵它们的片断。我的《人类的群星闪耀时》遍及所有学校，之后又被列入"岛屿丛书"系列，印数很快达到 25 万册。没过几年，我便拥有了一个读者群和一批值得信赖的人，他们期待并购买我的每一本新书。我将之看作是一个作者所获得的最有价值的成就。渐渐地，我的读者群越来越大。我从未在报纸上刊登过任何形式的广告，但我的每一本书在德国第一天公开发行时，就会销售两万册。有时我想有意识地避开那种成就，可是它却始终如影随形。所以，当我将那本为了自娱而创作的《富歇传》寄给出版人之后，他来信告诉我说他准备立刻印一万册。我赶忙回信给他，希望他不要印这么多，一来是因为富歇这个角色不会给人好的印象，二来是因为书中没有任何对女人的描写，估计这本书不会吸引多少读者。我建议他最好先印五千册。出人意料的是，一年之后，这本书在德国的销售量达到了五万册。然而今天德国却不允许有我的一行字存在。我的悲剧《伏尔波尼》也遇到了类似的情况。我原本打算把它写成一部诗体剧，于是先花了九天时间，将各场次用散文体写了下来，当然显得松散，也没什么分量。而正好那几天收到了德累斯顿的宫廷剧院的来信，询问我新的创作计划。因为我的第一部剧作《忒耳西忒斯》就是在这个剧院首演的，所以我总觉得欠着该剧院的情，于是我给他们寄去了用散文体写的剧本第一稿，并致歉说：我所寄的只是我打算改写成诗体剧的散文底稿。但是剧院立刻给我回电报希望我不要对剧本做任何修改，事实上这一剧本后来就是以散文体的形式登上了世界各国的舞台。总之，在那几年，越来越多的忠实的德语读者一直陪伴着我不断取得成就。

　　我在为外国的作品或人物写评论或传记时总会探求那些作品或人物在他们所处的时代产生影响或不产生影响的原因，所以有时我会反思，我的书究竟是由于哪些特点而取得了意料之外的成功。我想那也许是由于我个人性格急躁而易动感情的原因。在小说、传记，或者辩论中，我对任何冗长、烦琐、晦涩、模棱两可、画蛇添足的表达总会感到不胜其烦，但我很欣赏那种从始至终都保持高潮，并能够让人想要一口气读完的书。在我看来，我所拥有的全部书籍中的90％都描写过多，对话拖泥带水，有许多没有必要的配角，面铺得太广，使作品显得既松散又死气沉沉，甚至一些最著名的经典作品也有许多不精练的地方。这往往会影响到我的情绪，因此我便萌生了一个大胆的计划：把从荷马、巴尔扎克、陀思妥耶夫斯基直至《魔山》的全部世界名著彻底进行缩写，去掉个别累赘的部分，出版一套简明的丛书。只有这样，所有这些无疑包含着超越时代内容的作品才能在我们这个时代重新焕发生机。

我在阅读时，反感一切烦琐和冗长的叙述，这也直接影响到了自己的写作。在写书的第一稿时，我总是将心中的构思一股脑儿倾泻而出，这时我追求的是轻快和流畅。在写传记时，我会首先利用起一切可供利用的文献资料上的细节，例如在创作传记《玛丽·安托瓦内特》的过程中，为了确定她个人的支出情况，我亲自核对了每一笔账目，找出当时所有的报纸和小册子进行研究，并详细查阅了诉讼的所有卷宗。不过，当这本书出版时是见不到到任何有关这方面字句的。因为一旦一本书的第一稿完成，我真正的工作便开始了，那就是进行压缩和结构的调整。这项工作对我来说是没有尽头的，因为我总会一遍又一遍推敲各种表达方式，不断地去粗取精，使内部结构更加精练。我的抱负即是，始终要了解比从表面上看到的更多的内情。我准会在不影响作品的准确性，同时又能加快节奏的情况下，找出可以删减的一句话，或者哪怕是一个字。在创作过程中，这种删减工作给我带来了极大的乐趣。有一次，当我完成手头的工作，站起身时，妻子说我看上去心情很不错，我自豪地说："是啊，又一整段被我删去了，现在文气就更顺畅了。"有人称赞说我的书节奏紧凑，这并不是由于天生的性急或者内心的激昂，而应归功于把所有多余的休止符和杂音一概去除的条理化方法。如果非要说我用了哪种艺术方法的话，那便是善于舍弃的艺术。倘若一千页稿纸中只筛选出了两百页的精华，我就会毫不吝啬地舍弃其他八百页。我的书之所以会产生一定的影响，在一定程度上也许是由于我严格遵守的规则：宁可在形式上紧凑一些，但内容必须是最重要的。让人感到高兴的是，许多来自法国、保加利亚、亚美尼亚、葡萄牙、阿根廷、挪威、拉脱维亚、芬兰和中国的国外出版商纷纷同我联系，这是因为我的创作从一开始就是面向欧洲，超越国界的。为了将所有不同译本样书放整齐，我还特地买一个大书柜。日内瓦国际联盟的《智力合作》的统计表上显示，我的作品是当时世界上译本最多的。一天，我再次收到一家俄国出版社的来信，说他们打算出版我的俄文版全集，并想请马克西姆·高尔基为这部全集作序，故写信征求我的同意。高尔基是我一直爱戴和钦佩的作家，早在中学时代，我就读过他的小说。但是，出人意料的是，他竟然知道我的名字，并读过我的一些作品。而像他这样一位文学巨匠要亲自为我写序，真是想也不敢想。一次，我在萨尔茨堡的家中接待了一位美国出版商，他带来了一封介绍信，提出要出版我的全部著作并获得连续的出版权。他就是瓦伊金出版社的本亚明·许布施，自此，他便成了我最可靠的朋友和顾问。后来，当所有一切被希特勒的铁蹄践踏在地的时候，是这位朋友用文字为我保存了最后一个故乡——引起我无限美好回忆的我的作品，因为我已失去了原来那个古老的真正的故乡、德意志的故乡、欧洲的故乡。

　　不过，表面上的成就也许是有危害的，它会使一个人忘乎所以，而很少再去考虑自己的能力及其作品本身。一个人一旦成名，其自然的平衡状态便会遭到破坏。一般来讲，一个人的名字就好像雪茄的外层烟叶，只不过是一个标记，一个表面的、几乎无关紧要的客体而已，它和真正的主体只有松散的联系。然而一旦主体有了成就，这个名字就会身价倍增，就会脱离使用这个名字的人，而开始成为一种权力、力量、自在之物、商品和资本，并反过来对使用这个名字的人产生强烈的影响，成为一种左右他和使他发生变化的力量。那些走运的、充满自信的人就会不自觉地习惯于这种力量的影响。头衔、地位、勋章及到处出现的那个名字都可能在他们的内心产生一种更大的自信和自尊，使他们错误地认为，他们在社会、国家和时代中占有特别重要的地位，而情不自禁地到处吹嘘。但是，一个生来对自己持怀疑态度的人，会把任何一种外在的成就看作是一种责任，使自己在那样微妙的处境中尽可能保持不变。

这样说并不是由于我对自己的成就不感到高兴。正相反，它使我欢欣鼓舞。不过，我的成就也仅限于我的作品以及与之联系在一起的我的虚名而已。一次，我偶然在德国的一家书店，看见一个小中学生用自己仅有的一点零花钱准备买一本我的《人类的群星闪耀时》，那种情景深深触动了我。而当卧铺车厢的列车员在登记完姓名之后，尊敬地交还我的护照，或者当意大利的一个海关人员由于认出我来，而给我优惠，不再对我的行李作一一检查时，都可能使我沾沾自喜。有时甚至纯属数量上的结果也会使一个作者忘乎所以。一天，我去莱比锡，正赶上发行我的一本新书。当看到我用三四个月时间写的三百页的书，居然需要别人花那么多的体力劳动时，内心竟莫名地激动起来。工人们用很大的板条箱把书装起来，另一些工人费力地把木箱拖下台阶，装上卡车，然后卡车再把这些木箱送到开往世界各地的火车车厢。几十名姑娘在印刷车间将纸张分层堆放好。排字工、装订工、搬运工、批发商从早不停歇地忙到晚。我暗自计算了一下，如果将那些书像砖块似的排列起来，就能够建成一条相当壮观的路。我从不自命清高到不屑于谈物质利益。刚开始的几年，我从不敢奢望我的书能赚钱，或者甚至靠版税能够维持生计。而现在，我的书突然带来了可观的、不断增长的收益。当时谁也不会想到我们今天经历的时代。于是，我重拾青年时代的爱好，用赚到的钱慷慨大方地购买名人手迹，而那些令人赞叹的圣人遗物中的某些最精美的珍品，也在我这里找到了备受细心呵护的最好归宿。我惊异于自己粗陋的作品竟然能换取那些如莫扎特、巴赫、贝多芬、歌德、巴尔扎克等人不朽作品的手稿。所以在我看来，那种意料之外的表面上的成就，竟随随便便或者说内心并不情愿地降临到了我的身上，真是太荒谬了。

不过，说实话，让我感到高兴的仅限于我的书籍所取得的成就和我在文学上的名声，但如果要将我本人牵扯进来，那么我所取得的成就只会令我反感。因为从少年时代起，永远保持自由和独立就是我心中最强烈的本能愿望。我认为，对于一个酷爱个人自由的人来说，如果其照片被到处刊登，那么他身上许多最美好的东西便会遭到歪曲和破坏。此外，起初由于兴趣爱好而做的事，很有可能会变成为一种职业或者甚至一种企业形式。每次当我外出旅行一个月回来，必须得花两三天时间来处理邮局送来的大堆信件、请柬、通知，以及要求答复的咨询，以使"企业"重新恢复正常。我的书籍的畅销使我经常缠身于忙碌不堪的事务，尽管有一百个不愿意，但是，为了处理好各种事宜，我必须得做到有条不紊、通观全局、办事准确和熟练。可这些受人尊敬的美德却和我的禀性格格不入，并且将会严重影响到那种自由的纯粹的思索和梦想。所以我宁愿深居简出，也不愿去大学讲课或出席某种庆典。我认为，用抛头露面来宣扬自己的名声是不可取的。我也从未能够克服自己那种几乎是病态的畏缩。直到今天，我还保持着这种完全出于本能的习惯。无论身在何处，我准是坐在最不显眼的位置，因为我无法忍受坐在台上或者在一个显眼的位置让大家盯着我的脸看的那种感觉。小时候，总是无法理解老一辈的作家和艺术家。他们穿着丝绒夹克衫，烫着鬈发，或者留着独特的胡须，身穿怪异的服装，在大街上招摇过市，连我尊重的朋友阿图尔·施尼茨勒和赫尔曼·巴尔也是如此。不过，事实是，任何一个想以抛头露面来为自己争得名声的人，无意之中会使自己生活着像个"镜中人"。正如韦尔弗尔所说：各种姿态都要遵循某种风度。而一般来讲，随着那种外表上的变化，内在的诚恳、自由和无忧无虑也就逐渐失去了。要是我还能从头开始，那么我一定会一个杜撰的名字，来发表自己的作品，这样我便既能享受文学成就所带来的喜悦，又能享受隐姓埋名所带来的愉快生活。而这样一种两全其美的生活，本身就已经充满了迷人的魅力和无穷的乐趣！

第十四章　日薄西山

漫游欧洲

在希特勒攫取政权的前十年，即 1924～1933 年，欧洲的生活相对平稳。我经常会满怀感激之情地回忆起那十年。由于我们这一代人曾经遭受过极其深重的灾难，所以格外珍视那好不容易盼来的相对和平。我们每一个人都渴望找回在第一次大战和战后的艰难岁月中失去的幸福、自由与精神财富，于是大家怀着愉快的心情重新投入到忘我的工作中，并且各处漫游，进行各种尝试。我们又重新发现了自己的欧洲与世界。在那十年里，人们从来没有进行过那么多的旅行，这也许是由于年轻人已迫不及待地想要去寻求他们在过去彼此隔绝的状态中失去的东西，或者是由于人们已经隐约预感到会再次遭受"禁锢"，所以在此之前想要及时冲出狭窄的天地。

那段时期，我也去了很多地方，不过我已不再是那个名不见经传的人了。现在随处都有我的朋友、我的出版人，以及一大群读者。我通常是作为我的书的作者去那些国家的，这给我带来了不少好处。我可以更加广泛、高效地宣传自己毕生为之奋斗的理想：争取欧洲的精神统一。我在瑞士、荷兰、布鲁塞尔、佛罗伦萨，以及美洲发表演讲，努力向人们传递我的这一统一思想。这种旅行与通常意义上的旅行完全不同，每到一个国家，我很容易就可以见到这个国家最优秀的人物，如同友人一般，而不必特意去寻找他们。可在我年轻时，我对他们心存敬畏，从不敢给他们写一行字的信，而如今他们却都成了我的朋友。我跻身于那些通常把陌生人傲慢地拒之门外的社会圈子，可以自由地欣赏圣日耳曼城区的华丽建筑和意大利的高级宅邸，并可以见到私人的珍藏。我已不必为在公共图书馆找一本书而看人的脸色行事，现在图书馆馆长会亲自把库藏的罕见文献拿给我看。我还是拥有百万美元资产的古董商的客人。于是我第一次见识到了所谓的"上层"世界及其奢华。这一切都是自己送上门来的，根本不需要做出任何努力。

但是，这算得上见多识广吗？肯定不是，我依旧渴望青年时代那种自由的、无须会见任何人的旅行。那是一种旧的、充满魅力的旅行方式，它深深吸引着我。所以每次要去巴黎时，我会尽量避免提前通知罗歇·马丹·杜加尔、儒勒·罗曼、杜阿梅尔、马塞雷尔等好友。因为到达之后，我喜欢先在大街上漫无目的地闲逛，并重访原来的那些咖啡馆和小饭馆，以回味自己的青年时代。如果想静下心来写作，我总是去那些最令人意想不到的地方，如布洛涅、蒂拉诺，或第戎这样一些外省的小地方。在我看来，最舒服不过的事莫过于远离经常住的那些令人厌恶的豪华大饭店，住进小旅馆，没有人知道自己的行踪，这样便可以完全自由地按照自己的意愿行事了。后来，尽管希特勒从我身上夺走了许多东西，但是唯有这种美好的、充分享有内心自由的欧洲式生活的回忆是他既不能毁灭，也不能从我心中抹去的。

难忘俄国

在我的一生中，我到过许多地方，但去往新的俄国的那次旅行给我留下了的最难忘的记忆，也使我获益颇多。1914年，也就是战争爆发前夕，我正在写一本有关陀思妥耶夫斯基的书，那时我就为去俄国做准备了。可是接下来的战争打断了我的计划，而战后又有一种顾虑妨碍着我的打算。由于布尔什维克革命，俄国对一切有知识的人来说，成了战后最富有魅力的国家。人们在没有对其进行充分了解的情况下，或是给予热情的赞美，或是进行疯狂的贬损。由于宣传与反宣传同样的激烈，所以人们无法清楚地知道那里究竟发生了什么。

不过，众所周知，那里正在进行一场全新的尝试，无论那些尝试是好是坏，它们很有可能会决定我们这个世界的未来形式。萧伯纳、威尔斯、巴比塞、伊斯特拉蒂、纪德等许多人都去过那个国家。在他们回来后，有的充满热情，有的失望沮丧。这勾起了我强烈的好奇心。毋庸置疑，如果我去那里，肯定会受到热情的接待。因为我的书已有数万册在那里流传，既有马克西姆·高尔基为我撰写了序言的全集，也有深入到广大群众中的廉价的小版本。不过，仍有一个问题，那就是当时任何去俄国的旅行，似乎本身就已表明了一种立场。而我这个对教条主义和政治性的事情最为痛恨的人，不可能在对一个刚刚经历过巨大变革的国家进行一般性的观察之前就公开表示赞许或者否定，或对一个尚未解决的问题先发表自己的判断。所以，尽管我渴望能亲身去体验那些新鲜的事物，但却下不了决心去苏维埃俄国。

1928年初夏，我收到了一封邀请信，说为了纪念列夫·托尔斯泰一百周年诞辰，希望我能作为奥地利作家代表团的成员去莫斯科参加庆祝活动，并请我在纪念晚会上发表贺词。这对我来说是一次很好的机会，因为这次活动是超党派的，所以我的访问便不会带有任何的政治色彩。托尔斯泰是一个非暴力的信徒，而不是布尔什维主义者。由于我写的关于他的书在那里流传甚广，我显然有权利谈谈作为作家的托尔斯泰。此外，我认为，如果所有国家的作家们都能团结起来共同纪念他们中间最伟大的人物，那么在欧洲人看来，这便是一次重要的示威。于是我接受了邀请，并从没对我如此迅速地做出的决定感到后悔过。在去往俄国的旅程就已使我大长见识，我深深感到我们的时代治愈自己造成创伤的速竟是如此之快。

在经过波兰时，我看到1915年还是一片废墟的加利西亚地区的城市，现在都已面貌一新。我再感叹，在个人的一生中颇为漫长的十年，在一个民族的生存中只是一瞬间。在华沙已看不到军队间浴血奋战的痕迹。衣着时髦的妇女坐在咖啡馆里，十分惹眼。马路上散步的军官们，身材瘦长，穿着笔挺，像是扮演士兵的皇家剧院的杰出演员。那种意气风发、信心满满与自豪的情绪充盈着每一个角落。列车经过华沙继续向俄国的边境行驶。大地逐渐变得平坦，沙土越来越多。列车每到一个车站，都会看见穿着各色乡村服装的居民们站在一旁，因为当时白天只有这一趟客车驶向那个禁止外人入境的封闭的国家。因此，观看这联结东西方世界的特别快车的洁净车厢，便成了这里人们的一件大事。终于到了边境车站涅戈洛尔耶。我看到铁轨上方高高地悬挂着一条宽宽的、写着西里尔字母的红色横幅，有人给我翻译说是："全世界无产者联合起来！"从这鲜红的横幅下面穿过，我们算是真正进入了无产阶级的世界——苏维埃共和国的国土，一个全新的世界。当然，我们乘坐的列车并不属于无产阶级，它来自沙皇时代，列车车厢宽敞，行驶得比较缓慢平稳，因此比坐欧洲的豪华列车要更舒适惬意。

令人奇怪的是，我平生第一次乘火车穿越俄国的土地，但却丝毫没有陌生感。辽阔、空旷、寂寥的草原，草原上的小茅屋，矗立着葱头形屋顶建筑的小镇；蓄着长胡须、既像农民又像先知的、有着善良爽朗的笑声的男人们，出售着克瓦斯、鸡蛋和黄瓜的、头戴花巾、身穿白色短衫的妇女们。一切怎么会是如此熟悉啊，其原因便是，托尔斯泰、陀思妥耶夫斯基、阿克萨科夫、高尔基等俄罗斯文学大师曾用杰出的现实主义手法为我们描述了"民间"生活。在列车里，年轻的工人们或下棋，或看书，或交谈，虽然我不懂他们的语言，但我能感觉到他们的意思，能感觉到他们身上的那种心神不定、不能自制的精神状态。由于他们得到的号召是要竭尽全力，因此年少气盛重又奇迹般地回到了他们身上。如果说，托尔斯泰和陀思妥耶夫斯基对"民众"的爱怜会让人沉浸于对往昔的回忆，那么在列车上我就已对这些人的单纯、聪明而又尚缺教养产生了怜悯之情。

在苏维埃俄国待的 14 天里，我的身心一直处于高度紧张的状态。观看着、聆听着，有赞赏、欢欣，也有厌倦、生气，像是一股交流电始终介于冷与热之间。莫斯科本身就是一个矛盾体，它有壮丽的红场，旁边是围墙和葱头形屋顶的建筑，极具远古俄罗斯的风格，那是一种鞑靼人的、东方的、拜占庭式的奇异风格。而红场的另一端矗立着现代化的高大建筑，像是一群陌生的美国巨人。教堂里是被烟熏黑的古代希腊正教的圣像和镶嵌宝石的圣坛，而离教堂仅百步之遥的地方却是一口躺着身穿黑色西服的列宁遗体的水晶棺。洁净漂亮的小汽车旁是瘦小马匹拉着的马车，满脸胡子、邋里邋遢的马车夫挥动鞭子轻轻吆喝着。我们发表演讲的大歌剧院里灯火辉煌，一派沙皇时代的富丽景象。而郊区是一片破旧不堪的旧房屋，为了不致倒塌而互相依靠着。现在莫斯科人满为患，因为人们急于将早已陈旧、衰落、锈蚀的一切一下子都变得现代化、甚至超现代化。到处都是拥挤的人群，显得杂乱不堪。臃肿的机构，导致办事效率极低，人们不得不到处等候。

原定六点开始的晚会到九点半才开始，凌晨三点钟，当我疲惫不堪地离开大剧院时，演说者们还在滔滔不绝地讲着。作为一个欧洲人，无论是参加招待会还是赴约，我总是提前一小时到场。时间就这样从我们的手中白白流逝，但是似乎每一秒又都十分忙碌，人们用眼睛看，用嘴说，忙得不亦乐乎。那种对一切事情都表现出来的极度的热情使我觉得俄罗斯人煽动人心的神秘力量已在不觉中控制了每一个人，使得他们那种不可抑制的兴奋的情感和思想一起炽热地迸发出来。虽然不明白这些人为什么会如此容易激动，但无疑和那种不安宁的新气氛有关，也许一种俄罗斯式的国魂已降临到了所有人的身上。

的确，有许多事情是令人感叹的。首先是布局恢宏彼得格勒，这是一座由具有胆识的诸侯们天才地设计的城市，同时又是《白夜》中阴霾的彼得堡，是《罪与罚》中拉斯科尔尼科夫的彼得堡。雄伟壮丽的冬宫里是更令人难忘的景象，成群的工人、士兵、农民手拿帽子，脚踩笨重的鞋靴，诚惶诚恐地穿过从前皇帝们的殿堂，一边细看那些绘画，心里有说不出的自豪，因为他们觉得这一切现在是属于自己的了，他们得学会了解这些东西。满脸稚气的孩子们紧随教师穿过大厅，那些颇显拘谨的农民们专注地听着讲解员介绍伦勃朗和提香的绘画。那种天真的、一本正经的努力未免使人感到有点可笑，因为想要让目不识丁的民众在一夜之间就能懂得贝多芬与维米尔显然太过急于求成。无论是这些艺术珍品的讲解员，还是竭力想懂得这些艺术珍品价值的人，都表现得那么性急。12岁小姑娘的课桌上放着黑格尔和素列尔的作品（当时我都不知道这个人），甚至不识几个字的马车夫手里也拿着书，而这仅仅是因为，有书便意味着"教育"，这是新的无产阶级的光荣和义务。是呀，当他们带着我们参观那些中型工厂并且期待着我们的惊讶之情时，我们不得不配合地装出笑容。一个工人曾指着一台缝纫机万分自豪地对我说："这是电动的！"然后期待着我的赞叹之声。因为这里的民众们以前从没见过这些技术产品，所以他们虔诚地相信，是革命和革命之父列宁与托洛茨基设发明了这一切。于是我们微笑着赞叹一番，但同时又暗自觉得好笑。这个俄罗斯国家像是一个不可捉摸、既有才能又心地善良的大孩子。我们在猜测，这个国家将来真的会如愿以偿地改天换地，宏伟的蓝图将会变得更加庞大，还是如俄国作家冈察洛夫笔下的奥勃洛摩夫一般空有诸多的改良计划而最终却都在懒散中化为泡影。我们有时觉得可信，转眼又感到怀疑。真是看得越多越糊涂。

　　然而，这种矛盾的思想是不是只有我有？俄国人有吗？我们前来纪念的托尔斯泰呢？在去往托尔斯泰的故居的火车上，我还跟卢那察尔斯基谈到过这个问题。卢那察尔斯基说："他究竟是革命者还是反动分子，他自己清楚吗？作为一个真正的俄国人，他想迅速改变数千年来世界上的一切。"他微笑着继续说道："就像我们现在一样，想用一个唯一的方案改变一切。如果有人认为我们极具耐性，那是他看错我们俄罗斯人了。是的，我们的身体，甚至心灵是有耐性。但是与任何一个民族相比，我们的思想却毫无耐性，我们总想立刻弄清一切真谛，也就是'真理'。而这位老人正因如此而使自己备受折磨。"的确，当我漫步在亚斯纳亚·波尔亚纳的这位巨人的故居时总有这样一种感觉："这位伟大的老人曾是怎样自讨苦吃啊！"为了到隔壁一间可怜的小房间里去修理破旧的鞋子，他离开了那张曾写下过不朽著作的书桌。那里有一扇门与一座楼梯，他正是通过这扇门，沿着这座楼梯，逃离了这个家，以摆脱他生活中的矛盾。那里有一支枪，在战争中，他曾用它打死过敌人，而他又是一切战争的敌人。就在那幢低矮的白色庄园的屋子里，他生活中的矛盾形象而强烈地呈现在我面前。可令人感到惊奇的是，当我去往他的最后安息地时，那种悲凉的感觉已荡然无存。

托尔斯泰的坟墓比我在俄国所见到的一切更伟大、更令人感动。那块高贵的朝圣地坐落在一片树林环绕的偏僻、孤寂之地。一条狭窄的小路通向那里，那是一个用土堆积起来的长方形土墩，没有看守，只有给它遮阴的几棵大树。在墓前，他的孙女告诉我，那些参天大树是列夫·托尔斯泰亲手栽的。童年时代，他和哥哥尼古拉曾从一位村妇那里听说了一个传说，说人们栽树的地方将是一块吉祥宝地。于是，他们玩也似的栽下了一些小树苗。这位伟人到了晚年忽然想起了这个迷人的预言，于是希望死后被葬在自己栽下的树林中间。他的后事是完全遵照其意愿办的，而这座异常简朴的墓地留给世人的印象是极其深刻的。隐藏于高大繁茂的树林中的这个小小的矩形土丘，没有十字架、墓碑与铭文，他不提自己的名字，因为没有一个人像他那样为了自己的名字和荣誉而感到痛苦。他长眠于此，虽然有稀疏的栅栏围绕，但从来没有封闭过，任何人都可以来这里。守护着这位永不休息的人的最后安息地的是人们的敬意。这里寂静无声，偶有风吹过这座没有名字的墓地上。经过这里的人们也许除了知道这里埋葬着一个人之外，便什么也不知道了。不论是巴黎荣民疗养院教堂里大理石拱门下的拿破仑墓室、君王陵寝里的歌德灵柩，还是威斯敏斯特教堂里的墓碑，都比不上这座处在树林之中静谧的无名坟茔留给人的感动，因为在它上面只有风儿的絮絮低语，而坟茔本身却没有任何的文字和话语。

在俄国的 14 天里，我一直能感觉得到他们那种急于求成的心情和有点儿盲目的飘飘然，到底是什么使他们如此激动？后来我发现，那是因为他们是人，只要是人就会有热情的冲动。每一个人都深信自己参与了一个关涉全人类的伟大事业，每一个人都抱着同样的信念：为了一个更崇高的使命，他们必须忍受物品的匮乏和短缺。他们曾经在欧洲人面前的自卑感突然被一股强烈的自豪感所代替。他们想的格外率真和简单，他们坚信自己是未来的救世主，坚信"光明来自东方"，这便是他们眼中的"真理"。他们认为只有他们才能完成别人只能梦想的事情。即使对于最微不足道的东西，他们也会自豪地说："这是我们干出来的。"这里的"我们"指的是全体人民。为我们驾车的马车夫会边用鞭子指着某一幢新楼，边骄傲地笑着说：这是"我们"建起来的。大学生课堂里，迎面向我们走来的鞑靼人和蒙古人会骄傲地给我们看他们的书，一个说"这是达尔文的书"！一个说"这是马克思的书"！那副样子，好似是他们自己的著作一样。他们急于将一切展现在我们面前，并感激有人来观看他们的"事业"。当时，他们对欧洲人表现出的是无限的信赖，他们看着我们的眼光中充满了善意与真诚，并和我们像兄弟似的紧紧握手。我们这些作家曾在过去属于亚历山大·赫尔岑的宅第里聚会，我们中不仅有欧洲和俄罗斯的作家，而且还有通方斯族、格鲁吉亚和高加索的作家，苏维埃的每一个加盟共和国都派出了自己的作家代表来纪念托尔斯泰。由于语言障碍，我们无法与他们中的大多数人交谈，不过都能明白彼此的意思。有时他们中的一个人起身朝我们的一个人走来，指着对方的一本书的书名，再指指自己的心，意思是说："我们太喜欢这本书了。"然后紧抓这位作家的手，欢喜地使劲摇晃。此外，他们每一个人都带来了礼物，这更是令人感动。因为当时是困难时期，没有什么值钱的东西，可是他们每人都带来了一点儿东西以留作纪念，如一幅不值钱的旧版画，一本已经没法念的书，一件乡间的木刻等。而我更容易得到这些东西，那是因为我用来回赠的东西在俄国早已见不到了，如一把老头牌剃胡保险刀、一支钢笔、几叠优质的白信纸、一双软皮拖鞋等。也许是因为欧洲的人们还没有达到都是"人民"的境界，因此我们在欧洲从未见识过这种过分的热情。这种超越语言的激情使我们深受感动。不过每次与那些人物相聚时便会经历一次危险的诱惑，也的确有一些访问俄国的外国作家上了当。由于他们在俄国受到如此空前的欢迎并被当前政权下真正的群众所爱戴，以人的本性而论，他们一定也得对那个政权称赞一番，因为礼尚往来，以心换心啊。我不得不承认，在俄国时，我自己有时差点儿也要大唱赞歌了，在一片热情的海洋之中，自己的头脑是很难保持清醒的。

我最终没有陷入那种迷幻般的境地，与其说是因为我个人的内在力量，倒不如说是由于一封信，而这封信的作者对我来说也许永远是个谜。记得在一次大学生们的庆祝会结束之后，他们热情地围住我，与我握手、拥抱，我完全被他们的情绪感染了。在我回住处时，四五个大学生一直陪着我，而派给我的那位大学生翻译，尽可能把一切都翻译给我听。直到送走最后一个人，关上房门，那个时刻才算是 12 天以来真正一个人独处的时刻。因为在这 12 天里，我身边总不乏热情的群众。就在我脱衣服时感觉到衣服里有沙沙的响声，于是伸手摸了摸衣袋，结果摸出来一封信，这封信是用法文写的，应该是有人在拥抱或拥挤的时候趁机塞进我衣袋的。

那封信没有署名，写得巧妙而合情理，表达了对自由不断增加的限制的不满。信中写道："请您不要相信别人对您所说的一切，请您务必记住，当您看到他们给您看的一切时，他们还有许多东西没有给您看。跟您交谈的那些人，只能讲可以允许跟您讲的话。我们所有的人都受到了监视，当然包括您在内。您的女翻译要向上级汇报每一句话，您的电话被窃听，时时刻刻都有人监督。"随后还就此举了一连串的例子。最后信中写道："请您不要撕了它，因为有人会从您的纸篓里把碎片取走，再把它们拼起来。"于是我按要求把信烧了。这时，我才开始反省一切。我曾被诚挚的热情所包围，无拘无束地与人畅谈，难道这一切都是假的？我不懂俄语，这使我无法和老百姓进行真正的沟通。何况在这些日子中，我所见到的只不过是这个庞大帝国非常小的一部分。我承认，俄国之行在某些细节上虽然给我留下了令人感动和鼓舞的印象，但在客观上是不会起到多少作用的。所以其他从俄国回来的欧洲作家几乎都会很快出版了一本书，或热情地赞扬，或者激烈地否定，而我只写了几篇文章。我自认为这种保留态度很好，因为三个月以后，许多事情都发生了改变。而一年之后，经过迅猛的变革，当时说过的每一句话在事实面前都被证实为谎言。我不得不承认，在俄国经历并感受到的那种疾风暴骤雨式的事情，在我的一生中仍然是罕见的。

结识高尔基

在离开莫斯科时，我把能送人的东西都送掉了。他们送的东西中，我只带回了两幅圣像，后来我便一直将它们挂在我的房间里。此外，我还带回家了一样最珍贵的东西，那便是与马克西姆·高尔基的友谊。我们第一次见面是在莫斯科。两年后，在素伦托，我们再次相逢。他是由于健康原因去那里疗养的。于是我到他家做客，度过了难忘的三天。

由于我不懂俄语，高尔基也不会其他外语，按理说，我们必定是相对而坐，默默无言，或者通过我们尊敬的朋友玛丽亚·布德贝格男爵夫人的翻译来进行沟通。可是高尔基真不愧是世界文学中名副其实的天才叙述家。对他来讲，叙述既是一种艺术表现形式，也是其全部天性本能的体现。我虽然听不懂他说的话，但能通过他脸上的表情读懂他的意思。高尔基看上去身材瘦长、头发草黄、颧骨宽大，一副地道的"俄罗斯人"的模样，是那种在大街与农民、马车夫、小鞋匠、流浪汉一样，不会引起人们任何注意的人。但是，只要你一开始和他说话，便会立即认出他是谁。他在叙述时不自觉地就成了自己正在描绘的人。我仍清楚地记得，他在描述一个疲倦、年迈的驼背人时的情景，他很自然地把脑袋一耷拉，双肩下垂，眼神阴郁、倦怠，声音颤抖，他自己都没有意识到自己已经变成了那个驼背老人。不过在他开始叙述时，却声音清亮，蓝眼睛炯炯有神。没等别人给我翻译，我早已明白他的意思了。而当他描述一些高兴的事情时，就会立刻放声大笑。听他讲话是一件令人欢乐的事，他在讲述的过程中，总是用熟练的形象动作描述与之有关的景色和人物。他的坐相、走路的姿态，甚至倾听别人的讲话，或高兴的时候，都显得那么朴实而又自然。在一次晚会上，他将自己打扮成了一个贵族，眼神威严，眉毛飞扬，气宇轩昂，来回踱着方步，似乎在思考着一个重大的问题。可当他脱去那套化装衣服时，便又笑得像一个农家少年那样淳朴。他的肺坏了，可依然活得很好，这个生命的奇迹应归功于他不同寻常的生活意志与坚强的责任感。每天早晨，他总会伏案著述他的长篇小说，回答其祖国青年作家和工人们向他提出的千百个问题。和他在一起，我就好像见了一个永恒民族的宽厚、坚强、深沉的心灵。作为一个老革命家，他曾希望改天换地，他与列宁也有过个人的友谊，但对是否要完全投靠党，成为党的"牧师和教皇"，他仍然犹豫不决。在那些年月，每个星期都会出台新的决定，而那些决定跟他这样的人是不合拍的，这使他始终感到良心上的压力。

说来也巧，我正好见证了那个完全是新俄罗斯人的典型场面，由此我便更能感受到他内心的矛盾。那天，一艘俄国战船第一次驶进了那不勒斯。船上年轻的水兵们从没到过西方世界。他们穿着漂亮的制服在大街上散步，一切新鲜的东西使他们那好奇的农民眼睛目不暇接。第二天，他们中有一群人决定到索伦托来看看"他们自己的"大作家。由于俄罗斯人同胞情谊的思想，他们认为"他们自己的"作家应该随时为他们腾出时间，所以他们事先并没有通知他。然后，他们便突然来到他家门前，高尔基也的确没有让他们等候，就把他们请了进去。可是第二天，高尔基笑着对我说，那些青年人刚见到他时装得非常严厉，因为他们认为"公事"高于一切。可当一踏进那座美丽舒适的别墅时，他们就说："你怎么能住这样的房子，这简直像是资产阶级的生活？

你究竟为什么不回国呢?"高尔基不得不尽可能清楚地向他们做出解释。不过,那些老实巴交的年轻人无非只是想显示一下自己的信念而已,并没有把这件事看得太严重。接着,他们无拘无束地坐下来,喝茶、聊天。最后挨个与他拥抱告别。高尔基所描述的那个场面是非常动人的,他喜欢新一代人的那种轻松自由的行事方式,对他们的不拘小节一点儿也不生气。他一再重复:"他们和我们是多么的不一样啊,我们要么前怕狼后怕虎,要么极端激烈,但却从来不能把握自己。"那晚,他一直很兴奋。可当听到我说"您当时肯定想和他们一起回国吧"时,猛地一怔,瞪着眼睛望着我。"您怎么会知道?不过说实话,直到最后一刻我还在犹豫是否应该丢下一切,和那些年轻的小伙子们一起经历14天的航行,这样我也许又会了解俄国了。身在异国他乡,我们会逐渐忘记曾经学到的最美好的东西。我们这些流亡者,还没有一个人做出过有益的贡献。"

不过,高尔基将他当时的生活称之为流亡是不确切的,因为一个真正的流亡者并不是高尔基所说的那样。事实上,他随时都可以回国,也的确回去过。他不像我在巴黎遇见过的梅列日科夫斯基,那是一个悲剧性的愤世嫉俗者,其书籍被禁止,本人遭驱逐。高尔基与今天的我们也完全不同,格里尔帕策曾说我们是"没有自己的祖国,对两边来说都是外国人"的人,我们说着他国的语言,无家可回。

后来,在那不勒斯,我拜见了一个非常特殊的流亡者——贝内代托·克罗切。他身材矮胖,有着一双睿智的眼睛、蓄着一小撮山羊胡子,看上去像是一个愉快的平民。他曾是青年人的精神领袖,曾作为参议员和部长在自己的国家享有各种的荣誉。后来,因反对法西斯主义并和墨索里尼发生冲突而辞官隐居了起来，但这并没有使那些强硬派们满意，他们要对他严加控制，甚至不惜借用武力。那些大学生也成了反动势力的急先锋，他们袭击其住宅，打碎窗户玻璃。但是，这一切并没有将他吓倒。尽管美国及其他国家的大学极力邀请他，但他没有打算离开自己的祖国，他仍待在家中，躲在成堆的书籍后面，继续以同样的观点办《批评》杂志，继续出版其著作。他的威望是如此之高，以致根据墨索里尼的命令建立的毫不留情的检查制度在他面前也无法执行下去。然而，他的学生及与他有着共同信念的同志却完全被瓦解了。在这种情况下去拜访他，那是需要莫大的勇气的。由于当局非常清楚，他在自己满是书籍的书房里谈起话来是直截了当、毫不避讳的。所以，他就像生活在一个被隔绝了的玻璃房子里一样。我觉得这种密封式的孤立是一件可怕的事，但同时也是一件了不起的事。我由衷地钦佩这位已经年迈的老者，他在每天的斗争中保持了怎样清醒和旺盛的精力呵，但他却笑着对我说："就是这种反抗斗争才使我变年轻了，如果我继续坐在议员的位置上，我的精神早就变得涣散了，那的确就容易老了。对一个有思想的人来说，最怕的就是缺乏反抗精神。自从青年们不再围着我以来，我才更需要使自己变得年轻。"

然而，一旦折磨、迫害与孤立还不能摧毁一个人时，它们就会不断升级，这是我在好几年之后才懂得的。这类认识从来不会通过别人的经验间接得到，而只能从自己的命运中获得。

墨索里尼的仁慈

由于我有从来都不愿意接近政治人物的毛病，因此一直都未见过墨索里尼这个大人物。即便在自己的祖国奥地利，我也有意不去遇见像赛佩尔、多尔富斯、舒施尼克这些国家领导人。听朋友说，墨索里尼是我的书在意大利的第一批和最热心的读者之一。不过由于他曾主动满足过我第一次向一位政治家提出的请求，所以我本该亲自去向他道谢。

事情是这样的。一位朋友从巴黎寄信来，说一个意大利妇女要到萨尔茨堡看我，希望我能马上接待她。第二天，她就来了。她的讲述的确让人震惊。她的丈夫出生贫苦，后由马泰奥蒂出钱培养成了一名优秀的医生。当马泰奥蒂——这位社会党的领导人被法西斯分子残酷杀害时，整个欧洲都被这种罪行激怒了。作为马泰奥蒂忠实的朋友，她的丈夫是当时敢于在罗马的大街上公开抬着被害者的灵柩出殡的六名勇士之一。之后不久，由于遭到刁难和威胁，他不得不流亡出走。但是，他放心不下马泰奥蒂的亲属，为了报答恩人，他想把马泰奥蒂的孩子偷偷送往国外。但他在干这件事的时候被逮捕了。由于一提起马泰奥蒂就会使意大利感到难堪，所以用这样的理由对他进行起诉，几乎不会对他构成太大的罪名。因此，那位起诉人费尽心思地把他同另一件同时发生的企图用炸弹杀死墨索里尼的案件联系了起来，于是这位曾在战地获得过最高奖赏的医生被判十年重犯监禁。

这位年轻夫人心急如焚。她说，她的丈夫可能活不过这十年，她一定得做点儿什么来反对这个判决，她想要联合欧洲文学界的所有名人，一起大声疾呼，进行抗议。她希望我能给以帮助。我立即劝她不要搞什么抗议。据我所知，自第一次世界大战以来，这类舆论声明早已起不上任何作用。我竭力向她解释说，出于民族的尊严，一个国家是不可能在外界的压力下修改自己法律的，抗议有时只会使事情更糟。因此我恳请她不要抱着这种思想做一些不利于自己丈夫的事情。因为面对外界的压力，墨索里尼绝不会做出减刑的安排，即使他想这样做，也绝对办不到。不过，我答应她会尽量想办法，并告诉她，碰巧一周后我要去意大利，在那里我有一些好友，也许他们能悄悄地为她丈夫说好话。

我一到意大利便去办这件事。但是，我的那些朋友刚一听到那位医生的名字，便立刻面露难色，说自己实在没有办法，并说这根本是不可能的事。我满怀希望地找了这一个，又找那个，结果还是令人沮丧。回国时，我深感惭愧，也许那位不幸的女人还以为我没有尽力呢。不过，现在倒是还有一条直截了当的路，那便是给那个大权在握的人写信。

于是，我给墨索里尼写了一封坦诚的信。在信中，我写道，我不愿在信的开头写许多恭维话，我想开门见山地说，我不认识那个医生，也不清楚他的事件的详情。但是我见到过他无辜的妻子，如果她的丈夫要在监狱里度过这么多年的话，那么，这惩罚的枷锁不也是加在她的身上吗？我无意指责判决本身，但可以设想，要是她的丈夫不是坐牢而是被送到某个允许妻儿和被流放者一起居住的岛屿上，这对那个女人来说无疑是救命之举。

我将这封信投进萨尔茨堡的信筒四天后，便收到意大利驻维也纳公使馆给我的来信，说墨索里尼阁下向我表示感谢，并说，他准备满足我的愿望，缩短刑期。此时，我还收到了一份来自意大利的电报，证明我所请求的改判已执行，墨索里尼亲自实现了我的请求。实际上，那位医生不久就被完全赦免了。在我的一生中，如果说有哪件文字工作曾产生过作用，那么，我总会怀着感激的心情回想起这封信带给我的兴奋与满足。

故乡萨尔茨堡

在那段平静的日子，外出旅行是十分愉快的。不过，回到家乡看看也很不错。那座拥有四万人口的偏僻小城萨尔茨堡的变化是惊人的。每到夏季，它便成了欧洲乃至全世界艺术家的大都会。第一次世界大战后最艰苦的几年里，马克斯·赖因哈德和霍夫曼斯塔尔曾举办了几场演出，以帮助那些在夏季没有收入的演员和音乐家们。那些演出多在露天进行，希望能吸引邻近地区的观众。后来，他们又尝试演出歌剧，结果越演越好，越演越完美。于是便逐渐引起了全世界的关注。那些最优秀的指挥家、歌唱家、演员都怀着好胜心赶来，以便能有机会在国际观众面前愉快地献艺，各个国家也竞相到这里来展现他们最优秀的艺术成就。国王和王公们、美国的百万富翁和电影明星、音乐爱好者、艺术家、诗人，以及冒充内行的人，都在最近几年涌向萨尔茨堡。在这个总被人忽视的奥地利小城里，能这样成功地把优秀的表演艺术家与音乐人才汇聚一堂，在欧洲是空前的。萨尔茨堡现在一片繁荣，在夏季城市的街道上，不时会有来这里寻求艺术最高表演形式的欧洲和美洲人走过。他们身穿萨尔茨堡的民族服装，男人身上是白色亚麻短裤和短上衣，妇女身着紧胸、褶腰的衣裙，完全一副阿尔卑斯山农妇的打扮。不起眼的萨尔茨堡似乎左右了世界服装的时尚。旅馆里人们争着订房间，火车站始终人山人海，通往演出大厅的车道上满是喜气，就像从前去参加皇家宫廷舞会的路上一样。其他城市也曾试图吸引这股有钱可赚的人流，但没有一个成功。萨尔茨堡在那十年中一直是艺术朝圣者在欧洲的圣地。

所以说，我住在自己的家里，也等于生活在欧洲的中心。我在卡普齐纳山上的那幢房子成了一所欧洲人的房子。有谁没去那里做过客呢？宾客登记簿也许比我纯粹的回忆更能说明问题，但这本登记簿和那所房子及其他许多东西，最后都落到了纳粹分子的手里。

我们曾在那里度过了美好的时刻，从阳台上眺望美丽，静谧的景色，全然不知对面的贝希特斯加登山上住着希特勒这个要破坏这一切的人。罗曼·罗兰和托马斯·曼曾住过，在作家中，这里曾友好地接待过 H. G. 威尔斯、霍夫曼斯塔尔、雅各布·瓦塞尔蔓、房龙、詹姆斯·乔伊斯、埃米尔·路德维希、弗朗茨·韦尔弗尔、盖奥尔格·勃兰兑斯、保尔·瓦莱里、简·亚当斯、沙洛姆·阿施、阿图尔·施尼茨勒；在音乐家中，曾接待过拉威尔、理夏德·施特劳斯、阿尔滨·贝尔格、布鲁诺·瓦尔特、巴尔托克。此外，这里还接待过分散在世界各地的著名画家、演员和学者。每年的夏季便是我们畅谈文学艺术的美好时光，艺术和令人陶醉的风景相互交融！那些日子是多么丰富多彩呵！后来，每当我回想起那座小城时，总是不由得心情颓丧、闷闷不乐。这时我才深切地感到，就是那几年和平的岁月使我重新恢复了对这个世界及人类的信任。

虽然那几年我们家曾接待过许多著名的客人，但当我独处时，仿佛仍有一群高贵的人物在我周围。那便是我收藏的各个时代最杰出的大师们的手迹。我的这一业余爱好始于 15 岁，之后，随着经验的积累，办法越来越多，热情也越来越高。这种业余爱好也就逐渐由最初一般的收集变成了一项真正的艺术工作。开始，我只是将名人们的名字搜集起来，后来出于好奇，才收集更多的手稿，通过这些手稿我还了解了大师们的创作方法。收集一切伟大的诗人、哲学家和音乐家的这些底稿，是我收集名人手迹的第二个阶段，也是更有意识的阶段。去拍卖市场搜罗，或花精力寻求大师们的底稿，是我的一大乐趣。此外，除了收集名人手迹，我还收集全部有关写名人手迹的第二手书，以及业已出版的手迹本的全部目录。我收藏的有关书籍达四千多册，这是一笔无人可敌的私人藏书。毫不夸张地说，在那三四十年搜集手迹的过程中，我成了这一领域里的第一个权威，我清楚地知道每一页重要的手稿，知道是谁收藏着，是如何被收藏的，我成了一个一眼就能辨出真伪的真正的鉴定家。在估价方面，我比大多数专业人员还要有经验。当然，在文学或者生活的其他方面，我不敢说这样的大话。随着岁月的流逝，我在收集手稿方面的雄心有增无减。单纯的收集已不能使我满足，因此最后十年的收集主要转向了精选工作。最初我曾满足于收集那些能反映一位诗人或者一位音乐家创作过程的手稿，后来我便渐渐转向了那些能表现一位艺术家处于创作鼎盛时期的手稿的收集。我正是从那些不朽之人遗下的珍贵手稿中收集他们为世界而创造的不朽之作。这个要求是十分苛刻的！

由于这个原因，我的收集工作从来没有间断过。一旦发现了一页更重要、更有特色、更有永久保存价值的手稿，我便会把已收藏的不太符合我最高要求的手稿剔除、卖掉或者交换掉。毫无疑问，也许除我之外，只有极少的人具有这样的知识、坚忍的毅力，以及这样的经验去收集这些重要的手迹。不过，我从没想过要做一个占有者，而只认为自己是那些物品在那个时期的保管者而已。吸引我的并不是那种占有的欲望，而是收集珍品的心情，认为收藏是一项真正的艺术工作。从长远来看，这项收集工作本身比我自己的作品更有价值。经过仔细考虑，我希望在我死后能将那些独一无二的收藏品转交给一个研究所，该研究能依照我的要求每年拨出一定数量的款项继续完善那些收藏。如果这样的话，我的全部收藏就不会凝固僵化，而是一个富有生命力的有机体。它会在之后 50～100 年的时间里不断得到补充和完善，从而成为一种逐渐完美和齐全的收藏。

但是我们那一代历经磨难的人是难以预料到自己的身后事的。由于希特勒时代的开始，我不得不远离家园，我收藏的兴趣也随之消失。当时由于还不具备保存那些收藏品的条件，有一段时间，我还把一部分收藏品放在保险箱里或放在朋友那里。但后来我把同时代的朋友作为礼物赠送给我的一部分收藏品送给了维也纳的国家图书馆。另一部分卖给了别人。还有一部分，我也无暇顾及其过去和现在的命运了。从此，我的乐趣就一直放在了自己的创作上，而不再是别人已经创作好的作品。我并不后悔舍弃收藏，因为在那个敌视一切艺术与收藏品的时代，我们这些遭受追逐与驱赶的人还必须学会舍得放弃这门新艺术，与我们曾经视为骄傲和热爱过的一切诀别。

我的 50 大寿

日子就这样在写作、旅行、学习、阅读、搜集、玩乐中过去。当我 1931 年 11 月的一个早晨醒来时便已是 50 岁的人了。德国有这样一个习俗：当一个作家到 50 岁生日的时候，报纸上要大大为其庆祝一番。因此这一天对萨尔茨堡那位老实巴交的白发邮差来说可是个倒霉的日子，他不得不费力将大批的信件和电报从陡峭的台阶上拖上来。在阅读那些信件和电报之前，我就一直在思考，这一天对我来说意味着什么呢？回首过去，我已经走过了 50 载，现在正处于人生的转折点，我是否还要继续奋进。我想起自己是如何走进这阿尔卑斯山区，又如何到了萨尔茨堡那块缓缓倾斜的谷地，同时心里又闪过一个念头，感觉那块谷地很可能是罪恶之源，因为希特勒也曾在那里居住过。不过，出人意料的是，人们给予我的要比我期待的多得多。岛屿出版社特地发行了一本我的各种文本著作的总目录以庆祝我 50 寿辰，传播媒界把我的话和思想用盲文、速记、各种外文与方言传播到人们中间。我和那个时代一些最优秀的人物成了好友，我欣赏过最完美的演出、游览过不朽的城市、欣赏过各种世界名画，以及世界上最美的风景。作为自由职业者，我始终过得舒适自在。工作就是我的乐趣，此外，我的工作还给他人带来乐趣！我从未想到过会有什么不幸的事发生。我曾经毫无畏惧地想到过死，想到过患病，但是却从未想到过我会被追逐驱赶而不得不背井离乡，浪迹天涯；从未想到过我的那些书籍会被焚毁、禁止；从未想过到我的名字在德国会像一个罪犯的名字似的受到指责；从未想到过原来的那些朋友在以后的邂逅中会突然脸色变得苍白；从未想到过我几十年孜孜不倦所做出的一切竟会被一笔勾销；从未想到我生活中的一切竟会分崩离析。在我庆祝 50 寿辰的那一无，做梦也想不到以后会发生这样一些不可思议的事。当时，我生活的心满意足、无忧无虑，即使我不再进行创作，那些已出版的书籍也足够我生活。早年在战争中失去的那种安全感，又依靠自己的力量重新获得。我还想得到什么呢？

不过，就在我不知道还想得到什么的时候却感到莫名的失落。我心中似乎有个声音在说：像这种一帆风顺、有条不紊、再没有什么忧虑和磨难的生活，果真就不错了，果真就符合你的本性吗？我在房子里走来走去，陷入了沉思。那幢房子按照我的意愿经过不断的改造之后已经变得相当漂亮了。可是，我是不是就应该始终生活在那幢房子里，坐在同一张写字桌旁接连写书，坐等一笔又一笔的版税，并就这样，在笔直、平坦的大道上生活下去，直至终老？然而，我又梦想着出现一些新鲜的、使我感到不安与焦虑同时又能使我变得年轻的事。无疑，每一个艺术家的内心深处都隐藏着一种难以名状的矛盾：当生活异常艰难坎坷时，他渴望安宁；可是当生活舒适安宁时，他又渴望紧张与压力。所以，在我 50 岁生日那天，内心深处居然出现了这样不良的愿望：但愿会发生一些事，将我再次从那充满安全感的舒适环境中拽出来，迫使我重新开始。我说不清楚这是自己害怕年老、衰退、变得迟钝的表现，还是有一种神秘的预感，它让当时的我为了寻求内心的发展而渴望另一种更为艰难的生活。

第十五章　希特勒掌权

初登政治舞台

往往在决定时代命运的巨大运动开始时，历史本身总会阻碍同时代人对它们的认识，这是不可抗拒的历史法则。所以第一次听到阿道夫·希特勒的名字是什么时候，我已经没有一点儿印象了。当时我们不得不每天，甚至每秒钟都想到或者提到这个名字。这个家伙带给世界的灾难在历史上是空前的。那时，我们萨尔茨堡离慕尼黑很近，只有两个半小时的火车路程。所以，只要那个地方发生了什么事，我们很快便会听到。记得有一天一位熟人从那里来，抱怨说，慕尼黑又闹起来了，尤其是一个叫希特勒的家伙，在那里煽风点火，大打出手以扰乱会场，并用最下流的方式煽动人们反对共和国与犹太人。当时，这个名字只是从耳边一过，之后便没有再去想它。因为当时混乱的德国出现的许多煽动家和暴乱者的名字如今早已消失得无影无踪了。

我常去国界那边不远的赖兴哈尔和贝希特斯加登小镇。一次，在那里，我看到一队穿着翻口长筒靴和褐色衬衫的年轻学生，按从小到大的顺序排着整齐的队伍，手臂上颜色鲜明的"卐"字形袖章。他们趾高气扬地穿过大街，齐声喊着口号、唱着歌，把巨幅标语贴在墙上，并饰以"卐"字符号。我突然感觉到，当时还只能在巴伐利亚的啤酒馆里发表演说的希特勒，是不可能把几千个年轻人武装成一支耗费如此浩大的队伍的，这背后一定有有钱和有影响的人物存在，只有更强有力的人物才能推动那个新"运动"。他们从一个城市派往另一个城市的"冲锋队员"竟然拥有一个令人吃惊的停满崭新汽车、摩托和载重车的停车场。此外，军队领导人显然对那些年轻人进行了战术上的训练，这肯定是德国国防部本身提供物质条件，来进行那种有计划的技术训练，而希特勒一开始就是德国国防部秘密情报处的密探。

不久，我便有幸亲眼看见了那种事先训练过的"战斗行动"。社会民主党人正在以和平的方式在边境的一个小镇举行集会，突然四辆满载手持橡皮棍的年轻纳粹党徒的大卡车急驰而来。正如我在威尼斯圣马可广场边看到的一样，那些纳粹党徒对毫无准备的人群进行了闪电般地突然袭击。那是从法西斯主义者那里学来的方法，只是在军事上更加训练有素。随着一声哨响，冲锋队员迅速跳下汽车，用橡皮棍砸向遇到的每一个人。在警察与工人还没来得及采取措施之前，他们就已经重新跳上汽车，飞驰而去。使我惊异不已的是他们那些上下汽车的准确动作，那种迅速、敏捷与合作，应该是经过了上百次的训练才可以完成的。看得出那支部队从一开始便是为了袭击、暴行和恐怖活动而训练的。

之后，大家便听到了更多有关在巴伐利亚州举行地下演习的事情。当人们进入梦乡时，由国家或者党的秘密资助人出钱，并由正在服役或已退役的国防军的军官们训练的那支队伍的年轻队员便悄悄集合起来进行夜间"野外训练"。当局对那些难得的夜间演习似乎并不在意，不知这是袖手旁观，还是暗地里在助长其嚣张的气焰。不管怎么说，曾暗地里支持过这个运动的当局后来也被那运动所使用的残暴手段和快速行动惊骇得不知该如何是好。一天清晨，当局刚睁开双眼便发现慕尼黑已落入希特勒手中。所有行政部门被占据，在手枪的威逼下，一切报纸均宣告革命已经胜利完成。这时鲁登道夫将军如救星般出现在一筹莫展的共和国眼前，他是许多自以为能战胜希特勒的人物中间的第一人，但最终都未能如愿。接着，在那次想征服德国的著名的啤酒馆暴动后，希特勒逃跑，不久后被捕，那个运动也随之消失。到了1923年，"卐"标记不见了，冲锋队和希特勒的名字也几乎被人抛到了脑后。没有人会想到他可能将是一个掌权的人物。

乱世一步登天

多年后，人们对现状的不满又将希特勒推了出来。通货膨胀、失业、各种政治危机都使德意志民族人心浮动。当时德国各阶层都迫切要求建立秩序，在他们心中，秩序永远比自由和权利更重要。因此，当时谁要是承诺建立秩序，便立即会有几十万人追随他。

但是，我们仍然没有意识到危险。少数作家也的确花时间与精力去研读希特勒的书，可是他们只知嘲讽他的枯燥无味的散文和华而不实的风格而不去研究其纲领。民主主义的大报纸每天也只是抚慰读者，而不去提醒人们提高警惕。然而德国之外的人们也许永远也理解不了，那些年里德国为何会低估和轻视希特勒的为人和他不断扩大的权力。其原因便是，德国一直是一个等级森严的国家，并且在等级观念里还有对"学历"根深蒂固的顶礼膜拜。除了一些将军外，那个国家的高级职务都是由受过所谓"高等教育"的人担任的。而一个没有读完市立中学、在成年男子收容所里待过，并过着不明不白生活的像希特勒这样的人，竟也能接近冯·施泰因男爵、俾斯麦、比洛亲王曾经占有过的位子，这对德国人来说简直是不可思议的。德国的知识分子最看重学历，在他们眼中，希特勒不过是一个在啤酒馆里煽风点火的小丑，这个小丑绝不可能变得非常危险。而希特勒却早已借助其幕后指使者为自己在广泛的阶层赢得了有力的支持。当他在 1933 年 1 月的一天坐上总理的位置时，竟还有一大批人，包括将他推上那个位子的人，却还只是把他看作是临时占据那个职位的人，并把纳粹的统治看作是暂时的插曲。

在那时希特勒的奸雄本色才大量表现出来。多年来，他到处许愿，争取到了各个政党的重要代表人物。那些代表人物都以为可以利用这个"无名小卒"的神秘力量来达到自己的目的。后来，在重大的政治事件中，希特勒用同样的手段与那些他想消灭和铲除的人结盟。他的上台说明其所用的伎俩取得了初步胜利。因此，他知道如何用许诺去欺骗各方面的人，这样在其掌权的那一天，即使在最对立的阵营里也竟然会爆发出一片欢呼声。多伦的君主政体主义者们认为他是皇帝最可靠的开路先锋。慕尼黑古老的巴伐利亚维泰尔斯巴赫王族的君主政体主义者们也感到欢欣鼓舞，他们将其看作是"自己"人。德意志国家主义者们希望他为他们把木材劈小，以便添进他们自己的炉子里，他们的领袖胡根贝尔格根据事先的协议在希特勒内阁里为自己弄了一个重要的职位，他深信自己因此而站稳了脚跟，不过当然没过几个星期，便被赶出了出去。重工业家们认为希特勒可以让他们从布尔什维克的恐怖中解脱出来，因为他是他们暗地里用钱扶植起来的。
而那些日益贫困的小市民们也因希特勒曾在上百次的集会上答应
他们要"打碎利息的桎梏"而舒了一口气。而军界尤其欢迎希特
勒，因为他用军事眼光考虑一切，大骂和平主义。甚至社会民主
党人也希望他去扼杀那些令人讨厌的共产党人。各个阶层、政党
都将这个"无名小卒"当作自己的朋友。就连德国的犹太人也天
真地以为一个当上"部长的雅各宾派"就不再是雅各宾派，德意
志帝国的总理当然肯定会阻止反犹太主义煽动者的野蛮行径，所
以他们并没有感觉到有任何的不安。再说，在那样一个法制的国
家里，希特勒怎么可能胡作非为呢？

接着，在国会纵火案发生之后国会消失了，希特勒建立起了
纳粹独裁政权。一时间，德国所有的法律都化为乌有。当人们知
道在集中营和秘密审讯室里，无辜的人不经过任何法律和手续便
被处死时，都不禁毛骨悚然。但仍有人自欺欺人地认为，这样的
事不会在 20 世纪继续存在，那只是一开始丧失理智的狂怒表现
罢了，他们因而怀着侥幸心理时刻关注着事态的发展。但是，就
在那些日子里，我已经看到了第一批面黄肌瘦、衣衫褴褛、惊慌
失措的逃难人，他们乘夜间越过萨尔茨堡山地或者游过边界河。
躲避惨绝人寰的迫害的可怕逃亡从此开始了，后来，那种逃亡一
直蔓延到了整个世界。

不过，一个人在三四十年里培养起来的对世界的信念不可能
在短短几个星期就被彻底粉碎。我们依旧相信德国、欧洲和世界
良知的存在，并深信野蛮总有限度，它必将在人性面前毁灭。当
我们1933～1934 年在德国和奥地利的时候，经常有我们前几个
星期都认为是根本不可能的事情发生。当然，我们这些自由、独
立的作家事先总会料到某些必然会来的困难、烦恼或敌对行动。

国会纵火案之后，我告诉我的出版者说，我的书在德国很快就要成为过去了。我始终记得他当时那副惊诧的神情："谁会禁止您的书呢？您可从来没写过反对德国的一个字或干预过政治呀。"我发觉所有那些骇人听闻的事情对那些思想深远的人来说也是无法理解的。希特勒成功地运用慢慢试探、逐步升级的战术，来针对一个先是在道德上、然后在军事上变得越来越孱弱的欧洲。那个消灭一切自由言论和独立的书籍的行动，也是按照那种小心翼翼试探的方法在德国取得成功的。他们开始没有颁布公然禁止我们著作的法律，只是暗地里指使一群不负正式责任、身为纳粹党徒的大学生们去干。他们暗示那些大学生对我们的著作公开表示"愤慨"。德国的大学生对任何能表现他们反动思想的机会都是很兴奋的。他们在大学里聚众闹事，把我们的书从书店里抄走，有时按中古时代的做法，把书籍钉在耻辱柱上示众，有时放在大堆的柴火上烧成灰烬。尽管如此，那些真正的读者却未受到丝毫响。在1933～1934年间，在设立监狱和集中营之前，我的书虽然遭遇到刁难和凌辱，但销售量几乎没变。

在德国，能与同时代的托马斯·曼、亨利希·曼、韦尔弗尔、弗洛伊德、爱因斯坦，以及其他一些优秀的人一起承担完全被剥夺文学创作的命运，是一种荣幸而不是耻辱。不过，出人意料的却是，我创作的文学形象在贝希特斯加登别墅里的高级人物中间一再成为他们最恼火和争论不休的问题，这使我感到高兴与满足，因为我让那个新时代最强有力的人物阿道夫·希特勒不时恼怒。

在新政权的最初几天，一条捣乱的罪名便无辜地强加在我头上。当时全德国正在上映一部根据我的中篇小说《灼人的秘密》改编的同名电影。当时并没人对此表示哪怕一丁点儿的反感。但是在纳粹党徒妄图嫁祸于共产党人而未能得逞的国会纵火案之后竟发生了这样一件事：一群人聚集在电影院招牌和《灼人的秘密》广告前，相互挤眉弄眼，然后哄然大笑。盖世太保随之明白了人们在这片名前大笑的缘故。当晚，这部电影就被命令禁止放映，到第二天，我的那个使他们感到不安的书名便从所有的报纸广告和一切招贴广告的柱子上消失了。

夏德·施特劳斯

不过，在特定的情况下，他们对我也无可奈何。因为当时我正巧和音乐家里夏德·施特劳斯一起完成一部歌剧，而他们正极需用施特劳斯的名望来维护自己在世界上的声望，所以在这样的关键时刻，他们是不可能去伤害这个德意志民族最伟大的名人的。

那是我和里夏德·施特劳斯的第一次合作。此前，我也从未见过里夏德·施特劳斯，他的所有歌剧的歌词都是由胡戈·冯·霍夫曼斯塔尔完成的。霍夫曼斯塔尔去世后，施特劳斯通过我的出版商问我是否愿意为其写一部歌剧的歌词，因为他很想创作一部新歌剧。对此，我感到莫大的荣幸。自马克斯·雷格尔为我的第一批诗歌谱曲后，我便一直生活在音乐和音乐家的圈子里，并与布索尼、托斯卡尼尼、布鲁诺·瓦尔特、阿尔滨·贝尔格成了亲密的朋友。但在我们时代，是无人能与里夏德·施特劳斯相媲美的。我立即表示愿意，并在首次会面时向施特劳斯建议用本·琼生的《沉默的女人》作一部歌剧的主题。让人深感意外的是施特劳斯对艺术敏捷的理解力与惊人的戏剧知识。当我还正在介绍那部歌剧素材的时候，他已经使它具有了戏剧的形式。而更令人惊异的是，他把那些素材和自己最大的才能结合得天衣无缝。在我一生中遇到过的许多伟大艺术家中，从来没有一位能像他那样清醒、客观地看待自己。合作开始时，施特劳斯便坦诚，一个70高龄的音乐家已经失去了音乐灵感的原始力量，也许他无法再创作出如《梯尔·欧伦施皮格尔》或《死亡与神化》那样的交响乐作品了，因为纯音乐需要的是最高的创作活力。不过，他说他还能够将一种现成的主题用音乐戏剧性地表现出来，因为对他来说，那些意境和诗歌会自发地形成音乐的旋律。因此，到晚年，他便专门从事歌剧创作了。我与他的每一次会面，内心总是对其充满崇敬之情。他是如此客观且实事求是地评判自己的作品，好像那音乐是一位完全陌生的作曲家创作的。他清楚自己是怎样一个人、有多大能耐，而从不愿意把自己和别人比较，也从不在意自己在别人眼里的身价。因为使他感到乐趣的只是创作本身。

施特劳斯的"创作"过程十分独特。他没有那种精灵作祟的力量、艺术家的"癫狂"，以及沮丧和绝望。他在创作时冷静、实际、安详，又有条不紊。早晨9点，他坐到桌边不停地工作到12点或午后1点；下午，玩纸牌并誊抄两三页总谱；晚上，有时去剧院指挥乐队。任何一种神经衰弱的病症与他都无缘。无论是指挥乐队，还是玩纸牌，他总是同样自信和安详。他认为，能力就是艺术，他曾幽默地说过：一个真正的音乐家甚至能为一张菜单谱曲。他那准时、扎实、按部就班的工作方法乍看上去会使人有点儿失望，恰似他的面孔一样。他圆圆的、胖乎乎的面庞毫无特色，可他那双明亮且炯炯有神的蓝眼睛会使人感到，在那张平凡的面孔背后隐藏着某种特别神秘的力量。那是一双我在一个音乐家身上看到的最清澈、睿智的眼睛，是一双彻底认识到自己使命的人的眼睛。

　　之后，我回到萨尔茨堡开始工作。出于好奇，为了试一下他是否能接受我写的诗句，两周后，我将第一幕的稿子寄给他。很快我便收到了他寄来的明信片，上面写着："一鸣惊人。"而作为对第二幕更为热烈的祝贺，他给我寄来了其歌曲的开头几句："啊！我找到了你，你这个可爱的孩子！"他的那种喜悦，或者说对我的鼓励，带给我来难以形容的快乐。他始终没有在我写的歌剧脚本上改动过一行字，只是有一次因为反向进行的声部需要，他请我再加上三四行字。就这样，我们之间开始了最诚挚的关系。在我完成那部歌剧后，又立即着手第二部的创作，而他早已毫无保留地同意了第二部歌剧的基本内容。

　　1933年年初，阿道夫·希特勒上台时，我们的歌剧《沉默的女人》第一幕的钢琴总谱刚好完成。可几星期后，当局出台了骇人听闻的强制措施，严禁非雅利安人的作品，以及有犹太人参与的作品在德国舞台上演。莱比锡音乐厅前的门德尔松像被拆除了，此举激起了世界音乐界的愤怒。当然，依照这一禁令，我们那部歌剧的命运便可想而知了。我本以为里夏德·施特劳斯会因此放弃与我的合作，但他并没有这样做，而是接连写信给我，提醒说应该为他的下一部歌剧准备歌词了，因为他当时正在为第一部歌剧配乐。我承认他对我一直坚守着朋友的忠诚。不过，他采取的一些预防措施对我来说却无法接受。他接近权贵，时常和希特勒、戈林、戈培尔会面，当德国著名指挥家富尔特温格勒与希特勒公开对抗之时，他竟接受了纳粹的国家音乐局总监的任命。

　　对当时的纳粹分子来说他的那种公开投靠行为是尤其重要的。因为当时最著名的作家与音乐家们都愤怒地对纳粹分子嗤之以鼻，而那些投靠纳粹的少数人只不过是最广泛的艺术家圈子里的无名小卒。在这种时候，这位德国最有名气的音乐家公开倒向他们一边，给戈培尔和希特勒带来的好处是不可估量的。施特劳斯告诉过我说，希特勒在维也纳流浪时，曾用自己辛苦赚得的钱去格拉茨看过他的歌剧《莎罗美》，希特勒很尊敬他。当时，在贝希特斯加登的所有节日晚会上，除了瓦格纳的作品之外，几乎只演唱施特劳斯的歌曲。不过，与纳粹共事，施特劳斯是有很多重要打算的。对他执着信奉的艺术唯我主义来说，哪一个政权对他都一样，他曾为德国皇帝与奥地利皇帝服务过，而在奥地利和德意志共和国，他也曾是受欢迎的人。他与纳粹分子交好，还有其重要原因，那便是他的儿子和一个犹太女子结了婚，他肯定担心，他最爱的孙子们会被当作废物排斥在校门外。他的新歌剧受到了我的拖累，而早先的歌剧又受到非"纯雅利安种"的胡戈·冯·霍夫曼斯塔尔的牵连，加之其出版商也是一个犹太人。他认为得尽快给自己找一个靠山，于是就有了那坚决迈出的一步。他为纳粹指挥乐队，为奥林匹克运动会谱写赞歌。同时又在给我的那些阴郁而直率的书信中说他对那项任命并没有兴趣。实际上，这个艺术家内心所关注的只是让自己的作品发挥作用，并能看到那部新歌剧上演，那部歌剧跟他的心贴得太近了。

他做出这样的让步，肯定会使我陷入及其尴尬的境地。我的朋友们开始责难我，并公开反对在纳粹德国演出那部歌剧。但是我在原则上讨厌那些公开的、感情激动的姿态，同时又实在不愿给里夏德·施特劳斯那样一位天才设置困难。他毕竟是当时活着的最伟大的音乐家，70高龄的他为那部作品花了三年时间，其间，他对我表现出的全是友好的情谊、正直和勇气。因此，我只有保持沉默，再则，我明白自己也别无他法。而这种完全消极的态度却给德意志文化的新保护者们增添了更多的困难。他们希望找到一个禁止演出的借口，而如果在《沉默的女人》里有一个年轻的男子从已婚女人的卧室里走出来那样的场面，事情也许会好办的多，因为这可以让他们找到捍卫德意志道德这样的借口。然而我的剧本中并没有伤风败俗的描写，这不禁令他们大失所望。后来，他们把盖世太保那里所有的卡片索引和我过去的著作翻了个遍，也没有发现我曾对德国说过一句贬低的话或者从事过什么政治活动。那么他们或者在全世界面前剥夺那位年迈大师上演自己歌剧的权利（但是别忘了，他们可是亲自把纳粹音乐的旗帜塞到那位大师手中的啊），或者说与里夏德·施特劳斯的名字排在一起的词作者斯蒂芬·茨威格的名字玷污了德国剧院的节目单。他们绞尽脑汁、苦不堪言的样子使我暗自高兴。不难想象，即使我不参与，我的那部音乐喜剧毫无疑问会成为一种具有政党色彩的刺耳音乐。

纳粹党在这件事上始终纠结不定，可是，无论纳粹党是想反对当时那位最伟大的音乐家还是想违背自己的法律，到 1934 年年初，便无法继续拖下去了。戏剧的一切工作均已准备就绪，可是各级有关部门还没有达成一致意见。没有一个部门敢于承担那种打破僵局的"同意"或者"禁止"的责任，最后，只得将此交给德国的最高领导人阿道夫·希特勒亲自决定。据说他们还举行了一连串会议。最终，里夏德·施特劳斯被那位至高无上的权力者召见，希特勒亲自告诉他，那部歌剧将被破例允许上演。尽管它违背新德意志帝国的一切法律，但是希特勒做出这样的决定，大概像他和斯大林与莫洛托夫签署条约一样，并非出于本意，而是在玩弄权术。

令纳粹德国尴尬的时刻终于到来了，斯蒂芬·茨威格这个遭纳粹摈弃的名字又醒目地出现在戏剧海报上，各个剧院将再次上演他的一部歌剧。因为知道观众大厅里肯定会挤满身穿褐色制服的希特勒的党卫军，估计希特勒本人也会到场，所以我没有去。让人欣喜的是，那部歌剧大获成功，大多数音乐评论家也十分高兴地利用那次好机会，再一次表达他们对种族观的反抗。他们极尽友好的言辞来评论我的那部歌剧脚本。紧接着德国所有的剧院立刻预告了那部歌剧下一次演出的时间。

而第二次演出之后，德累斯顿和整个德国突然接到禁止上演那部歌剧的通知。我甚至吃惊地读到里夏德·施特劳斯辞去"国家音乐局"总监职务的消息，毫无疑问，肯定有什么特别的事情发生。之后，我听说施特劳斯又给我写了封信，敦促我立即创作一部新的歌剧脚本，在信中他以惊人的坦率表明了自己的态度。但是，那封信却落到了盖世太保手中。当信被摆到施特劳斯面前时，他不得不立即辞职，那部歌剧也遭到禁演。这样，那部德语歌剧便只能在自由的瑞士和布拉格上演，不久又用意大利语在米兰的斯卡拉大剧院上演，因为当时墨索里尼还未拜倒在种族歧视的脚下，而德国人民却再也听不到他们自己最伟大的年迈音乐家那令人销魂的歌剧中的一个音符了。

当那件事正传得沸沸扬扬时，我正在国外，因为奥地利的动荡使我无法安心工作。在靠近边界的萨尔茨堡可以清楚地看到，狭窄的边界河上开始有不断来往的人，年轻人夜里悄悄渡河去接受训练，煽动家假扮成旅游者越过边界，在奥地利各地建立起自己的"基层组织"。他们招募新成员，并扬言说，不及时表态的人今后一定得受惩罚。这使得人人自危，警察和国家官员也都战战兢兢。一次，我在街上碰见了一个最要好的作家朋友，但他却假装没有看见我，真是奇怪。第二天，他突然打电话说要来拜访我，但他的来访完全没有了过去亲密无间，而多了一些客套。于是我明白了，他是既想与我保持友谊，但又不想作为我青年时代的朋友而落下嫌疑。之后不久，我便觉察到，平时常来的许多熟人逐渐都不见了。我意识到自己的处境变得危险了。

伦敦客居见闻

我当时并没打算要彻底离开萨尔茨堡，只是决定到外国去过冬天，以逃避那小小的紧张气氛。但没想到，1933 年 10 月当我离开美丽的家园时，竟成了一种告别。

我曾打算去法国度过元月和二月，那是一个富有文化底蕴的美丽国家，是我心中的第二故乡。那里文学界的领袖，像瓦雷里、罗曼·罗兰、儒勒·罗曼、安德烈·纪德、罗歇·马丹·杜加尔、杜阿梅尔、维尔德拉克、让·里夏尔·布洛克，都是我的老朋友，我所拥有的读者也与德国一样多。我爱那个国家和它的人民，我爱巴黎这座城市。每次来巴黎，我都会有回家的感觉。那次，由于特殊情况，我提早离家，想着圣诞节后再去巴黎，那空出的这段时间里去哪里？我想到了重访英国，自大学毕业后，已近 30 年了，真想去看看那个阔别多年国家和那个城市，以及那些博物馆。于是在 30 年之后 11 月的一天，我在维多利亚车站下车了。到伦敦的第一件事令我惊奇的事便是乘小汽车去旅馆，而不是坐马车。而灰色雾还和从前一样，阴凉、柔和。我还没有来得及看上一眼那座城市，便已闻到了那股久违的呛鼻、潮湿、郁闷的空气。

我带的行李同我心中的期望一样少。在伦敦，我没有什么友好关系，因为我们欧洲大陆的作家与英国作家在文学上的接触很少。在从世界各地寄到我家的书籍中，几乎找不出一本英国作家作为礼品馈赠给我的书；我曾遇到过一次萧伯纳；威尔斯在访问萨尔茨堡时曾到过我家。我的著作虽然都已译成英文，但影响很小。我与美国、法国、意大利、俄国的出版商都有着私人友谊，但还从未见过一位要在英国出版我的著作的出版商。因此，我思想上已经做好了像30年前一样在那里忍受陌生感觉的准备。

可事实却并非我想象的那样。几天之后，我在伦敦感到了难以言说的舒适。这并不是由于伦敦变样了，而是我自己变了。老了30岁的我在经历了紧张的战争和战后年代之后，渴求重新过上平静的生活。当然，英国的辉格党和托利党之间也有争论，文学中各流派间也有争吵与竞争，但都与我毫不相干。我终于又感觉到自己周围有一种平和的气氛。伦敦和我们那里不一样，伦敦的居民没有那种惊慌失措的表情，他们诚实且温文尔雅，而我们的国家由于充满了欺骗而变得不仁不义。伦敦的居民生活安详、满足，他们的注意力更多是放在自己的花园和心爱的小玩意儿身上，而很少关心邻国发生的事。在那里，我可以自由地呼吸、思想和考虑问题，不过，我留在那里的根本原因是为了一部新的作品。

事情是这样的。由于我对作家的手迹感兴趣，于是去大英博物馆的公共阅览室里浏览展出的手迹，其中一份关于处死苏格兰玛丽亚女王的手写报告引起了我的注意。这个玛丽亚·斯图亚特到底是怎么回事，她是否真的参与了谋害其第二个丈夫的行动？由于晚上没什么可看的，我便买了一本关于她的书。那是一本肤浅而又愚蠢的书，对她大唱赞歌，就像保护圣灵一样护着她。出于好奇，第二天我便又买了另外一本关于她的书，它的说法与前一本大相径庭。这引起了我极大的兴趣。我向人打听哪一本书更真实可靠，但毫无结果。于是在寻找与摸索中，我不知不觉开始了对两者的对比，而且在还没理出头绪的情况下，开始写一本关于玛丽亚女王的书，这使我在之后的好几个星期都钻在图书馆里。当1934年年初我重回奥地利时便已决定，我要在安静的环境中完成那本书，我得回到令我喜爱的伦敦。

重返奥地利

回去不过两三天，我就看出奥地利的局势在短短几个月的时间里已变得非常糟糕。多尔富斯政府为抵御希特勒，维护奥地利的独立，一直在拼命寻找最后一根救命草。法国和英国对奥地利极为冷漠；捷克斯洛伐克仍然心怀宿怨。于是，只剩下意大利了，它当时正在争取成为奥地利在经济与政治上的保护国，为奥地利保护阿尔卑斯山的关卡和的里雅斯特。但是，墨索里尼为这种保护提出的条件却是异常苛刻的：奥地利应顺应法西斯主义的潮流，解散国会。当然这也就意味着结束民主。然而，要满足这一条件，就必须消灭或者剥夺奥地利最有势力、组织最严密的社会民主党的权力。而要摧毁这个政党，就只有依靠残酷的暴力。

多尔富斯的前任伊格纳茨·赛佩尔已针对那些恐怖暴行建立了一个组织，即所谓"民团"。从表面上看，那是一个由外省的小律师、退役军官、不明身份者、失业的工程师组成的极可怜的组织。他们对自己的处境感到失望，并且相互仇视。他们最终将那位年轻的施塔勒姆贝尔格亲王视为自己的领袖，那位亲王曾一度追随希特勒，痛骂共和国与民主，现在却带着自己的雇佣兵东游西荡，反对希特勒。实际上，那些民团的目的也许只是想混一碗饭吃。他们的全部力量来源于墨索里尼的拳头，并任由墨索里尼推着向前。那些看上去满怀爱国主义的奥地利人实际上是在自取灭亡，是在用意大利提供的刺刀砍自己坐着的树墩，而自己却浑然不觉。

社会民主党对真正的危险认识比较清楚。它拥有自己的武器，并能通过总罢工使所有铁路、水厂、电厂陷于瘫痪。所以说，那个党并不畏惧公开的斗争。但它明白，希特勒正巴望着这样一次革命，以便找一个借口使他可以以"救世主"的身份开进奥地利。所以，比较折中的做法便是社会民主党牺牲自己的大部分权利乃至国会，以达成一定范围内的妥协。因为奥地利正处于希特勒主义的威胁下，任何会思考的人都会支持这种方案。甚至连多谋善变、雄心勃勃的多尔富斯也认为团结为上。可是年轻的施塔勒姆贝尔格及维也纳民团头目法伊却要求保卫同盟交出武器，并要求扼杀任何民主、平等、自由的苗头。而社会民主党人则坚决反对这种要求，双方阵营相互威胁不断，关系紧张。人们预感到，一场决战迫在眉睫。在一片紧张的氛围中我不禁想起了莎士比亚的话："如此混浊的天气没有一阵暴风雨是不会晴朗的。"

在萨尔茨堡住了没几天，我便去了维也纳。二月的最初几天里，那场暴风雨突然来临。民团袭击了林茨的工会驻地，他们以为那里是军火库，想要夺走那里的军火。愤怒的工人们举行了总罢工，多尔富斯再次命令，用武力镇压那次人为的被迫"革命"。正规国防军的机枪和大炮逼向维也纳的工人住宅，工人们在装备精良的武器面前进行了整整三天艰苦的巷战。那是欧洲最后一次民主与法西斯的较量。

当时正在维也纳的我因而成了那次决战的见证人。不过，为了做一个诚实的见证人，我不得不老实承认，在1934年2月，这个具有历史性意义的日子里，我就在维也纳，却什么也没看见，对于发生的事件更是一无所知。而在纽约、伦敦、巴黎的每一个报纸读者都显然比我们这些见证人知道得更多。这真是一个奇怪的现象，离事件发生地只隔十条马路的人，竟不及远在几千里之外的人知道得多。几个月之后的一个中午多尔富斯在维也纳遭暗杀，当天下午五点半我就在伦敦街头见到了那条消息。我立即给维也纳去电话，我吃惊地获悉，在维也纳与交部官邸只隔五条街道的人竟不如伦敦每个街角的人知道得多。所以说，如果不是恰巧处在关键性的位置，想要看到那些改变世界的事件发生是多么的不容易。

我记得那天晚上约好和一位歌剧院的芭蕾舞女导演玛加蕾特·瓦尔曼在环城大道咖啡馆见面，在我步行去往环城大道的路上突然碰见几个身着旧军服的人端着枪匆匆走过来，问我去哪里，在得知我要去那家咖啡馆时，才放我过去。我弄不清街头为何突然出现了一些卫兵，也不明白他们究竟有什么目的。事实上，当时市郊的枪战已进行了好几个小时，可市内却没人知道。由于我想次日清晨回萨尔茨堡，当晚回旅馆结账时，旅馆的看门人告诉我说，铁路工人在罢工，怕是走不成了。然后我才听说了市郊正在发生的事情。

第二天，报纸对有关社会民主党人暴动的报道含糊其词，好像说它已经被平息。事实上，那天的战斗正处于白热化状态，政府决定炮轰工人的住宅。可是我没有听到大炮的声音。当时，市内像往常一样平静、有序。我们傻乎乎地相信了官方一切都已解决的说辞。为查阅一些资料，我去了国家图书馆，看到那里跟往常一样坐着许多大学生，在看书学习。所有的商店照常营业，完全找不出一丝不安的迹象。三天之后，一切都过去了，人们才零星知道一些真相。在第四天早晨，我起程返回萨尔茨堡。在萨尔茨堡的街上，我遇到了几个熟人，他们马上向我打问维也纳发生的事情。作为那次革命的"见证人"，我不得不老实地告诉他们："我不清楚，你们最好买张外国报纸看看。"

当我返回萨尔茨堡家中时已是下午。家里的桌子上堆满了校样和信件，为将那些拖欠的事情干完，我一直工作到了深夜。第二天清晨，我还没起床，就听见有人敲门，是我们那位忠厚的老仆人。他满脸惊慌失措，说警察先生来了，请我下去一趟。我吃惊地走下楼，看到四个便衣警察站在那里，他们通知我奉命前来抄家，并要我立即交出所有藏匿在家的共和主义者保卫同盟的武器。

我一下子惊愕得不知该回答什么好。这简直太荒唐了，我从不关心政治，也不属于任何一个党派。于是我冷冰冰地说："请你们搜查吧。"那四个秘密警察穿过房间，打开一些箱柜，敲敲几处墙壁。他们那种马马虎虎的样子，让我明白了，那种搜查只是一种形式而已，就连他们自己也根本不会相信在那所房子里会有一个武器库存在。半小时后，他们宣布搜查完毕，然后迅速离开。

那出闹剧使我无比愤慨，当然，这是有原因的。近几十年来，欧洲和世界上的人早已不记得个人的权利和公民的自由曾是多么神圣了。1933年以后，人们对搜查、随意捕人、查抄财产、逐出家园和国土、流放等各种形式的贬谪已经司空见惯了。我的欧洲朋友们几乎无一幸免。但是，1934年年初，在奥地利搜查私人家庭却还是一种莫大的侮辱。而要对我这样完全脱离政治、多少年没有行使过自己选举权的人进行搜查，必须有特别的理由。萨尔茨堡的警察局长迫于无奈，对每夜骚扰居民的纳粹分子采取严厉措施，然而那是需要极大勇气的，因为纳粹党已经在用恐怖手段了。当局每天都会收到恐吓信，事实上，纳粹分子关于报复的威胁从来都是完全兑现的。在希特勒进驻的第二天就将那些忠实的奥地利官员们送进了集中营。那么在我家的搜查说明，那些人会对任何人采取所谓的安全措施。奥地利的局势现在已变得十分严峻。自从我家被抄过之后，我就不再愿意住在那里了。直觉告诉我，那只是更大规模侵犯人权的小小前奏而已。当晚，我捆好最重要的一些文件，决定长期在国外生活。在我心里，世界上最重要的便是个人自由。两天后，我重返伦敦。一到伦敦，我就通知萨尔茨堡当局，我已决定放弃我的住地。那是我脱离自己祖国的第一步。当然，我还无法预知自己将因此失去多少。

第十六章　挣扎中的和平

再次客居英国

到英国的最初几年，我很少觉得自己是在流亡。因为风雨飘摇中的奥地利依然继续存在，我没有被驱逐，行动仍旧自由。我还是那里的公民，自然随时都可以回家。那种可怕的、常人永远无法体会到的、失去祖国的噩梦还没有开始。我不知道会在伦敦住多久，不过，我又可以从事自己的创作，又可以维护自己的人身和内心自由了。由于一切财产似乎都成了负担，所以我只租了一套简单的公寓。两个壁橱里藏了少量书籍，房间里刚好放下一张写字桌。这样，我这个脑力劳动者所需要的一切算是齐备了。当然，要是有客人来，那就没有地方了。我的生活无意间已变成了临时性的，也没有什么长远打算。

我对详细讲述有关 1934～1940 年自己在英国的情况一直犹豫不决。在英国，我处处小心谨慎，因为我不善于克制内心的情感，所以断绝了一切社交活动。当他们谈论时局时，我这个外国人从不会参与其中。我清楚地知道自己只是那美丽岛国的一个客人，如果我依据可靠消息指出希特勒带给世界的危险，他们也只会认为那是个人的看法。当然，对眼前那些明显的错误保持沉默，实在很困难。看到坦诚、忠心、道德高尚的英国人一再遭受蒙蔽，是多么令人伤心啊！从柏林回来的旅游者对那里的秩序和设计新秩序的大师赞不绝口，却不知他们的参观访问都是预先安排好的。英国人逐渐认为那位新领袖"要求"建立大德意志帝国是有道理的。我对在英国人和他们的领导中存在的那种被人诱骗的天真和高尚的轻信满怀焦虑，因为我曾在自己的家乡亲眼看见过冲锋队员的嘴脸。不过，我尽量避免与别人交谈，避免任何公开的行动，无声无息地生活在那间"斗室"里。因此，今天我没有权利作为一个名副其实的见证人去描述英国。当然，后来我不得不承认，在战前我从未真正认识到英国最深沉、最内在、只有在最危险的时刻才会表现出来的力量，那时，我就更觉得无权去描述它了。

由于作为一个外国人的不安全感，我避免去任何公开场合。所以在英国，我也没见到多少作家。与我刚有接触的约翰·德林克沃特和休士·沃尔波尔两位作家不久便去世了。不过，我见到过萧伯纳和 H. G. 威尔斯这两位在英国享有盛誉的大人物间的一次私下成见极深、但表面上文雅得体的争论，那个场面真令人难忘。两位大作家相互问候时，像是半开玩笑似的嘲弄对方，任谁都能感觉到他们之间那种一触即发的紧张关系。我事先并不清楚造成他们之间那么深的隔阂的原因，所以当时既尴尬又好奇。他俩半个世纪前都曾在"费边社"为当时尚且年轻的社会主义并肩战斗过。但之后便都按自己独特的个性发展，彼此间的距离也就越来越远。威尔斯坚持积极的理想主义和对人类未来的美好憧慢；而萧伯纳则逐渐用怀疑、嘲讽的眼光审视当代现实和未来。我很快感到，威尔斯来这里不仅是为了一次友好的午宴谈话，更是为了一场原则性的争论。正因为不知道有关那次思想分歧的背景，我不免感到气氛有些紧张。那两个人的每一个表情、每一次目光、每一句话，都表现出一种傲慢而又相当认真的好斗情绪。然而，高才智的人之间发生摩擦是十分难得的。那场争论使我大开眼界。我可从未在喜剧里听到过那么精彩的对话艺术。因为他们的对话艺术并不是有意要追求什么戏剧效果，而是自然而然完成的。

游历散心见闻

那几年里，虽然身在英国，但我的心并没有在那里。从希特勒掌权到第二次世界大战爆发的那几年间，那种对欧洲的痛苦的忧虑促使我经常外出旅行，甚至两次渡过大西洋。因为我觉得，只要世界仍向我开放，轮船还能平安行驶在大海上，我就应该为今后更黑暗的时代积累印象和经验。我想知道，当我们自己的世界被破坏得面目全非的时候，大洋彼岸的世界是如何进行建设的。那次横越美国的演讲旅行使我看到了一个强大的、团结一致的、生活多姿多彩的国家。不过，我对南美的印象也许更强烈。我是愉快地接受国际笔会的邀请，到那里去参加代表大会的。在那种时刻，我感到，强调超越国家和语言的思想团结是多么重要。

我离开欧洲的旅行刚一开始便遭遇了令人担忧的事。1936年夏，西班牙内战已开始。从表面上看，那次战争是由国家内部不和引起的，但实际上却是分属两种意识形态的势力集团在为自己未来的利益进行预演。我乘坐的轮船并没有如我预料的那样为避开战争地区而绕开通常停靠的第一站——西班牙西部的维哥。当我们驶入那个港口后，旅客甚至还被允许上岸待几个小时。维哥当时在佛朗哥党徒的控制下，远离真正的战场。

但就在那仅有的几小时内，我还是看到了一些令人心情沉重的事情。市政厅前排队站着不少农民装扮的年轻人，他们由牧师带领着。我正感纳闷之时，便看到同那些年轻人一样的一批年轻人从市政厅里走出来，但已变了样子，他们穿着簇新的军服，佩着枪和刺刀，在军官们的监视下，拥上同样崭新锃亮的汽车，出城而去。我感到一阵可怕，我曾在意大利与德国看到同样的情景。据我所知，国库与军火库都掌握在合法政府的手中。那么，那些汽车和武器肯定是越过边境运进来的。那是一股新的想要取得政权的势力，一股崇尚暴力、需要暴力的势力。那群人隐藏在自己的办公室和他们所垄断的企业里，阴险地利用青年人尚不成熟的思想为自己的权力欲望和阴谋服务。我看到那些无辜的年轻人被那神秘的幕后操纵者武装起来，与自己国家同样无辜的年轻人作对。那就是我们欧洲面临的现实。

几小时之后，轮船再次起锚，我赶快上船走进舱内。我已不忍再看一眼那个美丽的、但遭到外国罪恶蹂躏的国家。我看到，欧洲，我们神圣的故乡、西方文明的摇篮和圣殿，正由于自己的疯狂濒临死亡。

不过，之后在阿根廷的国土上看到的景象倒令人欣慰。那是一片新的、辽阔的、没有鲜血、报仇与恨熏染过的土地，粮食充裕、生活富足。那座新的百万人口城市里的所有居民对我们的大会都表现出满腔热情。在那里，我们一点儿也感觉不到自己是外地人。我们那思想统一的信仰仍然具有生命力、仍然有价值、起作用，我们可以在更广阔的范围内、在更大胆的设想中建设我们梦想的共同事业。如果说，在我看到准备战争的那最后一瞥之后，对欧洲已经丧失了信心，那么，在这里我又重新找到了希望和信仰。我认为，我们不能把自己埋葬在正日渐衰亡的过去，而应该超越欧洲去思考问题，应该共享历史的再生。

巴西同样给我留下了深刻的印象并带来了希望。在那片广袤的国土上有着世界上最美丽的城市，那里还没有铁路、公路，乃至飞机，因此历史被更加精心地保存起来。人们和平地生活在一起，没有荒谬的血统论、种族论和出身论的阶层划分，人们之间的交往彬彬有礼。我甚至预感，我可以安宁地生活在那里，那里的大地期待着人们去开发、去充实，那里的空间为未来无限的繁荣做好了准备。而不像欧洲，国家之间为了争夺最可怜的一点儿空间便大动干戈。那里，新的大自然使我赏心悦目，我似乎已经看到了自己的未来。

但是继续到另一个世界去旅行，并不等于摆脱了欧洲与对欧洲的担忧。虽然远离欧洲，但我随时可以知道欧洲的命运，因为人类技术使我们无法逃避哪怕只是一刹那的现实。在报纸上，我读到了轰炸巴塞罗那和枪杀一位西班牙朋友的消息。通过收音机，可以听到希特勒富有煽动性的演说。无论是白天，还是黑夜，我一直怀着痛苦的忧虑思念着欧洲，想着在欧洲的奥地利。我每天从遥远的地方为奥地利最后的挣扎而痛苦，而那些在祖国的朋友们还用爱国主义的游行欺骗着自己，他们认为法国和英国不会抛弃我们，墨索里尼不会抛弃我们。他们相信国际联盟与和平条约。他们无忧无虑、幸福地生活着，而看得更加清楚的我却更加痛苦。

形势恶化的奥地利

由于内心那越来越近的对灾难的恐惧，我最后一次去了奥地利。那是 11 月底的一天，我从《旗帜晚报》得知，英国的哈里法克斯勋爵已飞往柏林，第一次试图和希特勒本人谈判。那份《旗帜晚报》的第一版上列举了哈里法克斯想和希特勒达成谅解的几点内容，其中有一条谈到了奥地利。虽然其真实性还无从判断，但是，我知道，只要那条消息带有一点儿真的话，就意味着欧洲大墙上的奥地利那块基石就会塌下来，欧洲也会随之崩溃。我浑身颤抖，几年来我还没有那样激动过。我立即直奔帝国航空公司，想打听一下是否还有明天早晨的机票。因为我还想再看一眼我年迈的母亲、我的家庭和故乡。幸运的是我得到了一张机票，于是我迫不及待地飞往维也纳。

我的朋友们见我如此突然地回来很是奇怪，而当我说出内心的忧虑时，得到的却是一片嘲笑声。他们告诉我，奥地利人现在是全力支持舒施尼克，并不厌其烦地称赞"祖国阵线"规模巨大的游行。而我早就见过，大多数参加游行的人都会把规定的统一徽章别在衣领上，以便不给自己的地位造成危险。同时，为谨慎起见，他们早已在慕尼黑的纳粹党那里登了记。历史证明，大批群众总是突然倒向势力大的一边的。所以今天高呼"舒施尼克万岁"的他们，明天就会用同样的声音高喊"希特勒万岁"。古老的维也纳永远是悠然自得、无忧无虑的，我以前非常喜欢它的逍遥自在，但是现在却第一次让我感到痛心。不过，换个角度讲，那些在维也纳的朋友也许要比我聪明，因为他们在事情真的来临时才感到痛苦。而我呢，先在想象中痛苦，当灾难降临时，又再次痛苦。由于我们之间无法相互理解，所以，任何警告都是徒劳，我也不想再打扰别人而使其惊恐不安。

在维也纳的最后几天，我怀着一种"永别了"的无声绝望，凝视着我出生地的每一条熟悉的路、每一座教堂、每一座花园、每一个古老的角落。在我拥抱母亲时，也带着那种隐藏的感情。我知道，那是一次永远的告别。列车驶过萨尔茨堡时，我可以透过车厢的窗户看到山丘上我家的房子，回忆那已逝的岁月。在列车越过边界时，我知道，身后的一切终将是苦涩的历史。

维也纳见证了希特勒最穷困潦倒日子，当希特勒满怀仇恨，以凯旋的统帅身份占领那座城市时，我预感到了一切可能发生的可怕的事。1938 年 3 月 13 日爆发了惨无人道的事件，奥地利以及欧洲都成了赤裸裸的暴力的战利品。暴行已经不再顾忌任何道德的约束，不需要任何的借口了。现在已经超越了掳掠抢夺，每个人都在恣意放纵自己复仇的私欲。卑劣病态的仇恨者们在多少个黑夜里所痴心妄想的一切，如今都在青天白日里发泄了出来。他们闯进居民住宅，抢走吓得发抖的女人们耳朵上的珠宝……等到了比较和平、没有今天这般道德沦丧的年代，人们将会毛骨悚然地读到这些记录，了解一个仇恨狂人在 20 世纪的那座文明城市里犯下了怎样的罪行。那是希特勒在其各种军事与政治胜利中最为可怕的胜利，这个家伙竟然成功地在行动上不断升级，毁掉了所有的法律。在"新秩序"面前杀人不需要得到法庭审判，而其冠冕堂皇的理由则让人瞠目结舌，拷刑在 20 世纪是难以想象的，人们甚至把没收财产称之抢掠。可如今，在又一个接踵而至的圣巴托罗缪的夜晚（巴黎屠杀新教徒之夜）之后，每天有人被拷打得死去活来。在这种情况下，还谈什么非正义、还谈什么人世间的痛苦？1938 年的奥地利之后，我们的世界已经非常适应惨绝人寰、毫无天理的野蛮与粗暴行为了。要是维也纳城以前发生了这样不幸的事情，会完全遭到国际上的唾骂。可是在 1938 年，面对这些暴行，世界的良知在忘却和原谅之前，就已经沉默无语了。

在那些可怕的日子里，随时都能听到从祖国传来的凄厉的呼救声。我知道每天都有我最亲近的朋友被非法拖走、拷打、侮辱，我为他们担惊受怕，但又无能为力。当仍留在维也纳的老母亲去世的消息传来时，我没有感到吃惊和悲伤，反而为她已不会再遭受痛苦和危险感到宽慰。看看时代已把我们的心变得多么反常啊。母亲 84 岁，已听不见任何声响了，我们正在想法将她接到国外。她每天都要作一次小小的散步，由于体力不支，总习惯在环城大道旁或公园的长凳上歇一会儿，但现在这却触犯了犹太人不准坐长凳的禁令。不管怎么说，抢劫犹太人的财物总还可以理解，但是不让一位精疲力竭的老人坐在一条长凳上喘口气，那也只有那个家伙干得出来，而千百万人却认为那个家伙是那个时代最伟大的人。

敌国的我在英国

奥地利的局势也影响到了我的个人生活。我失去了奥地利的护照，不得不向英国当局申请一张无国籍者的身份证。起初，我并没将它当回事，认为那只是形式上的变化而已。我曾暗自认为，没有国家，无须为某个国家承担义务，让所有的人没有区别地生活在一起，该有多好。可是，我不得不承认，有些事情只有自己亲身经历过，才会明白。当我坐在前厅申请人的长凳上等着办理身份证时才懂得，把自己的护照换成一张外国人身份证意味着什么。以前，在我要求得到奥地利护照时，每一个奥地利领事馆官员或者警察局官员都有义务立即给我这个享有一切公民权的人填发护照。而我想得到外国人身份证时，就必须得去申请。昨天我还是一位外国客人，现在却成了流亡者。从此，每到一个国家，那张白色身份证上的签证都得由本人提出特别申请。因为所有国家都会对"那类"没有法律保护、没有国籍的人表示不信任。如果我们那类人在某个国家变得令人讨厌或留住时间太长，必要时，就会被驱逐或遣返自己的国家。我不仅想起了一个流亡的俄国人几年前跟我说的话："最初，人只有一个躯体和一个灵魂，如今还得加一个护照，不然，他就得不到像人一样的对待。"

第一次世界大战以来，人的自由受到诸多限制。而1914年以前，世界是属于每一个人的，人们不用经过谁的同意便可以去任何想去的地方。那时出国根本不用护照，当然也不用填今天要填的一百多张表格，更没有许可证、签证或刁难。国境线只是象征性的边界而已，人们可以自由穿越那些边界线。第一次世界大战后，由于民族主义作祟，世界才开始变得失常。我们能看得见的现象便是对外国人的仇视、抵制与驱逐。旅客就像罪犯一样一定得交出左面、右面、侧面、正面的照片，头发不能盖住耳朵，还必须得留下所有十个指头的指纹。此外，还要出示各种证明，推荐信、邀请信、亲戚的地址、品行鉴定和经济担保书等，并要填写一大堆表格。这些事看来似乎不值一提，但是我们那一代人却在它上面毫无意义地浪费了无数宝贵时间。我们曾梦想我们这个世纪会成为自由的世纪，成为世界主义即将到来的时代，可是那些侮辱人格的繁文缛节浪费了我们多少创造与思想呵！我们在那几年里不得不用更多的精力去研究官方的规定，每到一个陌生的地方，先得去领事馆、警察局领取"居住许可证"，而不像以往那样去博物馆或风景区。过去，我们这些人常常在一起投入地谈论波德莱尔的诗或讨论一些问题，而现在谈论的却是被盘问的情况、许可证的情况，或打听是否要申请长期签证或旅游签证。现实告诉人们，人是没有权利的，一切都得拜官方的恩赐。因而人们宁愿去结识一个可以使自己缩短等候时间的领事馆的小小女官员而不稀罕什么托斯卡尼尼或者罗曼·罗兰。我出生于比较自由的时代，每次的盘问与检查对我而言犹如一种侮辱。虽然在一个人的生命价值比货币的价值跌落得更快的时代里，那些只是一些小事情，但是，只有当人们抓紧那些小小的症状，往后的时代才能将正常的精神状态和精神失常的临床表现记录下来，而笼罩着两次世界大战间我们这个世界的便是那种精神失常。

任何一种流亡形式本身都不可避免地会使一种平衡遭到破坏。如果人失去了自己立足的土地，就挺不起腰板，没有安全感，并会变得越来越不自信。我承认，从我不得不靠外国人身份证或者护照生活的那天起，我变得更加小心谨慎。我这个曾经的世界主义者总感觉现在一定要对我这个外国人吸走的每一口空气特别感恩戴德似的。我当然明白这种奇怪的想法是荒谬的，可是理智何时才能战胜自己的感情啊。我58岁时失去了护照，那时我发现，随着祖国的灭亡。一个人所失去的要比那一片有限的国土多。渐渐地，动乱不安开始在整个欧洲蔓延，从希特勒入侵奥地利那一天起，政治局势始终不明朗。在英国，那些曾经悄悄给希特勒以支持来换取自己国家和平的人，现在变得慎重了。从1938年起，无论人们议论什么，但最终都会回到那个不可避免的问题，即是否可以以及怎样才能避免或至少推迟战争。我记得当战争的恐惧在欧洲不断上升的那几个月，有两三天，人们似乎又恢复了信心，他们觉得阴云总会消散，人们又会像往常一样和平、自由地呼吸。那两三天正是张伯伦和希特勒在慕尼黑会谈的日子，但今天却被认为是近代史上最糟糕的日子。

英法绥靖希特勒

今天的人们才明白，在那一次会谈中张伯伦和达拉第是向希特勒和墨索里尼投降的。可当时在英国每一个经历过那三天的人都认为那次会谈好极了。只是到 1938 年 9 月最后几天，局势才令人绝望。张伯伦第二次从希特勒那里飞回来之后，人们才明白发生了什么事。张伯伦是去答应希特勒以前在贝希特斯加登向他提出的要求，但现在希特勒已经不满足于此了。"绥靖政策"和"争取再争取"的政策就此失败。英国的轻信时期也一夜之间宣告结束。人们必须在屈服于希特勒的权力意志和用武器同他对抗之间做出选择。不过看来英国是下定决心了，人们开始公开示威，工人们在伦敦的各个公园里和德国大使馆对面筑起了防空洞，舰队也做好了战时准备，总参谋部的军官往来于巴黎和伦敦之间，以便共同制订最后措施。前往美国的船只挤满了外国人，他们想尽快到达安全地带。人们走起路来显得更加严肃和沉思，那种可怕的紧张气氛笼罩着每个人。

接着在那次具有历史意义的国会会议上张伯伦做了报告，他说，为了拯救受到严重威胁的和平，他曾一再努力，试图和希特勒达成协议，并愿意到德国任何一个地方去会见希特勒。但对他的建议的答复尚未到达。富有戏剧性的是，就在会议期间回电来了，电报称希特勒和墨索里尼同意在慕尼黑共同举行一次会议。刹那间，英国国会失去了控制，议员们喊叫着，拍着手，庄严的大厅里充满了欢笑声。从这样的欢呼中不难看出，人们对战争是如何深恶痛绝，但同时也暴露出人们为了和平，可以做出一切牺牲，包括放弃自己的利益与威信。而张伯伦从一开始便是那样一个人，他去慕尼黑并不是为了赢得和平，而是为了乞求和平。但当时所有的人都认为，张伯伦去慕尼黑是为了谈判，而不是投降。在那三天里，整个世界仿佛停止了呼吸，大家焦急地等待结果的同时，也在紧张地做着战时的准备。很快，传来的消息像一阵大风一样吹散了压在人们心头的乌云。希特勒和张伯伦、达拉第和墨索里尼完全取得了一致，张伯伦还成功地和德国达成了一项协议，不过那项协议隐瞒了今后和平解决国与国之间可能产生的一切冲突的办法。但在最初的时刻，所有的人都激动地感谢他。当时我们所有的人都相信，是他拯救了欧洲的和平和英国的荣誉。人们喊叫着、欢呼着，以为可以再次在和平中生活。那一天对当时在英国的每一个人来说是空前绝后和震撼人心的。

在那些具有历史意义的日子里，为了感受那种气氛，我喜欢在街上转悠。我看到工人们停止了挖防空洞的工作，因为防空洞已用不上了。人们如雷雨后的植物一般，精神饱满、生气勃勃，眼睛里闪烁着愉快的光辉。我感觉到自己也心情振奋，脚步轻快，新的信心的浪潮推着我向前去。突然我看到一位英国政府官员迎面而来，那是个比较内向的人，平时我们见面只是礼貌地互相打个招呼。可是现在，他神采飞扬地奔向我，说："您觉得张伯伦怎么样？没人相信过他，可是他做对了，他没有让步，为我们挽救了和平。"

事实上，所有人都是那种感觉。报纸仍旧高唱赞歌，交易所的行情猛涨，在法国甚至有人建议给张伯伦树立一座纪念碑。可是没人知道那只是火焰熄灭之前最后的熊熊燃烧。在接下来的几天里，人们逐渐了解到各种令人不安的细节：对希特勒彻底的投降，卑鄙地出卖了曾郑重答应给予援助和支持的捷克斯洛伐克。一周之后，形势更加明朗。条约上签字的墨迹未干，希特勒已违反了全部条文。戈培尔肆无忌惮地吹嘘说，他在慕尼黑把英国逼得走投无路。伟大的希望之光幻灭了，不过它曾在那两天时间里温暖过我们的心。

在英国，人们富有同情心和乐于助人的精神，对成群结队而来的难民慷慨大方。尽管我比以往更加钦佩他们，但也不得不承认，他们和我们德意志人之间存在着一定的差异：我们已经遭遇过的事情，他们还没有遇到；我们清楚已经发生的事和将要发生的事，而他们还不愿去弄清楚，他们不顾现实，坚持自己的幻想，认为说话就应该算数，条约就是条约，只要理智地、用人性去和希特勒对话，是能够同他进行谈判的。那些清醒而高瞻远瞩的英国人认为，希特勒那个家伙既快又容易地达到了那么多目的，再去铤而走险是不太可能的。而我们却知道，最可怕的事必将发生。因为我们每个被歧视、驱赶、剥夺了权利的人都知道，只要事关抢掠与权力，任何荒唐与虚伪的借口都不为过。毫不夸张地说，除了极少数英国人外，我们是当时在英国唯一认识到全部危险而不会被迷惑的人。只不过作为一个外国人、一个被收留的客人，我们无法提出警告。

我们这些已被命运打上了罪犯烙印的人对未来痛苦的预见就只能在自己人中间说说，我们为那个亲切收留我们的国家感到深深的忧虑，其内心的痛苦无以言说。不过，在那最黑暗的日子里，与一位道德高尚的人交谈，会给人以无限的安慰和鼓励。在灾难来临的最后几个月，我有幸见到了西格蒙特·弗洛伊德。希特勒占领维也纳时，正生着病的、83岁的弗洛伊德还留在那里。

后来，他最忠实的女学生，玛丽亚·波拿巴公主成功地将那位最重要的人物救往伦敦。我从报上知道了那个消息，原本以为我已经失去了那位最尊敬的朋友，现在却发现他又回到了人间。

我是在维也纳认识西格蒙特·弗洛伊德这位伟大而又严肃的学者的，当时人们认为他是一个固执己见的怪人。他狂热地追求真理，但又清楚任何真理都是有局限性的，正如很少有100％的酒精一样。他坚定地向人们一直回避的那个人世间最隐秘的"性冲动世界"进军，那可是当时被宣布为"禁区"的领域。自由世界的通过"理智"和"进步"逐渐抑制性冲动的理论，遭到这位毫不妥协的学者的潜意识学说的无情破坏，这使得自由世界回避难堪问题的研究法岌岌可危。结果，各所大学、老派的神经病医生行会及医生们联合起来反对这位令人讨厌的"离经叛道者"。他失去了自己的诊所。只有少数忠实的信徒每星期聚集到这位孤独者的周围探讨问题，精神分析学说这门新科学就是在那些讨论中初步形成的。弗洛伊德本人非常谦虚，可是他执着于自己的学说和真理，外界的抵制越强，他的决心就越大。他的那种毫不动摇的坚强态度早已赢得了我对他的钦佩。

他带给自己祖国的荣誉是世界性的和超越时代的，现在却从自己的祖国逃到伦敦来，且如此高龄又身患重病。我曾暗自担心，他的个性会使其在维也纳经历极度的痛苦。可我发现，他比以往更开朗、更精神饱满。他每天仍坚持创作，以坚强的意志与病魔、年迈及流亡作战。年龄使他变得更加温和，坎坷的经历使他变得更加宽厚。在那几年，与弗洛伊德的每一次谈话对我来说都是莫大的精神享受。在他生命的最后一年，这位超脱自己的真正的智者已不再把痛苦和死亡看作是个人的经历，而是看作一种超越个人的观察和研究对象。

　　弗洛伊德当时已病得很重，但他却让朋友们看到了其更坚强的意志。即使当时每说一个字都要费很大的力气，他却在写字台旁一直写作直到生命的最后几天。他宁愿清醒地在病痛中思考，也不愿服用安眠药或注射麻醉剂以缓解病痛的折磨。他是精神上的英雄，直至最后时刻。

　　有一次，我带着弗洛伊德的崇敬者西班牙画家萨尔瓦多·达里一起去看他，在我和弗洛伊德交谈时，他便在一旁画速写。我没敢让弗洛伊德看那张画，因为达里已经把弗洛伊德身上的死神画出来了。我们那个时代那位伟大的人物与死亡进行着的越来越残酷的搏斗，直至他清楚地认识到自己将不能再工作时，才像一位罗马英雄似的要求医生结束他的痛苦。那是一个伟大生命的终结，是值得我们纪念的。当我们这些朋友将他的灵柩埋进英国的土地时，我们知道我们把我们祖国的精华奉献给了那片土地。

　　我与弗洛伊德一起常谈论起战争和希特勒世界的恐怖。一方面，他深感震惊，可另一方面，他对那些可怕的野蛮行径一点儿也不觉得奇怪。因为他认为文化无法战胜本能，现在他的见解得到了最惊人的证实，那就是野蛮残酷、自然的毁灭本能在人的内心中是铲除不掉的。当然他自然不会因此而感到自豪。在他生命的最后几天，还仍然关心着犹太人的问题及其面临的悲剧。谁都知道，当时的犹太人在任何地方都是牺牲品，所有的坏事都会首先降临到他们头上。那个古今未有的仇恨狂人希特勒要把他们赶到世界的尽头，赶进地狱。逃难的人日渐增多，越晚出逃的人越可怜，精神也越颓唐。那些相信德国，舍不得离开可爱祖国，宁愿在祖国受欺凌、不愿在他乡遭受侮辱的人，受到的惩罚也就越重。纳粹先是剥夺了犹太人的职业，接着不让他们用仆人，然后没收他们的住宅，最后强迫他们佩带大卫王之星的标志。这样任何人都会在街上认出他们，像遇见瘟疫似的避开他们，嘲笑他们。这些被逐出家园的人，身无分文，所有的权利也都被剥夺了。可是哪个国家愿意收留这些被抢得精光的人呢？我将永远不会忘记，有一次在伦敦我走进一个旅行办公室时，看到的是怎样一番景象啊！那里挤满了犹太难民，因为他们的逗留期限已满，必须得带着妻子、儿女继续逃难，他们已无所谓去北极的冰窟，或者撒哈拉大沙漠滚烫的盆地，只要能远远地离开欧洲就行。那些曾经的大学教授、银行经理、商人、地主、音乐家，每一个人都准备拖着自己生活中可怜的破烂越过大地与海洋。那是一群面黄肌瘦像鬼一样的人，他们如丧家之犬在希特勒的焦土政策面前仓皇出逃。他们是一个不被人承认的完全被扫地出门的民族，而这个民族两千多年来的期望便是不再流浪，有一块歇脚的安宁、和平的土地。

希特勒出尔反尔

1939 年夏，慕尼黑协定连同它短命的"为了我们时代的和平"的幻想早已过去，希特勒已违背自己的诺言袭击并吞并了残缺不全的捷克斯洛伐克，而忘乎所以的德国报纸大肆叫嚣要得到但泽和波兰走廊。英国突然从自己真诚的轻信中痛苦地清醒过来。他们并不十分清楚将要发生的事，但每一个人都仍记得那个事实：英国首相张伯伦为拯救和平三次前往德国，但如此的曲意奉迎却并没有使希特勒感到满意。现在人们随处都能感觉到英国在为即将来临的战争做准备。伦敦的上空又飘浮着浅色防空气球以阻碍飞机，人们又开始修筑防空掩体，并仔细检查已分发的防毒面具。局势似乎变得比一年前更紧张，因为这一次作为政府后盾的人民不再老实轻信，而是既坚决又愤怒。

在那几个月里，我已离开伦敦，住在英格兰西南部的巴斯乡间。在伦敦时我是一个清醒的、有思想的、远离一切政治的人，默默无闻并锲而不舍地把自己的岁月变成作品。但终于我再也忍受不了伦敦那座大城市了。那里的每一个街角都贴满了海报，到处都是刺眼的文字，收音机里传来的是前后矛盾的话，人们在不安中打听、议论、胡扯，尽管他们清楚地知道，自己多年来所积累的全部知识、经验和预见，在决策者面前毫无价值。而我在那个时候像许多人一样，面对四壁，陷入那毫无意义的、无能为力的等待。在战争是否会爆发的那场赌博中，我的整个生命、最后几年岁月、那些尚未写成的书，以及我的生命意义的一切，都成了赌注。可是在外交的赌盘上，弹子犹豫不决地滚去又滚来，滚来又滚去，希冀和绝望，好消息和坏消息，一直没有结果。我告诉自己忘掉这一切，躲到内心的丛林最深处，躲进工作之中，这样至少可以远离正在变得疯狂的世界，自己的一点儿智力还能理智地发挥作用。

我有太多工作需要完成，多年来，我一直想写一部有关巴尔扎克及其作品的两卷集巨著，但始终没有勇气动笔。现在，恰恰是烦恼给了我勇气。我隐居到巴斯，那是一座幽雅、秀美、恬静的小镇，英国文学中的许多佼佼者都曾在那里写作。不过，那里的景色和世界不断产生的不安及我的思想之间的对比又是多么让人感到痛苦啊！像过去一样，我又准备作一次旅行，去其他地方看看。1939年9月的第一周在斯德哥尔摩召开国际笔会代表大会，由于我不再代表任何国家，瑞典的同行们请我作为贵宾参加。我早早订好了船票，但紧急动员的消息接踵而至。如果战争爆发，那么作为一个在英国的外国人，我便是一个敌对的外国人。按理说，我现在应该迅速收拾好行李离开那个可能成为交战国的大不列颠岛。但是我又不想离开，我实在不愿一次又一次地逃难，因为到哪里都一样，再则，我这个快 60 岁的人再也走不动了。因此，我依然留在英国，并打算第二次结婚。由于担心战争一旦爆发，我会因属于交战国的公民被拘留或者遭遇其他意料不到的事情而和我未来的妻子长期分离，因此，9 月 1 日（星期五）上午我去巴斯的民政局登记结婚。为我们办证的官员热情友好，他用漂亮的圆形字体把我们的名字写进登记簿，结婚仪式也安排好在第二天举行。这时，一位年轻的官员突然闯进来，在安静的房间里大声喊道："德国人已侵入波兰，战争爆发了！"那句话像锤子一样砸在我的心上，但我还是有些怀疑。然而另一位官员狂怒地高声喊着："不，我们已经上当够了！我们不能每隔六个月受一次骗！现在该结束了！"那位正在为我们填写结婚证书的官员也停下笔，思考了一会儿，歉意地说在交战的情况下我们这些外国人自然也就成了敌对的外国人，他不知道，在这种情况下是否允许结婚，他得向伦敦请示。接下来便是两天紧张的等待。

英国对德国宣战

星期天上午收音机里传出了英国向德国宣战的消息。这条消息肯定会完全改变我们这个世界和每一个人的生活。而在倾听到这条消息的人们中将肯定会有成千上万人死去。那条消息预示着悲哀和不幸，绝望和危险。那场即将到来的战争将比以前任何一次战争的范围更大，也更可怕。而我们这些在英国的奥地利人，按我以前一位朋友的说法，应该算是德国人了。那么我在英国已不仅是外国人，而且还是一个敌对的外国人。我走进自己的房间，收拾好东西，等待着同样的限制。也许很快我就不能再睡在自己的床上，我将被强行放逐到一个不知什么名字的地方。因为一个由于种族和反德意志的思想方式的缘故被赶出"德国"的人，现在在另一个国家，根据当地官僚主义的法令，硬被划入一个他身为奥地利人从来不属于的群体，这是多么荒唐的一种处境。我一直在用德语写文章，但我的所思所想都属于为世界自由而战一方。我知道，我的一切都必须重新开始，因为我曾有过的一切都被粉碎了，我曾奋斗了40年的实现欧洲的和平统一的愿望已成泡影。我害怕人类的互相残杀，但现在战争第二次发生了。而我在那个急需团结的时刻，由于受到严重的排挤而感到无能为力。我感到了未有过的孤独与无助。

为了最后感受一下和平的环境，我再次下山走向那座小镇。像往常一样，它安详地沐浴在午后的阳光下。那里的人们仍然淡定从容，一点儿也没有匆忙的样子，更没有聚在一起聊天。我自问：难道他们还是不知道战争吗？不过，英国人总是善于克制自己的情感，他们无须用大张旗鼓与喧嚣来增强自己的决心。这跟1914年7月的奥地利是多么不同啊！不过，那时年轻的没有经验的我和今天心头压满回忆的我也是多么不同呀！看着眼前人来人往、五光十色的商店，我仿佛又看见了1918年那些被抢劫一空的商店，看见了在食品店前排队的憔悴的妇女，看见了哀伤的母亲、伤员、残废者，以及当年那些衣衫褴褛、面容疲惫的老兵。这些从前的噩梦如幽灵般回到了那天阳光灿烂的中午。虽然今天开始的战争仍掩盖着它可怕景象，但我明白，过去的一切又全完了，我们的欧洲遭到了彻底破坏。不过，不能否认，一个新的时代开始了。但是要达到这个新时代，还需经历多少痛苦啊。

在回家的路上，走在骄阳下，看到自己前面的影子，我似乎看到了在现在这次战争后面另一次战争的影子。战争的影子笼罩着我的所思所想，它的暗影也许还蒙住了这本书的某些章页。可无论如何，影子毕竟是光明的产儿，而只有经历过光明与黑暗、和平与战争、繁荣与衰败的人才算真正生活过。